法意看世界 2019

THE PERILS

OF

US LIBERAL HEGEMONY

法意看世界 2019

自由霸权的衰落

主　编　孔元

副主编　吴彤

当代世界出版社
THE CONTEMPORARY WORLD PRESS

自由霸权的衰落：法意看世界（2019）

主办单位
北京大学国家法治战略研究院

主编
孔　元

副主编
吴　彤

编辑（排名不分先后）

艾敦义	毕歆悦	曹　宇	陈韵仪
池芷欣	杜清流	段阳蕃	朵　悦
龚　玲	黄致韬	纪晓彤	江　涵
蒋涵智	赖文琼	李泓翰	李宛衡
李　月	梁　锐	刘嘉澍	刘清瑞
刘昭媛	马尚玉	潘偲毓	史　庆
孙的妮	孙　晋	孙竞超	王　恒
吴灵思	吴淑华	吴　彤	伍雨荷
向　若	姚静宜	姚无铭	岳　虹
张菲菲	张　润	张姗姗	张　璇
张浥萱	张雨凡	周孟瑶	

导　言

2017 年 1 月 18 日，时任美国副总统拜登在"达沃斯论坛"上作了一次特别演讲。在该演讲中，拜登指出，美国及其欧洲盟友，通过 70 多年的努力，建立了一个和平繁荣的世界秩序；这一以美国和欧洲为核心的世界秩序，是 20 世纪下半叶世界取得成功的基石。但拜登也注意到，支持这一秩序的共识正面临着内外的双重压力。为此他号召，西方世界要采取积极措施，展开紧急行动，共同捍卫自由的国际秩序[1]。

2017 年 1 月 20 日，特朗普宣誓就任第 45 任美国总统。在就职演讲中，特朗普对于当下的世界秩序发起了猛烈攻击，指出它没有给美国带来普遍的繁荣，反而导致大规模的失业和普遍的贫困，以及白人工人阶级的生存危机，一个所谓的"自由国际秩序"，不过是美国精英的幻觉，它给美国人民带来的是无穷无尽的剥削，"美国世纪"的真实面目是"美国屠杀"。特朗普上任两年以来，在其咄咄逼人的挑衅之下，拜登所呼吁全世界共同维护的国际秩序，面临着解体的危机。2019 年的西方讨论，为我们全面呈现了这一秩序解体的思想图景。对于维护这套秩序的人们，"自由国际秩序"带来的是一个开放、繁荣、自由、和平的自由世界秩序；而对于批判这套秩序的人们来说，"自由国际秩序"带来的是剥削和压迫、动乱和战争以及自由秩序的堕落，并使其成为"帝国主义"的帮凶，再无公正性可言。

双方对于这套秩序的评判差异，并不妨碍在话语上的共识，这一共识体现为"自由霸权"的概念。这个概念借用霸权同意和强制的两面性，一方面认可美国在经济发展和公共安全方面为全球化做出的贡献，另一方面也注意

---

[1] https：//www.weforum.org/agenda/2017/01/defend - the - liberal - international - order - top - quotes-from-joe-bidens-davos-swansong/.

到这种秩序所蕴含的矛盾和张力，这具体表现为霸权国家对其他国家行为的约束和强制，带来"美国治下的和平"。可以说，"自由霸权"是界定美国过去数十年所构造的世界秩序的核心概念。随着全球化进程的失衡，自由霸权秩序得以存在的土壤不复存在，在经济、政治和文化意识形态方面陷入重重危机。

自由霸权秩序认可自由市场经济的正当性，并希望将所有国家纳入第二次世界大战后建立的以美国为首的国际经济体系。但愈加深化的全球不平等，让人们认识到，自由资本主义并不会自然带来双赢。伴随着全球生产结构的调整，全球经济体系形成一个存在"中心"和"边缘"的生产链条，美国金融体系处于这一链条的顶端，掌管和控制着全世界的财富流通，从自由市场经济，转变为经济寡头控制的垄断经济，成为自由霸权秩序运作的残酷事实。

随着经济体制的失衡，自由霸权所致力维护的民主制度也陷入困境。经济的寡头化，意味着大资本阶层凌驾于政治进程之上，成为无法被驯服的既得利益阶层。伴随着全球化带来的开放经济机遇，大量移民涌入欧美国家，成为侵蚀社会凝聚力的异质因素。经济结构的失衡和文化异质因素的渗透，破坏了民主制度健康开展的同质性要求，进而引发了民主制度的危机。大量被排斥在政治进程之外的本土公民，选择以民粹主义的极端形式，表达自己的不满和愤怒。

经济和政治危机也刺激了社会思潮的一般走向，其中最突出的反映，就是对自由主义的反思和对民族主义的拥抱。作为西方社会的正统和主流，自由主义的政治哲学基础十分牢固。但在 2019 年，愈演愈烈的经济和政治危机，开始触及自由主义的政治哲学根基。右翼知识分子批判自由主义哲学的空洞，没有文化认同的基础；左翼知识分子批判自由主义哲学流于形式，没有触及不平等和再分配问题。对于社会团结和身份认同的共同关注，使得民族主义成为整个西方政治的高度自觉。在这方面，左翼与右翼的差别，仅仅在于用词的不同和路径的差异。右翼民族主义多强调其历史性和文化内涵，认为一个健康的民族主义必须包含西方社会的基督教价值观，并基于这种观念，对外来族群和移民进行同化；而左翼民族主义多强调其抽象性和普遍性，认为一个健康的民族主义必须摆脱白人基督教价值观，诉诸自由主义的个体公民权等抽象理念。正因为如此，左翼在用词上多用"爱国主义"，而不是"民族主义"。二者孰优孰劣，相信政治实践自然会作出选择。

　　不平等对资本主义的挑战、威权主义和民粹主义对自由民主制度的挑战、民族主义对于自由主义的挑战，构成 2019 年对峙的思想图景，它们所编织起的叙事，可以被称为"自由霸权的衰落"。随着自由霸权秩序在经济、政治和文化意识形态、国际关系方面遭遇全面危机，美国主导的自由世界体系陷入内外交困，以西方为中心的世界体系日益没落。霸权衰落带来的权力真空，势必引发世界秩序的重组。由于中国过去数十年的发展都来源于同该体系的深度融合，自由霸权秩序的衰落将为中国未来的发展带来巨大挑战，同时也为构建人类命运共同体提供更大的舞台和空间。

《法意看世界》编委会

2020 年 4 月 18 日

目　录

欧洲的未来

制度的危机

民主危机

司法改革

社会思潮

反思自由主义

保守主义回归

全球化的错误转向

[编者按] 当前全球化陷入了困境，带来了不平衡的利益，必须有所改变。哈佛大学肯尼迪政府学院国际政治经济学福特基金会讲席教授丹尼·罗德里克于 2019 年 7 月在《外交事务》发表文章《全球化的错误转向以及它是怎样伤害美国的》。[1] 文章认为全球化的游戏规则并不是一成不变的，并提议对全球化下的体制进行改革，回归更为合理的全球秩序，使其规则的变化必须为所有人而不是少数人带来好处。

超全球化与金本位的教训

如今全球化困境的根源在于，20 世纪 90 年代，当时的政策制定者们将世界带上了当前的超全球化道路，要求国内经济服务于世界经济，相反，而不是让世界经济服务于国内经济。

在超全球化出现之前，各国已经尝试了两种截然不同的全球化模式：金本位制和布雷顿森林体系。新的超全球化在精神上更接近金本位制，这也是今天许多问题存在的根源。如果想要构建一个更公平、更可持续的全球经济体系，就应该考虑布雷顿森林体系中更为灵活的原则。

实行金本位制的政府必须将本国货币的价格与黄金的价格挂钩，保持对融资开放边境，并在任何情况下都偿还外债。如果这些规则意味着政府不得

---

[1] Dani Rodrik, "Globalization's Wrong Turn And How It Hurt America", *Foreign Affairs*, July/August 2019, 载 https://www.foreignaffairs.com/articles/united-states/2019-06-11/globalizations-wrong-turn, 最后访问日期：2020 年 3 月 6 日。

不实施经济学家们今天所说的紧缩政策，那么无论这对国内收入和就业造成多大损害，这些规则都应得到实施。金本位制的教训使战后国际经济体系的政策制定者认识到，为促进国际贸易和投资而对国内经济进行严格控制，只会让这个系统变得更加脆弱。

布雷顿森林体系的经验

同盟国在 1944 年布雷顿森林会议上制定的国际制度为各国政府制定货币和财政政策提供了充足的空间。这个体系的核心是它对国际资本流动性的控制。布雷顿森林体系的基础信念在于，鼓励国际贸易和长期投资的最好方式是使各国政府能够管理本国经济。

布雷顿森林体系只包括国际货币和财务安排。贸易规则是在《关税及贸易总协定》（GATT）的主持下以更特别的方式制定的。与金本位制和随后的超全球化相比，布雷顿森林体系和关贸总协定的规则给了各国很大的自由来选择它们参与世界经济的条款。发达经济体利用这种自由，按照自己的意愿对经济进行监管和征税，建立慷慨的福利国家，而不必担心全球竞争力或资本外流的阻碍。发展中国家通过贸易限制和产业政策使其经济多样化。

颇具讽刺意味的是，超全球主义者利用布雷顿森林体系的成功来使他们自己的方案合法化，从而取代了布雷顿森林体系。他们认为，如果肤浅的布雷顿森林体系在提高世界贸易、投资和生活水平方面发挥了如此大的作用，那么可以想象在它更深层次的一体化下可以实现怎样的效果。

但是在建立新制度的过程中，金本位制度最核心的教训被遗忘了，全球化成了目的，而国民经济成了手段。那些在超全球化中失败的人几乎得不到支持。美国许多依赖制造业的社区眼睁睁地看着自己的工作机会被转移到中国和墨西哥，遭受了从失业到吸毒成瘾等一系列严重的经济和社会后果。原则上，那些受贸易伤害的工人本应通过联邦贸易调整援助计划（Federal Trade Adjustment Assistance program）得到补偿，但政客们没有动机为其提供足够的资金或确保计划得到良好的落实。

新全球化时代的规则

超全球主义深层次的问题在于：新的贸易体制无法适应世界最大经济体之间的全面制度多样性。政策制定者再也无法从所有细节上重振布雷顿森林体系；世界不能（也不应该）回到固定汇率、普遍的资本控制和高水平的贸易保护。但是政策制定者可以借鉴其经验，打造一个新的、更健康的全球化。我们的任务是确保一个在本质上是开放的世界经济得到更广泛的民众支持，即使它没有实现超全球主义的理想。

建立这种支持需要新的国际规则，扩大各国政府追求国内目标的空间。富裕国家需要一个重建社会契约的体系。允许各国暂时保护敏感行业免于竞争的一系列规则亟需改革。在国际金融领域，各国应恢复国内政府控制资本跨境流动的规范，尤其是短期资本流动。这些规则应该将国内宏观经济政策、税收系统和金融监管的完整性置于资本自由流动之上。

新全球化的一个关键原则应该是，其规则的变化必须为所有人而不是少数人带来好处。如果任由全球化自生自灭，它总会产生赢家和输家。自20世纪90年代以来，超全球化的推进已使得国际经济一体化水平大幅提高。与此同时，它也导致了国内的解体。要消除因超全球化而扩大的经济和社会差距，就必须在政策层面上恢复国内范围的主导地位，并降低国际化水平。对此，世界经济能做出的最大贡献便是使这一更正成为可能，而不是阻碍。

（编译/刘嘉澍 黄致韬）

自由世界秩序的未来是保守主义

[编者按] 自由世界秩序是第二次世界大战以来以美国等西方国家为主导缔造的，由经济、政治、军事等一系列制度组成的全球性秩序，成立至今取得了多方面成果，并巩固了美国的全球霸主地位。然而近年来，由于中国、俄罗斯等新兴力量的崛起，以及西方国家内部的矛盾，自由世界秩序正面临空前危机。美国达特茅斯学院政治学学者詹妮弗·林德和威廉·沃福思，于 2019 年 2 月 12 日在美国《外交事务》杂志第 1 期发表《自由世界秩序的未来是保守主义》[1] 一文指出，挽救自由世界秩序的唯一战略，就是暂时性放弃扩张，选择保守主义，以期与非自由国家竞争共存。

自由世界秩序是一种修正主义

自由国家创立并为其服务的世界秩序，本身就是一种深刻的修正主义。第二次世界大战以来，美国建立并维护由其主导的自由世界秩序。随着时间的推移，这些西方国家积极输出民主，全方位持续扩张。在"保护责任"的旗帜下，公开化、制度化地干涉他国内政，已是司空见惯。国家权力、法律规范和公私伙伴关系，前所未有地结合在一起，扩大了自由世界秩序以及美国的地缘政治影响力，自由世界秩序的范围也大幅扩展。如今，没有哪个国家始终对维持现状感兴趣，所有国家都是修正主义者。

---

〔1〕 Jennifer Lind, William C. Wohlforth, "The Future of the Liberal Order Is Conservative: A Strategy to Save the System", *Foreign Affairs*, February 19, 2019, 载 https://www.foreignaffairs.com/articles/2019-02-12/future-liberal-order-conservative, 最后访问日期：2020 年 3 月 5 日。

自由世界秩序不宜继续扩张

目前，自由世界秩序不应再继续扩张。第一，尽管自由世界秩序仍得到强大的国家联盟支持，但该联盟的优势已明显削弱。第二，自由世界秩序正遭受内部合法性危机的困扰。第三，作为自由秩序挑战者的非自由国家已经崛起，并且永远不会完全融入自由世界秩序。尽管非自由国家能够有效参与自由秩序的许多领域，但由于政治、经济政策迥异，以及对自由世界秩序核心原则的反感，它们永远不可能成为真正的局内人。第四，自由世界秩序的威权主义对手并非纸老虎，在和平年代，威权大国的国内政权很少崩溃。如果无法阻止维持自由秩序的成本不断上升，只会徒增其国内政治压力，直到不得不完全放弃自由世界秩序。

践行保守主义以挽救自由世界秩序

为践行保守主义的自由世界秩序，西方国家应进行战略调整。第一，美国及其盟国政府应转变思路，搁置修正主义项目，以便集中精力和资源来应对大国竞争。减少接纳新盟国，停止无限扩大自由世界秩序范围。第二，在促进民主的官方行为和民间社团的独立行动之间，划出更明确的界线。美国和其他自由国家充满活力的公民社会，可以为促进海外民主做出很大贡献，但政府不应过多介入，否则只会使对方政府加剧其主权受到侵犯的担忧。

实行保守主义战略，有助于帮助自由世界秩序应对内外挑战。第一，保守主义战略非但不会将国际权力拱手让给非自由大国，反而会直接应对这些外部威胁。这些国家之所以质疑自由世界秩序，部分原因在于该秩序会加剧其不安全感。如果让它们减少这种恐惧，自由国家就会有更多机会对其分而治之，或至少可以自保。相对保守的自由世界秩序，可以通过充分利用其防御性而非进攻性优势，以另一种方式消除日益增长的大国竞争。毕竟，维持现状比推翻现状代价更小，更容易，也更安全。第二，更大程度的保守主义，有助于巩固自由世界秩序，应对内部挑战。维持自由世界秩序的成本越高，人们对自由秩序就越怀疑，维持对其国内自由秩序的支持就越困难。相对而言，保守主义会将这种风险降到最低。

自由世界秩序能否保持克制

有人可能会怀疑，基于自由原则的世界秩序能否真正保持克制。事实上，自由国家可以抑制其传播美德的冲动。自由主义原则和帝国利益一旦发生冲突，政治家们几乎总是选择现实主义。今天的自由世界秩序，至少在一段时期内是保守的。整个20世纪70年代，保守主义战略的就位，起到了限制美苏对抗的作用。

自由国家永远不可能彻底维持现状，因为它们培育了相对自由的经济和公民社会，由致力于让自由发挥作用的政府所领导。如果任其自行其是，这些力量将永远是修正主义者。但是，这种固有的修正主义者，不应妨碍自由国家的领导人意识到情势已变，并决定远离扩张。为了保护基于自由主义的世界秩序，必须接受保守主义。

（编译/吴彤）

如何重建国际新秩序

[**编者按**]　自 2008 年金融危机以来，要求效仿第二次世界大战后"重建国际经济秩序"的呼声不绝于耳。但哥伦比亚大学教授亚当·图兹于 2019 年 1 月发表于《外交政策》的《你并不了解真正的国际经济秩序》[1] 一文，却视角独特地主张理性反思战后自由主义秩序的建立，其观点令人警醒：秩序从来不是从协商中产生的，而是从残酷的政治博弈中产生的。当下，如果没有一个既有实力又有领导力的经济体站出来引领世界，那么所有关于"重建国际经济秩序"的讨论都只是空谈。

"重建世界经济秩序"的呼声渐起

自 2008 年金融危机以来，呼吁当今世界效仿第二次世界大战后的做法，建立"新布雷顿森林体系"的声音便不绝于耳。虽然这一呼声得到了广泛支持，但却非常值得深思。因为二战后重建国际秩序的那段历史并不光彩，事实上，这一秩序根本不是通过各国领导人共同协商、平衡各方利益而设计出来的。历史表明，秩序往往不会从友好协商中产生的，而是从残酷的权力纷争和物质制约中产生的。

---

〔1〕　Adam Tooze, "Everything You Know About Global Order Is Wrong", *Foreign Policy*, January 30, 2019, 载 https://foreignpolicy.com/2019/01/30/everything-you-know-about-global-order-is-wrong/，最后访问日期：2020 年 3 月 5 日。

"布雷顿森林体系"没能实际解决国际经济混乱

布雷顿森林会议虽名为一次探讨经济秩序的会议，但它更本质的属性是一个战时联盟集会，目的在于广泛动员盟国全面参战。它的实际理念是建立中央集权、国家宏观调控的战时经济，出席会议的代表都是政府官员，而不是懂经济的商人或银行家。

有人说当今世界经济体系与布雷顿森林时代具有相通性，主要依据是国际货币基金组织和世界银行两个机构从当时延续至今。但事实上，这两个机构除了名称不变，其他内容已与成立之初大不相同。在这两个机构建立的第一年，整个布雷顿森林体系几乎被完全搁置，成了名存实亡的空壳。1946年，苏联就退出了国际货币基金组织和世界银行。随后的冷战使联合国陷入了瘫痪，其组建布雷顿森林体系的计划也随之落空，取而代之的是出现在美国霸权主义下的更为狭窄的战后秩序——北大西洋公约组织。对于美国和欧洲那些渴望战后全球化的自由主义者来说，20世纪后期的冷战经济秩序实在令人失望。

第二次世界大战结束后出现的所谓"自由主义秩序"实际上是战时管控政策的延续。但这个"自由主义秩序"，远远不是19世纪盛行的自由主义，也不是达沃斯年会上呼吁的自由秩序。在当时，资本的跨国流动受到严格限制，贸易自由化也进展缓慢。随后，贸易配额与外汇管制逐渐取消，而只有在这些基本的贸易限制消除之后，关税协商才变得有意义。直到战争结束二十年后，肯尼迪上台执政时期，关贸总协定才开始发挥作用。到20世纪60年代末期，布雷顿森林体系才刚刚运行十年，就已经陷入了绝境。为了对付通货紧缩，美国总统尼克松只好重拾国家资本主义政策，切断美元与黄金的联系，以此来恢复贸易平衡。

如今世界经济秩序形成的背景并不是1945年二战结束，而是20世纪70年代初，法定货币和浮动汇率出现。由此说来，自由主义秩序并非产生于各国的友好协商，而是产生于美国单方面拒绝为全球货币秩序提供担保而导致的经济混乱。

"新布雷顿森林体系"在当今世界行不通

我们应该通过第二次世界大战后经济混乱的历史来反思经济危机的深度和不确定性。国际社会恢复秩序的最初尝试不是通过市场革命，而是通过政府、工会和雇主之间的集体谈判，以限制物价上涨和工资增长之间的恶性循环。这种手段其实是通过制定价格来直接控制通货膨胀，但它也进一步促进了经济政治化，酝酿着资本主义民主危机的出现。

以达沃斯会议为代表的经济界真正渴望的"战后自由"，不是1945年的自由，而是冷战后西方胜利时的自由。直到1995年，布雷顿森林会议试图组建一个世界贸易组织的愿景才最终实现，这一时刻被美化为技术专家治国的第三次胜利。但与前两次一样，其本质仍是政治权力的博弈：国内工会稳定，国外敌对势力（苏联）瓦解，以及中国决定加入世界经济浪潮。

自2008年金融危机以来，战后自由秩序受到了内外双重威胁：自身功能紊乱，国内政权对立，地缘政治权力转移等。本次危机非常严重，因此出现呼吁建立新秩序的诉求也不足为奇。但是应该思考，世界需要的"新秩序"究竟是什么。历史证明，新秩序不可能从领导人的协商中产生。虽然想法和领导力很重要，但只寄希望于英明的领导人重建国际秩序是不可能的。解决当前紧张局势的关键是要有一个全新的、坚决不走老路的经济体站出来，领导新秩序的建立。现在的核心问题是，西方世界是否准备好做这个"掌权人"了？如果没有，就不应该主张建立新秩序。

（编译/张姗姗）

财政紧缩并非良方，QE2 有望稳定局势

[编者按] 在 2008 年金融海啸席卷全球后，欧美各国因制定应对希腊危机策略的意见不合引发了内外派别之争。在碰撞中，各国在自我角色定位的基础上，采取了一定的措施：自认为是经济紧缩的榜样的德国进行了建国以来规模最大的预算削减，希腊的“病友”爱尔兰经过多次努力，在国际政治上仍无法选择债务减免，美联储推出第二轮量化宽松政策（Quantitative Easing2，以下简称 QE2）以应对债务危机。本文节选自哥伦比亚大学历史系主任兼任欧洲研究所所长亚当·图兹于 2018 年出版的新书《崩溃》[1]。作者以希腊危机、紧缩政策思潮蔓延为背景，以英、法、德、美等主要国家的政策为线索，展现了各国的立场、政策和利益纷争，并最终认为，美联储的 QE2 可以稳定局势，发挥缓冲作用。

英美紧缩政策的负面影响

英国在紧缩政策的思潮中首当其冲。在 2008 年金融危机中，英镑汇率暴跌，英国成为受灾最严重的国家之一。对此，“影子财相”乔治·奥斯本（George Osborne）提出制定可信的财政整顿计划迫在眉睫，但一部分经济学家表示，财政紧缩还为时过早。作者认为，增税简政政策持续深入的背后藏有更深层次的动机，缩小政府规模，让“小政府”成为常态不是手段，而是最终目的。这股力量一直延续着，伴随着支出削减的是大量工作岗位被撤销、改制、

---

[1] Adam Tooze, *Crashed*, 载 http://www.eurozine.com/a-time-of-debt/，最后访问日期：2020年3月4日。

私有化，弱势群体的生活更加困难。显然，英国的过度紧缩效果并不好。

依此可见，美国自由派如此密切关注英国政治并不仅仅是出于党派纷争，他们更担心的是，英国的遭遇是否预示着美国可能也会经历类似的转变。这种压力不只来自于专家和媒体，也来自奥巴马政府内部。奥巴马宣称，全国各地都在勒紧裤腰带，联邦政府也应该如此。时任美联储主席本·伯南克则警告，不要采取严厉的紧缩措施，因为美国尚处在襁褓期的经济复苏可能经不起严重的财政冲击。紧缩政策下，失业率升高，引起了美国人大范围的不满。

"制衡者" 期望下德国的紧缩选择

德国是最有希望采取财政扩张方针、平衡国际金融局势的经济体，是作为全球制衡者的明显候选国。其余欧盟成员国和美国政府均敦促德国加大财政支出，减少出口，以维持当前的经济复苏。然而德国的观点相反。面对每年 500 亿欧元的财政赤字，德国认为这场危机是过度负债的结果，世界经济复苏所需要的德国，并不是一个扩张性的制衡者，而是一个经济紧缩的榜样。因此，默克尔总理宣布了自建国以来规模最大的预算削减。G20 会议上，各国对暂缓财政整顿的呼吁也没有使德国改变方向。对此，作者认为，随着欧元区危机愈演愈烈，德国的作用变得更加关键。不应将德国政治阶层指责为帝国主义，德国并没有建立大陆霸权的野心，但柏林确实有一个建立覆盖全欧盟的经济和财政纪律的愿景。在德国同意采取任何进一步的欧洲一体化措施之前，这种愿景需要首先被其余欧盟国家接受。出于全球竞争力的考虑，政府支出和债务必须受到控制。当凯恩斯主义者担心内需不足时，德国的做法是提升外需。若要德国同意与欧元区其他国家共同承担金融风险，这些国家首先需要对债务做出同样的减缓，但这存在规则上的难题。

债务减免的避免并不能振兴市场信心

在希腊方面，三驾马车仍致力于迫使希腊继续执行失败的五月计划。因为如果立即进行债务重组，这场危机就可能会向整个欧元区的其他主权债务人蔓延，破坏欧洲银行的稳定，从而造成更广泛的危机。因此，欧洲经济政策的当务之急本应是在延缓并回避解决希腊问题的同时，抓紧时间加强欧元区金融体系的弹性和银行的健康。

虽然债务重组的问题被排除在希腊方面的议程之外，但爱尔兰的局势使这个问题无法继续隐藏下去。自 2008 年危机爆发以来，爱尔兰社会福利被大幅削减，并伴随着税负增加。如果爱尔兰政府继续承担其所有的银行债务负担，其影响将是令人痛心的。面对债务重组问题，法国和德国单独行动，签订了多维尔协议，使得债权人也得承担危机中的损失。支持延缓回避战略的人认为是多维尔协议使爱尔兰崩溃，但作者不以为然：考虑到巨大的预算赤字和 2008 年银行担保的到期，即使没有多维尔协议，爱尔兰也是在劫难逃。多维尔协议的主要影响其实是使欧洲央行的态度变得更为强硬。爱尔兰方面对此十分不满但无可奈何，无法在国际政治上选择债务减免。

虽然债务减免没有实现，但爱尔兰人民为此付出了代价，其结果并不是市场信心的振兴。通过逐国将成本转嫁到纳税人身上的方法并不能遏制欧洲金融危机扩散的势头，而由此产生的外部救援也就"金玉其外败絮其中"了。欧洲的金融危机影响范围过于巨大，且诱因错综复杂环环相扣，分而治之的处理办法并不奏效。这些损失，要么应该被推给那些从银行不可持续的商业模式中获利的投资者们，要么应该通过全欧洲协调合作的大型救助来弥补。分而治之只不过是拖延问题，将银行危机变成了财政危机。这一方面扩大了不确定性，另一方面又将注意力从关键问题上转移开来。

QE2 是应对危机的权宜之计

美联储的任务是维护物价稳定，最大限度地增加就业。这是经济大萧条留给美联储组织的遗产。2010 年 11 月 3 日下午，美联储对伯南克为过度紧缩敲响的警钟进行了回应：联邦公开市场委员会决定在未来 8 个月内以每月 750 亿美元的速度购买证券。由此，QE2 开始。

QE2 最直接的影响来自金融市场。随着央行收购债券，收益率被压低，资产管理公司不得不寻找其他类别的、收益率更高的资产。资金离开了债券市场，转向了股票。随着股市的膨胀，拥有股票投资组合的人的财富增加了，而这会让他们更愿意投资和消费。这一套经济刺激是不确定且间接的。从另一个角度来看，鉴于低收入家庭无法参与资本收益，它注定了要相对增加本已富裕的家庭的财富，进一步加剧收入不平等。

QE2 是美联储针对国会财政政策僵局采取的权宜之计，本身也受到了美国政治两极分化的影响。内部的联邦公开市场委员会就已经分为三派，外部对 QE2 的态度就更难以预测。美联储的购买计划也遭到了全球其他央行的广泛反对。在 G20 就财政政策问题争吵了 18 个月后，QE2 在货币政策问题上制造了又一道公开的裂痕。对此，作者表示遗憾，认为这本是可以预见的，而且事情并不一定要发展到这个程度，因为多维尔协议和 QE2 本可以是相辅相成的。可以与爱尔兰激进的债务重组形成一个理想组合的，正是欧洲央行通过债券购买计划对欧元区其他脆弱成员国的保护。

在 G20 峰会上，QE2 遭到了激烈反对，美国被指责未考虑对新兴市场国家金融市场的影响，加剧世界经济的不安全性。美国人对此提出了反驳：世界经济失衡的真正根源不是美国的货币政策，而是中国和德国的重商主义贸易政策。美联储并没有故意让美元贬值，只是针对国内情况做出了一定的回应。如果其他国家想阻止该国货币升值，他们只需要采取和美联储相似的低利率政策，一同推动货币扩张以拉动需求。

欧洲银行的态度与 G20 截然不同，它们成了 QE2 的最积极参与者。它们减少了美国证券投资组合持有，增加现金持有量。从 2010 年 11 月起，美联储债券持有量和非美国银行现金持有量之间的扩张存在着近乎一对一的重合。这表明，美联储非但没有增加世界经济的不安全，反而充当起了世界的存钱罐。

作者肯定了美联储和 QE2 应对危机的作用，认为和银行的流动性储备挂钩的并不是欧洲央行，而是全球金融体系的最终保障者——美联储。而这正是 QE2 的成效。虽然 QE2 不是经济扩张的良方，但在欧元区危机没有任何更好的解决方案的情况下，它作为缓冲稳定了局势。

（编译/姚静宜）

中、俄、美竞演新全球秩序

[**编者按**] 随着冷战平息后全球政治格局的不断变化，中美贸易冲突升级，全球和欧亚大陆的地缘政治格局也处于深刻变动中，中、俄、美三大国的关系也因此出现了新的发展动向。卡耐基国际和平基金会莫斯科中心主任德米特里·特列宁于 2019 年 5 月在《东亚论坛》发表《中、俄、美竞演新全球秩序》[1] 一文，针对当前的三国关系问题做出了回应。作者认为俄罗斯将继续与中国合作，在泛欧亚大陆建立一个明确排斥美国的大陆秩序。美国的双重遏制政策正在将中俄在分歧问题上发生冲突的可能性降至最低。

美国步入与中、俄竞争的新阶段

因为无法建立一个包容性的世界秩序，以接纳冷战后所有的主要参与者，近年来美国步入了与中国、俄罗斯竞争的新阶段。这也显示出了单极强权的局限性，美国统治下的和平（Pax Americana）只能在美国仍然愿意承担责任且其他主要参与者也默许它的霸权的情况下才能持久。大国之间的传统竞争模式又回来了。在新的平衡建立之前，中—美和美—俄的对抗可能将会加剧。

竞争与和解是极不对称的。美国、中国和俄罗斯的实力、资源大不相同。尽管从某种意义上说，它们属于同一级别——世界上三个最强大的军事和地缘政治玩家，其互动将会深刻地影响全球战略秩序。每个国家都有自己的议程、目标、战略和策略。这是一种全新的国际关系模式。

---

〔1〕 Dmitri Trenin, "China, Russia and the United States contest a new world order", *East Asia Forum*, May 5, 2019, 载 https://www.eastasiaforum.org/2019/05/05/china-russia-and-the-united-states-contest-a-new-world-order/, 最后访问日期：2020 年 3 月 5 日。

中、俄、美的策略转向

在支配地位已不可维持的前提下，美国转而寻求维持其全球优势。华盛顿视北京为主要对手，认为在经济和技术上北京有潜力超越它，并认为莫斯科在本质上是一个野心勃勃的破坏者。美国国内刚刚就其未来的世界角色和外交政策目标展开辩论。在这个时间点上，有一点显而易见：为了保持竞争力，美国必须更加关注其国内的基础建设，并将向盟友提出更多的要求。

中国的重点仍然是国内发展，最重要的是维护政治和社会秩序，但中国也致力于全球崛起。中国的全球参与度和影响力与日俱增。中国的战略可能旨在稳步提升北京在国际体系中的分量，与俄罗斯的战略伙伴关系有利于中国，它保障其稳定的地缘政治后方以及从能源到军事技术的资源流动。

俄罗斯试图巩固其新恢复的大国地位。俄罗斯不是在与美国争夺全球霸权，也不是在与中国争夺大陆优势。相反，俄罗斯在寻求维护其对美国和中国的地缘政治和安全主权。在可预见的未来，俄罗斯将视美国为其主要竞争对手，中国则是其主要的战略伙伴。

美国认为中俄分歧严重而深刻，以至于难以达成坚固的反美同盟。中国显然意识到它和美国在经济方面的利害关系更为重要，但不确定是否能够成功处理与俄罗斯过于密切的关系。中国和俄罗斯虽然进行了更多的联合军事演习和外交协调，但前莫斯科—北京同盟并未复苏。

冲突中走向合作

然而，近年来俄罗斯的整体地缘政治态势发生了根本性的变化。俄罗斯试图融入西方已成为历史。作为全球非西方国家的一部分，俄罗斯不会与中国完全结盟，但也不会帮助美国遏制中国的崛起。俄罗斯受益于中国，且可能会继续蚕食美国在各个领域的地位。

俄罗斯将继续与中国合作，在泛欧亚大陆建立一个明确排斥美国的大陆秩序。当然，即使没有美国的因素，中国和俄罗斯也有充分的理由进行合作，但华盛顿的压力会使他们更加紧密地团结在一起。

俄罗斯和中国的分歧将继续存在，他们也没有彻底摆脱对对方的恐惧，但美国的双重遏制政策正在将中俄在这些分歧问题上发生冲突的可能性降至最低。具有讽刺意味的是，这项政策也减轻了两国精英们的疑虑，即美国可能会以牺牲另一方为代价而与中国或俄罗斯建立更密切的联系。

（编译/张浥萱）

美国需要重建"大国协调"体系，
以应对世界秩序危机

[**编者按**]　冷战之后，世界上确立了两大为美国利益服务的秩序——自由主义秩序和冷战秩序。然而眼下两大秩序都处于摇摇欲坠之中。科技和政治环境发生的重要变化、有效治理手段的不足以及美国在经济和军事上的错误决策等都是秩序瓦解的原因。然而最重要的是世界上的权力中心发生了转移。时任美国对外关系委员会主席的理查德·哈斯于 2018 年 12 月 11 日在《外交事务》上发表《世界秩序的终结方式与应对之道》[1] 一文。作者认为，秩序必将瓦解，不可复苏；但秩序瓦解的过程却是可控的。美国必须接受这样的命运并将挽救旧秩序的力气放在控制瓦解之后的事态发展以及重建世界秩序上。以"欧洲协调"的消亡为例，哈斯分析了"欧洲协调"从产生到灭亡及其后的事态发展，并以史为鉴，提出如下观点："克里米亚战争"那样的灾难并非不可避免，但若美国不采取恰当措施，灾难终将到来。

作者指出，首先，恒久稳定的世界秩序是极为罕见的。秩序稳定一段时间后，总会产生使人们对新秩序充满渴望的巨大动乱，并创造出变更旧秩序的条件。作者认为，秩序是由人创造的，它的产生，需要：（1）对权利进行的均衡分配；（2）对制约国际关系行为之制度的广泛接受；以及（3）精巧的治国之道。其次，创业也需守业，维持稳定秩序需要创造性的外交策略、

---

〔1〕　Richard Haass, "How a World Order Ends And What Comes in Its Wake", *Foreign Affairs*, December 11, 2018, 载 https://www.foreignaffairs.com/articles/united-states/2018-12-11/how-a-world-order-ends, 最后访问日期：2020 年 2 月 29 日。

有效运转的机构以及能够在条件出现变化时及时调整、在挑战来临时给予其支撑的有效行动。一旦使该等秩序产生及得以维持的条件丧失，秩序就走向消亡。

但是，哈斯认为，即便秩序终将消亡，其时间、方式和消亡后的事态却是不同的。良善的政策和积极的外交政策对于秩序恶化的发展确有帮助，但前提是必须承认旧的世界秩序不复存在，任何试图使之复苏的努力都将徒劳无功。

当今世界秩序摇摇欲坠，一些学者和实践家认为，历史上在雅典和斯巴达战争之后崛起的古希腊以及在第一次世界大战时期美国和欧洲多数国家采取的孤立主义外交政策可资借鉴。但在本文作者看来，对现实更有借鉴意义的应当是 19 世纪的"欧洲协调"。其原因在于，这一由"维也纳会议"确立的秩序，（1）持续了近一个世纪，（2）为国际关系奠定了基础，（3）为国际行动制定了基本规则。

作者认为，"欧洲协调"秩序的消亡及其后的事态发展为我们提供了如下警告：一种秩序必将终止的事实并不当然意味着其后的混乱和灾难一样不可避免，但如果对事态的恶化管理不善，灾难必将到来。

"欧洲协调"的诞生与消亡

"拿破仑战争"之后，战胜国——奥地利、普鲁士、俄国和英国——在1814 年和 1815 年齐聚维也纳并召开会议。该会议确定的体系被称为"欧洲协调"。基于欧洲当时的世界中心地位，该体系奠定了国际秩序的基调。其中，战败的法国也被纳入该秩序之中。大致均衡的军事力量从源头上避免了该秩序被推翻；各国重合度足够高的利益维系了该秩序的运转，防止了当时的主要强国之间发生战争。该秩序首先确立了一系列关于国际关系的共识，其中最重要的是"禁止侵略他国"以及"在未经允许的情况下不得干涉他国内政"；其次是由外交部长们协商解决重大问题；再次，维也纳会议的最后决议界定了欧洲的领土边界，且仅在所有签署国一致同意的情况下方可更改；最后，支持君主政治，鼓励受到人民起义威胁的国家求助于盟友。

作者认为，虽然在严格意义上，"欧洲协调"运转了一个世纪，但事实上很早之前便已不再有效了。一系列的革命浪潮和战争，尤其是具有决定性意义的"克里米亚战争"，暴露了该秩序对公众压力的束手无策以及阻止强国之间战争的局限性。冲突复归欧洲中心。而混战之后，欧洲力量中心发生转移：德国开始崛起，帝国渐渐腐朽。这两者的结合为第一次世界大战的爆发和"协调"的终结埋下了伏笔。

"欧洲协调"消亡的原因

在哈斯看来，"欧洲协调"的消亡基于以下原因：

第一，作为秩序根基的力量均衡发生变化。经济力量、政治凝聚力和军事力量的变化影响着一个国家对其领土之外的事项插手干涉的能力和意愿。

第二，科技和政治环境发生变化。民众对民主参与的要求和激增的民族主义使"协调"支持的君主政治面临威胁。新的交通、通信以及军备形式改变了政治、经济和作战方式。

第三，继任者们未能延续前辈们精巧的治国之道。

第四，除欧洲中心存在的问题外，大国之间抛弃了长久以来的礼让，在欧洲外围展开激烈角逐。

第五，秩序的终结过程并非轰然坍塌，而是缓慢腐朽。当决策者们意识到秩序难以维持时，已经无力"扶大厦之将倾"——甚至无法应付其解体。

两大秩序的诞生和恶化

作者认为，第二次世界大战之后的大部分时间里，两个并行的为美国利益服务的秩序组成了国际秩序。与其说这两个秩序都不存在一种完美的共识，毋宁说每个秩序都充分考虑了各方意见，从而不会被直接挑战。

一是来源于美国和苏联之间的"冷战秩序"，其核心在于欧洲和亚洲之间以核威慑为后盾的军事力量上的大体均衡。双方就欧洲内部的政治秩序以及冷战的主要竞赛领域达成共识，并写入《赫尔辛基协定》。它们之间的秩序是建立在手段上，而非目的上的。

二是民主国家作为主要参与者的"自由秩序"。该秩序在经济层面上支持自由贸易，通过援助和贸易加强国与国之间的联系，接受美元成为"事实上的全球货币"；在外交层面上，通过建立联合国来避免或者解决全球争端。

如今，两个秩序都在恶化。

就冷战秩序而言，其瓦解的标志之一是萨达姆·侯赛因在1990年对科威特发起的侵略行为。尽管核威慑依然存续，但支持核威慑的部分军备控制协议已经被打破，其他协议也开始瓦解。俄罗斯不再安于现状，对北约的东扩计划表现出强烈的不满。

自由秩序有其自身的瓦解标志：独裁主义的浮现、国际贸易陷入僵局、世贸组织未能有效运转、国际社会对美国利用美元实施制裁的怨愤和对其累积的债务的担忧、联合国安理会变得可有可无、国际协议无法应对全球化带来的挑战、核武器扩散以及欧盟陷入英国脱欧、移民和主权争议的泥沼之中。

放眼全球，各国对美国主导地位的抵制愈发强烈。

两大秩序瓦解的原因

作者借鉴对"欧洲协调"消亡的分析，认为冷战和自由秩序的瓦解基于以下原因：

第一，权力中心的转移。主要表现在：中国的崛起，反对秩序重要方面的几个中等大国的出场以及对国内外秩序施加严重威胁的非国家组织的出现。

第二，技术和政治环境的重要变化。主要体现在：全球化使一系列试图推翻秩序的组织和个人在科技发展中受益，民族主义和民粹主义势力激增。

第三，有效的治理手段明显不足。其主要表现在：现有的机构（如联合国安理会）无法应对全球变化。

第四，两大秩序的中心——美国——采取的行为一方面步子迈得过大，显得不自量力，另一方面却又在维持世界秩序时缩手缩脚。这样的举棋不定使其他国家更加倾向于无视美国的担忧而独自采取行动。此外，由于特朗普政府退出众多国际协议并在曾经被视为不可违背的美国在欧洲和亚洲的同盟承诺上提出新的条件，国际社会对美国可靠性的怀疑倍增。

应对瓦解的建议

作者强调，应对瓦解，首先应当承认复苏旧秩序毫无可能。他以由欧亚等中等强国及加拿大主导的秩序为例分析道，以欧亚中等强国及加拿大制定和领导的民主与基于规则的新秩序，会因缺乏军事能力和国内政治意愿的支撑而夭折，国际和国内对抗将更加普遍。

作者在以下方面对美国重建世界秩序提出建议：

第一，在应对权力转移和全球问题上，美国应当支持军备控制和核不扩散条约，加强其与欧洲和亚洲的盟友关系，给予那些不能抵抗恐怖组织、卡特尔、帮派的弱国必要的支持，反对独裁主义干涉民主进程。但是，美国不应当放弃将中国和俄罗斯纳入区域和全球层面秩序建构的努力。

第二，在应对环境变化、贸易及网络战争等问题上，美国应当采取更有抱负的控制和适应气候变化的措施，完善世贸组织的架构，以及建立制度以规范网络空间。

第三，在外交政策上，美国应当自我约束，不再鲁莽地入侵其他国家或者运用制裁和壁垒使美国的经济政策武器化，并对其条件反射性地反对多极化的态度作出反思。

第四，在内政问题上，美国应当采取的措施包括：减少政府债务，重建基础设施，在社会保障体系上加大投资，建立更加明智的允许海外人才落户的移民体系，通过降低选举的难度来解决政治上的功能障碍，拆散"杰利蝾螈"的选区设置。

作者在文末指出，我们现今面临的境况与 19 世纪中期类似：第二次世界大战及冷战后的秩序不可能恢复，但世界尚未处于系统性危机的边缘。值得庆幸的是，世界最终陷入灾难这种情况远非不可避免；但糟糕的是，我们也远不能确信其不会发生。

（编译/张菲菲）

美国需要更加务实的对俄政策

[**编者按**]　冷战结束后，美对俄战略建立在这样一种持久的幻想之上：恰当的美国战略可以改变俄罗斯的世界观，并使俄罗斯放弃一定的国家利益。然而，从历史和现实的情况来看，俄罗斯的大国地位与大国诉求不容忽视，上述幻想已经无法弥合现实的裂缝。对于美国而言，积极调整对俄战略，已经成为迫在眉睫的问题。曾在布什政府时期担任国家安全委员会（National Security Council）俄罗斯事务高级主任的托马斯·格雷厄姆在《外交事务》2019 年第 6 期发表的文章《美国需要更加务实的对俄政策》[1]，关注到美国最近几任政府对俄战略的偏离。他指出，美国应当清醒地认识到，自由主义旗帜下的绝对胜利幻想已经破灭，俄罗斯作为"大国"的自我定位和战略需求从未终结。美国应当正视俄罗斯在欧洲、中东、东亚的利益，调整孤立和排挤俄罗斯的战略。在此基础上，美国应当"重拾冷战时期的政治美德"，承认自己的局限性，在与对手的利益平衡中实现"再次胜利"。

反思对俄政策的历史教训

作者指出，美国过去的对俄政策陷入了不切实际的幻想中。回顾历史，其主要有两个方面：

第一，幻想俄罗斯能够走向自由民主体制。苏联解体后，俄罗斯初任领

---

〔1〕　Thomas Graham, "Let Russia Be Russia: The Case for a More Pragmatic Approach to Moscow", *Foreign Affairs*, November/December Issue, 2019, 载 https://www.foreignaffairs.com/articles/russia-fsu/2019-10-15/let-russia-be-russia, 最后访问日期：2020 年 3 月 5 日。

导人鲍里斯·叶利钦（Boris Yeltsin）曾积极地承诺全面改革。因此，美国相信俄罗斯将进入自由民主体制，并希望将其纳入西方世界。然而，俄罗斯缺乏民主传统，国家机构沦为贪婪的寡头与地区大亨攫取公共资产的工具，旧时的共产党员、苏联爱国者与新生的先进力量作战，政治混乱不断扩散。恢复秩序的任务落在了叶利钦的继任者普京身上。他明确表示打算恢复传统的"俄罗斯模式"：高度集权的威权国家。美国官员对俄罗斯民主改革的障碍及普京的意图并非全无察觉，但是在冷战胜利的余晖中，他们坚持认为，与俄罗斯建立伙伴关系必须以共同的民主价值观为基础。而事实证明，该战略从未生效：克林顿政府时期，叶利钦在 1998 年俄罗斯金融危机后建立了一个由保守派和共产主义者组成的新政府；布什政府时期，普京在 2004 年对乌克兰的"橙色革命"采取镇压政策；奥巴马政府时期，普京在 2011 年宣布担任总理之后将重新担任总统。

第二，幻想俄罗斯缺乏挑战美国的实力。在 1991 年至 1998 年之间，俄罗斯经济萎缩了近 40%，军队由于缺乏投资势力大减。然而，普京上任后着力打压寡头和区域大亨，迅速恢复并控制了国家秩序，推进了军队现代化的发展。但布什政府确信美国在"单极时刻"具有无与伦比的实力，退出《反弹道导弹条约》，扩大北约，支持格鲁吉亚和乌克兰的"颜色革命"。奥巴马政府对俄罗斯也不屑一顾，在利比亚和叙利亚的行动中，很少注意俄罗斯的反对意见。然而，俄罗斯于 2008 年入侵格鲁吉亚，通过使用"武力"向布什政府表明，俄罗斯对北约扩张拥有否决权。同样地，俄罗斯在 2014 年控制了克里米亚和乌克兰东部的动荡，奥巴马政府此前支持的亲俄罗斯的乌克兰总统维克多·亚努科维奇（Viktor Yanukovych）被赶下台。

当前，美国放弃了俄罗斯正走向民主之路的幻想。但是，孤立和排挤俄罗斯的战略也遭到了质疑。原因在于，美国不能忽视俄罗斯作为大国获得核心权力的意愿。并且美国有以下两点误区：

第一，美国夸大了俄罗斯的实力，忽视了俄罗斯改善美俄关系的需要。普京的外交政策并不像宣传中的那样成功：俄罗斯的乌克兰政策使乌克兰与西方国家的联系更加紧密，并使得北约完成了计划内的对俄反制任务；普京干预美国大选使得美俄关系复杂化；普京还使俄罗斯陷入地缘政治（尤其是叙利亚）冲突中。在经济停滞和社会不满情绪蔓延之际，对于普京而言，改善美俄关系同样重要。

第二，美国想象俄罗斯领导人主要出于私利决定和执行外交政策。然而事实上，必须假定政界人士和寡头势力会向普京施加压力，要求其改变在乌克兰的政策，或消除俄罗斯对美国国内政治的干预。

理解俄罗斯的全球战略

要建立更加务实有效的美俄关系，需要对俄罗斯在全球的国家战略及美俄的战略冲突有更深刻的理解。俄罗斯谋求"大国地位"的传统，源自其古老的困境——他们必须捍卫一个陆地上庞大的、人烟稀少的多民族国家。这个国家缺乏天然的物理屏障，毗邻强大的国家和不安定的地区。在历史上，俄罗斯一直通过强大的国内统治、严格的边境界限，以及对周边"强大盟国"的警惕，来回应地缘的挑战。现如今，这种方式与美国在乌克兰、欧洲、中东和中国的利益全部背道而驰。

第一，对于俄罗斯而言，乌克兰是最具地缘意义的东欧或苏联国家。乌克兰被定位为通向巴尔干和中欧的咽喉要道，拥有巨大的经济潜力，并被誉为"俄罗斯文明的摇篮"。

第二，欧洲仍然是俄罗斯在成为大国道路上重要的敏感地带。欧洲在政治经济一体化的过程中，将在人口、财富和权力上削弱俄罗斯的力量。因此，俄罗斯试图利用欧洲国家内部的断层，引发北约联盟的信任危机。

第三，俄罗斯积极规划在中东地区的长远利益。最初，普京干预叙利亚事务，意图阻止激进的伊斯兰势力与俄罗斯境内的极端分子联系。发现美国在叙利亚的权力缺位后，俄罗斯的野心开始膨胀，希望扮演如美国一般的中心角色，积极推进地区和平。俄罗斯与伊朗和土耳其合作，寻求叙利亚危机的最终方案；俄罗斯还加强了与以色列和埃及的外交联系，并与沙特阿拉伯合作管理石油价格。

第四，在发展对美战略平衡方面，俄中关系愈发亲密。俄中关系帮助俄罗斯抵抗了美国在欧洲和中东的势力，并帮助中国提升了地区势力。俄罗斯帮助中国在中亚、欧洲的部分地区和中东进行商业渗透，使中国以优惠的价格获得了自然资源，并向中国出售了先进的军事技术。

更加务实的对俄战略：妥协与抵抗相统一

与冷战时期美苏关系不同，美俄当前的竞争是战略和利益对立的大国之间的有限竞争。如果美国能够与苏联达成平衡，在促进美国利益和价值的同时，促进全球和平与安全，那么今天对俄罗斯而言也是一样。为此，作者提出以下几点建议：

第一，美国的决策者应该放弃将北约进一步扩展到任何苏联地区的野心。一方面，北约应该加强内部凝聚力，向脆弱的成员国保证集体防御的承诺。另一方面，俄罗斯也无法以此为借口入侵苏联地区。

第二，美国应当把握时机，全面解决乌克兰危机。2015 年明斯克协议未能取得成效，顿巴斯冲突仍在继续，俄罗斯在克里米亚扎根越来越深。而乌克兰新总统沃洛迪米尔·泽连斯基（Volodymyr Zelensky）的上台为全面解决乌克兰危机制造了一个机会。首先，美国应该向乌克兰表明北约成员国对谈判的期待，并加深与乌克兰的双边安全合作。其次，乌克兰应该承认克里米亚并入俄罗斯，以换取俄罗斯接受顿巴斯地区在放弃特殊地位的情况下回归乌克兰。最后，乌克兰还应获得克里米亚损失财产的赔偿，并取得开采近海资源的机会。随着这些安排生效，美国和欧盟可以逐步放松对俄罗斯的制裁，并向乌克兰提供一项实质性的援助计划，以促进其改革。这样做的原因在于，一个强大、繁荣的乌克兰既是对未来俄罗斯侵略的最好威慑力量，也是建设俄乌关系的必要基础。

第三，更务实的俄罗斯战略也将谨慎考虑俄罗斯的军事干预在中东的影响。美俄在中东的利益并非截然相反。俄罗斯不希望伊朗获得核武器，也不希望伊朗统治中东，而希望在该地区建立新的平衡——尽管俄罗斯构想的平衡与美国不同。如果美国顺应俄罗斯在叙利亚的有限安全经验，接受俄罗斯作为区域性参与者，那么这可能会使俄罗斯采取更多行动来制止伊朗的侵略行为。特朗普政府已经朝着这个方向迈进，但有必要采取更加有力的措施。

第四，美俄应当在制定全新的全球军备控制制度方面发挥带头作用。世界正在朝着多极秩序转变，各国正在开发先进的战略武器，一旦国家受到核武器和网络武器的攻击，这些先进武器就可以威胁核指挥和控制系统。为此，美国应该延长《新削减战略武器条约》（Strategic Arms Reduction Treaty，简称New START，其于2010年签署，并将于2021年到期）的有效期。同时，由于高超音速武器和网络武器等先进武器并不在《新削减战略武器条约》的范围之内，因此，还需建立一种新的军备控制制度。尽管有必要在某个时候将中国纳入这一进程，但基于美俄在战略理论、实践以及相应的军备控制措施方面具有独特的经验，两国应发挥带头作用。

第五，美国应当使得俄罗斯成为自己的有力盟友。在战略核问题和其他问题上，美国无法阻止中国的崛起，但可以以符合美国利益的方式来引导中国不断增长的力量。应该使俄罗斯成为这种影响的一部分。要做到这一点，美国应该帮助俄罗斯增加面对中国时的替代选项，从而改善俄罗斯的谈判地位。随着美俄关系在其他领域的改善，美国应该逐步取消阻止日本、韩国和美国在俄罗斯远东地区投资的制裁措施。

第六，美国应当调整国际国内政策缓解俄罗斯干预美国选举的问题，并尝试让俄罗斯参与制定网络空间的规则。美国在区域问题上缓和竞争的努力可能会促使俄罗斯减少其对美国选举的干预，但问题不会轻易消失。为此，美国应首先与面临相似问题的欧洲民主盟友一起合作，共同应对这些网络威胁。其次，相比关闭俄罗斯媒体的社交网络账号，更具建设性的方法是在不妨碍民主辩论的前提下，增强人们对新闻的辨别能力，帮助公众提高批判性阅读的技能。最后，美国还应让俄罗斯参与制定网络空间的规则。即使这些规则在实践中没有得到完全的遵守，它们也可以作为对俄罗斯侵扰行为的一种约束。

作者最后总结道，妥协和抵抗相统一的方案平衡了俄罗斯与美国的利益。这一战略将代表着冷战结束前美国外交政策传统的回归。这一伟大的传统是向前看的。美国并不害怕对俄罗斯妥协，因为它清楚自己的强大，也清楚自己的局限性，更清楚自己的价值观和未来的道路。

（编译/朵悦）

为什么特朗普的中东计划行不通

[编者按] 中东地区是美国地缘政治上的核心所在，特朗普上任之后，对美国的中东政策进行了很大调整。如何评价这一转变？曾担任美国主管近东事务助理国务卿的马丁·印迪克（Martin Indyk）在《外交事务》（*Foreign Affairs*）2019 年 10/11 月刊上发表了《沙漠里的灾难：为什么特朗普的中东政策行不通》[1] 一文，严厉地批评了特朗普的中东政策。长期以来，美国在中东的政治对手是寻求区域霸权的伊朗，美国最重要的政治盟友是以色列和沙特阿拉伯。为了遏制伊朗，基辛格推动建立中东秩序，并取得了巨大的成效，其关键是调和以色列与阿拉伯邻国的矛盾，一致针对、遏制伊朗。但是在建立反伊朗同盟方面，特朗普试图以给予以色列和沙特阿拉伯更大的自由政策空间为代价，让两者完全承担了遏制伊朗的责任，而美国则以极小的代价全身而退。作者认为，这是不切实际的美好幻想；事实证明，在中东各派势力错综复杂的情况下，给予盟友更大的政策空间将会导致同盟的内斗，进而削弱同盟，瓦解遏制伊朗的力量。在美国直接制裁伊朗方面，特朗普表面上采取了极其严厉的制裁，但背后却没有足够的军事决心，其出尔反尔的性格同时也削弱了制裁的效果和盟友的信心。这导致伊朗反击并重新开始核计划。作者认为，这一切是特朗普不了解中东极其复杂的现实同时又刚愎自用造成的，美国的政策应该尽快回到原有的轨道上。

---

[1] Martin Indyk, "Disaster in the Desert: Why Trump's Middle East Plan Can't Work", *Foreign Affairs*, November/December, Issue, 2019, 载 https://www.foreignaffairs.com/articles/middle-east/2019-10-15/disaster-desert, 最后访问日期：2020 年 3 月 5 日。

特朗普的中东新计划

2019 年 7 月，杰森·格林布拉特（Jason Greenblatt），美国总统特朗普的巴以谈判特使，参加了联合国安理会关于中东问题的例行季度会议。他告诉惊讶的听众，美国不再尊重在巴以问题上达成的国际共识，即联合国安理会第242 号决议，虽然这是独立的犹太国家和巴勒斯坦国家在和平与安全中共存的基础。

格林布拉特的演讲是特朗普政府打破过去、创建中东新秩序的更广泛运动的一部分。特朗普的计划是，美国可以继续从该地区撤军，但不会因此而面临不利后果，因为以色列和沙特阿拉伯将会弥补这一不足。华盛顿将把遏制伊朗这个地区不稳定的主要来源的任务，分包给黎凡特和波斯湾的以色列和沙特阿拉伯。两国在对抗伊朗问题上的共同利益将改善双边关系，在此基础上，以色列可以与逊尼派阿拉伯世界建立默契的联盟。代理人获得了广泛的回旋余地，可以随心所欲地执行华盛顿的命令，而他们的赞助人则以低廉的代价获得一个新的、特朗普式的秩序。不幸的是，这种愿景只是一种幻想。

脆弱的以色列

虽然以色列拥有强大的军事实力，在打击伊朗方面与逊尼派阿拉伯国家有着共同的利益，但美国不能依靠这个犹太国家来促进它在阿拉伯世界的利益。以色列与巴勒斯坦之间悬而未决的冲突已经限制了它与邻国公开合作的能力。

与此同时，在叙利亚，没有外界的帮助，以色列无法实现驱逐伊朗军队的目标，其中包括由伊朗支持的约四万人的民兵。但是，因为俄罗斯的驻军和它对阿萨德政权的影响，美国的军事力量若撤退，以色列别无选择，只能寻求俄罗斯的援助。然而，内塔尼亚胡对莫斯科的多次访问只获得了俄罗斯总统普京对以色列空袭伊朗目标的有条件的默许。

2019 年 3 月，特朗普发布了一项总统公告，宣布戈兰高地是以色列的一部分。基辛格于 1974 年谈判达成以色列—叙利亚脱离接触协议（Israeli-Syrian disengagement agreement）后，以色列与叙利亚的边界平静了近四十年。这一公告相当于撕毁了脱离接触协议，且违反了联合国安理会第 242 号决议的核心原则。特朗普的仓促决定将产生持久影响，破坏脱离接触协议，强化了美国和以色列的外交孤立。其结果是，在大马士革的支持下，德黑兰现在可以自由地在边境的叙利亚一侧建立民兵组织，不受几十年前哈菲扎尔·阿萨德（Hafezal Assad）对基辛格的反恐承诺的约束。果然，到 2019 年 7 月，以色列发现有必要轰炸戈兰高地的真主党阵地，让暴力成为阻止伊朗在那里制造事端的唯一工具。

更加脆弱的沙特

沙特阿拉伯被证明是美国可以依靠的更弱的盟友。利雅得以前从未试图在战争与和平中领导阿拉伯世界。沙特统治者认识到自己国家作为一个富裕但脆弱的国家的局限性，国内共识脆弱，他们更愿意在美国领导的秩序中扮演一个安静的配角。埃及、伊拉克和叙利亚一直是阿拉伯政治中的关键角色。但是，随着伊拉克遭受重创，叙利亚陷入混乱，停滞不前的埃及被革命和反革命重创，雄心勃勃的萨尔曼认为可以将自己的国家作为对阿拉伯领导地位的要求的筹码。

但萨尔曼领导下的沙特并没有把注意力集中在伊朗，而是欺骗特朗普，让他在当地的意识形态竞赛中站在一边来反对另一个美国盟友。其结果是分裂了海湾合作委员会（Gulf Cooperation Council），进一步削弱了其在海湾地区本已有限的对抗伊朗的能力，同时将卡塔尔推入伊朗的怀抱。因为除了利用伊朗领空之外，卡塔尔别无其他途径保持与世界的联系，但伊朗非常乐意提供这一点。自那之后，这一惨败一直困扰着政府，沙特阻止了所有修补裂痕的尝试。

沙特阿拉伯对和平进程的推进也没有多大帮助。沙特发起的另一项倡议——拟议中的中东战略联盟——也无济于事。利雅得认为，特朗普可以把邻近的阿拉伯国家拉进一个联盟中来对抗伊朗。它被称为"阿拉伯北约"，使埃及、约旦和海湾合作委员会在美国的安全保护伞下走到一起，加强合作，充当抵御伊朗侵略的堡垒。该项目的内部矛盾在 2017 年 9 月的首次会议上暴露出来，并很快陷入停滞。

伊朗失控

就像特朗普政府在其他方面的失误一样，特朗普政府在伊朗问题上的努力几乎没有产生积极的结果。一段时间以来，"最大压力"运动似乎正在减少伊朗对其海外代理人的资助。2019 年 4 月，特朗普不满足于"最大限度"，他进一步加大压力，将伊朗伊斯兰革命卫队认定为恐怖组织，并禁止中国、印度购买伊朗石油。随着经济崩溃以及欧洲未能提供足够的制裁救济，德黑兰忍无可忍。

在那之前，伊朗一直在实践他们所谓的"战略耐心"——等待 2020 年美国总统大选，同时解决问题，并通过坚持核协议使欧洲人继续在场。现在，伊朗决定报复。

首先，它通过扩大低浓缩铀库存，减少了对"联合全面行动计划"（JCPOA）的遵守。然后，它恢复了更高水平的铀浓缩。2019 年 9 月，它重启离心机开发，缩短了核武器生产的突破时间。由于特朗普是第一个放弃该协议的人，撕毁了阻止伊朗获得核武器的煞费苦心的国际法律共识，美国没有资格通过言论或行为来阻止它。

伊朗人明白特朗普喜欢谈论战争，但他不喜欢发动战争。他们知道他更喜欢做交易，所以他们聪明地提出谈判。特朗普察觉到另一场可以上电视的峰会的到来，欣然接受了邀请，并邀请伊朗总统哈桑·鲁哈尼（Hassan Rouhani）在 9 月的联合国大会间隙会面。谈到伊朗问题，他说："我们可以在 24 小时内解决。"

这种转变让特朗普的合作伙伴感到震惊，尤其是内塔尼亚胡，他公开表示反对。沙特对 9 月无人驾驶飞机袭击其油田的反应变得更加谨慎。阿联酋没有犹豫地下对冲赌注，派出官员前往德黑兰恢复长期停滞的海上安全谈判。对特朗普的中东合作伙伴来说，冲动、不可预测的美国总统和冷静、专业的伊朗总统之间的会面是他们最糟糕的噩梦。

美国应该遵循的道路

美国在该地区还有另一条路可走，这条路更有利于华盛顿及其所有盟友和伙伴的利益。这需要美国加强外交，将其目标缩小到用现有手段似乎可以实现的程度。遏制伊朗，而不是试图收回其成果或推翻其政权，并维持美国在伊拉克和叙利亚的剩余驻军。回到"联合全面行动计划"，以此为基础解决伊朗其他有问题的行为，把适度的制裁减免作为杠杆。在海湾合作委员会解决争端，并与所有相关方接触，努力结束也门的冲突。回到寻求公平解决巴以冲突的道路上来，虽然在那里突破的前景可能很渺茫，但为了保持两国解决方案的希望，接触是必要的。将以色列和沙特阿拉伯视为非常重要的地区合作伙伴，而不是可以任意妄为的分包商。与其摒弃国际共识，不如努力使其符合美国的利益。

（编译/黄致韬）

美国应回归地缘经济外交传统

[编者按] 美国是世界上最强大的经济体，然而，其外交政策强调武力胜于互利，且几乎没有停止储备军事力量。在过去的几十年里，美国领导人逐渐忘记了一种可以追溯到建国伊始的传统：利用经济手段实现地缘政治目的。美国人将这种做法称为"地缘经济政策"。罗伯特·D. 布莱克威尔和詹妮弗·M. 哈里斯于 2016 年 2 月在《外交事务》发表的《失落的经济治国技艺》，[1] 通过梳理美国领导人在经济国策与地缘政治之间的政策选择及历史背景，从大方向上对下一届美国政府的外交战略提出了建议。作者认为：地缘经济战略被美国摒弃，却被竞争国家使用，中国、俄罗斯和其他国家视地缘经济政策为最有效的发展手段，而这正削弱了美国在阿拉伯国家的影响力，使得贫困在中东地区蔓延，滋养伊斯兰激进主义；伴随全球化高速发展，这些损失有可能成为美国难以扭转的结构性劣势。对于美国来说，应尽早恢复地缘经济应有的战略地位。

美国应尽快恢复地缘经济的外交传统

作者指出，将经济作为国家安全的重要组成部分，是美国建国以来就有的政治共识，但这一共识在冷战之后被遗忘了。只有经济上保证自给自足，才能实现真正的独立，这是美国建国初期领导层的共识。面对欧洲国家的觊觎，采用地缘经济这一外交手段是保护年轻且羸弱的美国的最佳选择。这一

---

[1] Robert D. Blackwill, Jennifer M. Harris, "The Lost Art of Economic Statecraft", *Foreign Affairs*, March/April, 2016, 载 https://www.foreignaffairs.com/articles/2016-02-16/lost-art-economic-statecraft, 最后访问日期：2020 年 3 月 7 日。

政策延续至上个世纪 60 年代，大约在越南战争阶段和后冷战时期发生了彻底转变。美国政府高层将经济学思维视为更具权威性和逻辑性的治国之道，外交人员也不再将地缘活动作为实现外交策略的主要手段。

两位作者认为，美国的政策失败会影响世界格局，而且随着时间推移，放任政策失利的结果可能成为美国难以扭转的结构性劣势。对于美国来说，应尽快恢复地缘经济的应有地位。

地缘经济外交决策的主要方向

在此基础上作者指出，美国制定外交政策需要思考四个方向。

一是外交战略及政策需要考虑新环境和新工具。地缘经济政策被重新纳入外交政策的行为，需要首先确定它的手段、运作机制以及制约因素，赋予其以原则指导，从而指导外交事务的工作方向。

二是制定地缘经济应用规范，对此美国必须评估自适应程度。这项工作并不容易实现，外交政策和地缘经济规范没有评价标准。这与军事策略不同，军事策略的方案之间还可以通过设置指标比较优劣，相对来说，军事策略的选择标准具有客观性。而地缘经济的方案很难评价或比较，即使从逻辑上评估它们，也会受到极强的历史背景和思潮的影响。但几十年来关于地缘经济政策，美国国内有许多有益的理性争论，积淀了部分共识。

三是美国政府要向公众和盟国详细解释当今地缘经济的内涵。思想的传播需要获得认可与支持，应与国际上志同道合的伙伴一起制定应对措施。

四是对于外交政策领域内分配资源问题，应考察总体资源支出水平。例如，反思美国在"9·11 事件"后的军费投入——投入了多少，而又从中得到了什么。答案是，投入得越来越多，收获得越来越少：虽然军事力量仍然是至关重要的，但它的回报率每况愈下。因此，联邦政府应该将国家资源转移到经济工具的应用上，以维护美国的国家利益，比如促进对外援助或投资。

通过地缘经济战略，对抗潜在的外国挑战

作者指出，实施这些政策转变所要达到的目的是：美国重新获得地缘经济主体的话语权，有能力对抗亚洲和欧洲独裁政府对其邻国和其他国家实施的日益增长的经济胁迫；协助美国的联盟体系变得更加强大，从而加强维护地区秩序和全球力量平衡的能力。

所以，当前重要的现实问题是，采用这些政策需要美国从根本上改变其外交政策，需要总统和国会强有力的支持。因此，下届总统和国会是否会接受这一重要现实，将成为美国大战略中最重要的问题。

（编译/孙晋）

自由市场已死，地缘经济回归

[**编者按**]　全球贸易自由化几乎是所有经济学研究者都认同的圭臬。在理想状态下，对于生产要素、服务和产品自由流动，市场这只无形的手会让所有的参与者都从中获益。但得克萨斯大学林登·约翰逊公共事务学院的客座教授迈克尔·林德于 2019 年 10 月在《国家利益》发表的文章《地缘经济回归》[1] 认为，经济学研究短视地忽略了国家安全的考量，而在真正的国际政府还遥不可及的当下，每个民族国家必须始终保有相当的军事和工业力量。这就意味着政府一方面要保护本国经济重心可转向军事生产的战略经济部门，另一方面也需警惕潜在对手的整体经济发展。现代战争动员的是全民力量，一旦出现产业链短板，就会受制于人。历史告诉我们，在安全困境的逻辑之下，自由贸易并非主流，而是少数强国为巩固既有优势的狂热宣传。在全球经济增长乏力的背景下，会有越来越多的国家回归经济民族主义。

自由贸易忽视了国家安全的考量

作者认为，国际贸易研究与国际安全研究相互脱离。政治学系就国防和外交问题互相争论，但几乎所有的学院经济学家都一致认可自由贸易对所有参与方都有好处。但在唐纳德·特朗普成为第一位明确倡导经济民族主义的美国总统之前，中国的崛起已经证明他们设想的无国界理想市场是空中楼阁。

---

〔1〕　Michael Lind, "The Return of Geoeconomics", *The National Interest*, October 13, 2019, 载 https://nationalinterest.org/feature/return-geoeconomics-87826，最后访问日期：2020 年 3 月 6 日。

关于国家安全和全球经济的争议正在缓慢但不可避免地合并成关于相对国家力量的单一讨论。这标志着"地缘经济学"的复兴。在没有世界政府的无政府世界中，每个国家都要自我防御。而军队既可守也可攻。如果一国进行武装，另一国将永远无法确定这些武器不会被用于侵略。相互猜疑导致军备竞赛持续升级。这就是"安全困境"。

工业能力才是现代国家的自身之本

任何一个国家想要成为独立自主的大国，都必须建立和维护本国的先进制造业，否则将会在"安全困境"引发的经济军备竞赛中落于下风。在工业时代，军事力量的基础是制造业。尽管当今世界大肆鼓吹"知识经济"，但上述事实仍未改变。许多生产资本品或民用消费品的工厂都可以转向武器生产。

所以，敌对国之间不能只监视彼此的常备军、海军、舰队和武器装备，它们还必须关注实际对手或潜在对手的整体工业产能。而工业产能也必须定义广泛，囊括一国的整体经济，包括基础设施、能源、电信系统、资源、劳动力以及金融系统。民用和军用生产之间没有简单的分界线。工业时代的战争动员的是全民力量，就像两次世界大战一样，是整个经济体之间的战争。

产业自主成就自由主义霸权

从国家安全的角度看，审慎的国家战略制定者应忽略自由贸易主义者，并尽最大可能减少产业依赖。他们必须确保国防工业的基础供应链不在潜在军事对手或可被钳制的第三国境内，同时保护自有的军事相关产业，并在必要时发展新产业。

简易版的入门经济学认为，理论上，所有的市场竞争天然激烈，规模收益稳定或递减。但在远非完美的真实市场中，产生效率的是规模，而不是竞争。大多数行业收益递增，包括作为现代军事力量基础的制造业。一个国家或贸易集团能够垄断特定产业所有的生产制造。而且垄断一旦建立将持续良久，构成新企业乃至国家进入市场的坚实障碍。

在这种情况下，自由贸易会锁定发达国家的优势。发展滞后的国家若要寻求建立其他地方已蓬勃兴盛的产业，只能诉诸悖逆市场的政策。19 世纪的美国和德国都认识到，自由贸易不过是英国对自己有利的宣传，应积极采取政策保护本国的萌芽产业，使之免受来自英国的竞争。到 20 世纪第一个十年，美德两国都超越英国，成了工业强国。

新经济民族主义是未来的政策方向

国际自由化在这个大国竞争、军事工业中心多极化的世界中，很难作为一般经济战略找到支持者。美国未来有两种可行的政策方向。一个方向是新经济民族主义。新经济民族主义将摈弃冷战和后冷战时代过时的自由主义霸权战略，采用对等性的贸易策略，并重点发展本国制造业。

另一种选择是尝试恢复小规模的自由主义霸权。例如，建立由美国、欧洲和东亚盟国（不包括中国）组成的三方集团。但从长远看，这种选择难以成功。一方面，美国的欧洲和亚洲盟国在中国是威胁还是商业机会这个问题上看法不一。另一方面，印度一旦成为大国，也不会愿意放弃对自己有利的经济民族主义，转而信奉披着科学外衣的自由贸易理念。

可以肯定的是，盟国之间有可能存在高度的经济一体化，而且战略意义较弱的特定行业也会有自由贸易。但是大国不仅不会允许市场力量动摇其核心军工业，而且也不会对既有军事价值又有民用价值的战略产业放手。

（编译/赖文琼）

实现欧洲复兴

[**编者按**]　在英国脱欧、欧洲大选之际，2019 年 3 月 4 日，法国历史上最年轻总统——埃马纽埃尔·马克龙发表演讲《为了欧洲复兴》。[1] 马克龙指出，对欧洲而言，脱欧既是危机，也是陷阱。欧洲是一项来之不易的和解下的胜利。这颗胜利果实至今使欧洲大陆受益匪浅。欧洲公民应当慎重对待脱欧将对欧洲事业带来的危害。当下是欧洲不得不从政治和文化上彻底改造欧洲文明面貌的时刻，是欧洲复兴的时刻。这一复兴应当构建在"自由"、"保护"和"进步"三个目标之上。对此，他提出应以设立民主保护机构等方式保障公民选举权、重新审视申根区、加强防御、维护公平竞争、促进融合、与非洲签订未来盟约等倡议。

时机的到来

2019 年 3 月 4 日，欧洲大选在即。欧洲大选将决定欧洲的未来。历史、价值观以及紧迫的时间将欧洲公民联结在了一起。

对欧洲而言，脱欧不仅是危机，也是陷阱。欧洲在此危机中，未能回应公民希望在现代世界中获得保护的需要。脱欧，将使英国不再是欧盟的一部分，但英国人民从未被实事求是地告知脱欧之后他们将面临的境况：失去进入欧洲市场的入口，爱尔兰的和平也将因恢复过去的边界而面临风险。采取紧缩政策的民族主义者对此闭口不言。这个陷阱威胁着整个欧洲：怒火远播，

---

　[1] Emmanuel Macron, "For European Renewal", *Élysée*, March 4, 2019, 载 https://www.elysee.fr/emmanuel-macron/2019/03/04/for-european-renewal.en，最后访问日期：2020 年 2 月 29 日。

以虚假新闻、满口应承为支撑。对此，欧洲公民应当保持坚定、骄傲和清醒。

欧洲是什么

欧洲是一项历史性的胜利，它使一片凋零的大陆重新获得和解。借此，欧洲得以在世界强国的激进策略中保全自己，在数字巨头面前宣称主权，以作为整个欧盟力量之一的欧元抗击金融危机。欧洲不仅仅是整体性的胜利，也是数以千计的项目累积起来的日新月异：整修一新的校园，新建的公路和高速的网络通道，等等。

正因前述成就来之不易，在面临当前关于维持现状和脱欧的陷阱时，欧洲公民应当采取更多、更迅捷的行动。欧洲不仅仅是一个可进可出的市场，更应当是一项事业。民族主义者忽视欧洲文明而妄图通过脱欧来维护身份认同感的选择，另一些人则希望在否认人民心中恐慌和削弱民主质疑基础上维持现状，这些主张都是不可取的。

对欧洲而言，这既是危机，也是复兴。作者提倡将这次复兴构建在以下三个目标之上：自由、保护和进步。

捍卫欧洲的自由

欧洲模式以人民的自由、观念的不同和创造为基础。欧洲的第一个自由是民主自由，即欧洲公民应当享有在每一轮选举中排除外国势力干涉选举其领导人的自由。为此，我们应当：（1）设立欧洲民主保护机构，为每一成员国提供欧洲专家，使其选举免受网络攻击和操纵；（2）禁止外国势力对欧洲政党的资助；（3）建立欧洲规则来驱逐网络上所有煽动恶意和暴力的信息。

保护脚下的大陆

虽然因为建立在内部和解的基础上，欧盟忽视了全球现状，但是如果没有可保卫的边界，没有任何一个群体会产生归属感。边界，是安全意义上的自由。因此，申根区应当被重新审视：任何一个想要加入其中的国家都必须受到责任（严格的边境管制）和团结（在接纳和拒绝上维持一致的庇护政策）的约束。在欧洲内部安全委员会的授权下，每个国家都应当为建立共同的边界部队和欧洲庇护办公室确定严格的管制责任，以及为维护欧洲团结做出贡献。

同样的标准适用于防御策略：欧洲应当与北大西洋公约组织（NATO）和欧洲同盟签订一项确定基本义务的国防和安全条约，其中包括：增加国防开支，能够真正被履行的共同防御条款以及由获得英国认可的欧洲安全理事会来作出集体决定。

在边界内保证公平竞争十分重要：这世界上不存在和不尊重己方规则的对象维持长久贸易往来的国家。欧洲应当行动起来，参照美国和中国，以如下方式改革其竞争和贸易政策：（1）在欧洲境内处罚或者禁止对损害欧洲战略利益以及基本价值观的贸易，（2）给予战略性产业和公共采购以欧洲优惠待遇。

进步的精神

欧洲是定义进步标准的先驱，因此应身体力行。

第一，欧洲应当促进融合，而不是制造竞争。首创社会保障制度的欧洲应当不加地区区别地为所有员工竖起社会之盾，确保同工同酬，确定适合每个国家的最低工资标准并且每年集体讨论更新。

第二，欧洲应当走在生态建设的前列，并以环保责任指引欧洲的所有行动：欧盟需要确立在2050年实现零碳以及在2025年农药使用量减半的目标，并相应地以一些措施调整其政策，例如建立欧洲气候银行来为生态转型提供资金支持、打造欧洲食品安全部队加强食物管控以及独立地对危害环境和健康的物质作出科学评估等。

第三，欧洲应当放眼未来以创造就业。欧洲不仅需要通过对主要平台进行监管的方式来规范数字巨头，而且还需对标美国，通过给予新欧洲创新委员会预算来为创新提供资金，引领诸如人工智能的新技术突破。

第四，欧洲还应关注非洲，与非洲签订未来盟约，同舟共济，以投资、开展学术交流和发展女童教育等方式，热切而非抵制地支持非洲发展。

自由、保护和进步是复兴欧洲的三大支柱。欧洲公民应当行动起来，而非漠然旁观。

（编译/张菲菲）

欧洲的正确决断

[编者按] 2018年12月7日，安妮格雷特·克兰普-卡伦鲍尔被选为德国基民盟新任党主席。作为默克尔的接班人，她于2019年3月10日首度回应法国总统马克龙提出的"欧洲复兴"倡议。克兰普-卡伦鲍尔认为，德法两国对涉欧事务的许多方面态度一致。但她同时提醒，要警惕欧洲过度中心化，拒绝马克龙提出的在全欧盟范围内实行最低工资的提议，并表示德国不会为其他国家的公共债务承担责任。同时，她还倡导以一种"欧洲生活方式"（European way of life）来应对移民、气候变化、技术创新、安全政策等欧洲共同问题，并呼吁欧盟成为联合国安理会常任理事国。克兰普-卡伦鲍尔的回应由德国《星期日世界报》全文刊载，题名"欧洲的正确决断"（Europa jetzt richtig Machen）。[1]

强大的欧洲应是"欧洲生活方式"前提

法国总统埃马纽埃尔·马克龙向欧洲公民发出了呼吁，声称"行动迫在眉睫"。目前的欧洲面临紧迫的问题：是希望未来受限于中国或美国的战略决策，还是希望在塑造未来的全球共存规则中发挥积极作用？

是否需要对俄罗斯政府做出联合回应，以抗议其从邻国的动荡和衰弱中汲取力量的昭然意图？欧洲最终是否真的要服从他人的社会和政治思想，或是可以骄傲地以一种"欧洲生活方式"——代议制民主、议会制、法治、个

---

〔1〕 Annegret Kramp-Karrenbauer, "Making Europe Right", *Welt am Sonntag*, March 10, 2019, 载 https://www.welt.de/politik/article190051703/Annegret-Kramp-Karrenbauer-Making-Europe-Right.html, 最后访问日期：2019年3月14日。

人自由和社会市场经济——屹立于德国及世界各地吗？答案只有一个：欧洲必须变得更强大。

当下的欧洲故事迄今为止是无比成功的。我们属于从未经历过战争的一代。欧洲共同体吸取了过往的教训，欧洲人生活在世界上最富有和最安全的地区之一，因为各国通过谈判解决了彼此间的冲突，并通过密切联系的跨大西洋联盟建立了一个抵御外部威胁的安全网。

现在，许多人对欧洲忧心忡忡。然而，现在比以往任何时候都有更多的人支持欧洲的想法。欧洲民众眼中缺乏的是明晰的目标、准确的定位及在当前关键问题上的行动力——当欧盟在委内瑞拉事务中达成共识前仍需要表面上的团结时，他们感到缺乏明晰的目标；当面对数字经济和数字劳动力市场的冲击时，他们感到缺乏准确的定位；当欧盟处理移民、气候变化、恐怖主义和国际冲突等重大问题上举棋不定时，他们感到缺乏行动的能力。

因此，即将到来的欧洲议会选举不能为反对民粹主义的指控，而把重点放在捍卫当今欧盟不完美的现状上。对于大多数公民来说，不存在"支持"或"反对"欧洲的问题。相反，必须考虑不同的观念进而重塑最初的想法：欧盟如何才能提高未来在关键问题上的行动力，以及在未来不断变化的全球形势下将如何继续其前所未有的成功故事。

繁荣的基础：以经济建设为中心

欧洲的首要任务是维护繁荣的基础，做大蛋糕然后分配。它已经在建立经济和货币联盟以及稳定欧元区方面走上了正确的道路。如果希望在欧洲的业务继续得到欧洲银行的融资，就必须为银行创造一个共同的内部市场。与此同时，欧洲必须始终依靠一套由辅助性原则、个人责任和连带责任构成的体系——欧洲中央主义、欧洲国家主义、债务的公共化、社会体系的欧洲化以及最低工资标准都将是错误的方向。然而在成员国内部和成员国之间的平等生活条件这一观念上，欧洲必须争取达成一致。

欧洲需要一个战略来解决以下问题：使用哪些技术来保护气候，同时又能很好地管控它？使用哪一个智能系统来养活数十亿人，并保护所有的生物？

哪一项研究成果将促成战胜疾病的新药物和新治疗方法？将如何回应各种形式的交通方式，同时保证环保和个性化？

联合的技术研发应由欧盟的创新预算提供资金，并贴上"欧洲制造未来"（Future made in Europe）的标签。欧洲未来新技术的战略能力不应凌驾于公平竞争规则之上。然而，考虑到来自其他保护主义者或国家垄断企业的竞争可能带来的扭曲，这种能力必须使欧洲在全球范围内保持竞争力。

欧洲在全球气候保护方面承担了突出的责任。目前雄心勃勃的欧洲目标和欧洲门槛尚未实现任何目标。欧洲只有成功地将经济和社会问题纳入考量范围，以在保持就业和经济实力的同时创造新的发展机会，这条道路才能得到民众的广泛赞同。

必须通过共同努力以结束通过避税扭曲欧洲竞争的现象。欧洲必须堵住税收漏洞，并引入基于经合组织模式的数字化税收。只有这样，跨国公司才能像中小型企业那样对欧洲的社会市场经济做出公平贡献。

提升共同外交与安全政策的行动力

欧洲的共同体意识和安全感需要稳定的外部边界。若须完善申根协定，欧盟需要对边界管理达成无缝协议。如果仅靠国家手段不能或不应保护外部边界，则必须迅速设立欧盟边境管理局，并部署一支执行任务的边境警察部队。申请庇护、难民身份或以任何其他理由入境必须在申根边境直接核实。

欧洲坚持其保护政治迫害受害者和内战难民的人道主义主张。到目前为止，关于接纳难民但拒绝经济移民的欧洲解决办法，虽然一直被争取，但被证实不可行。然而，如果不对申根协定的原则提出最终质疑，各国寻求解决方案的努力就不会成功。因此，未来欧洲必须根据船只往来的原则重新确立欧盟的共同移民政策。每个成员国都必须为移民问题源头治理、边境保护和移民接纳问题作出自己的贡献。

欧盟迫切需要提升其在外交和安全政策方面采取行动的能力。欧盟应该在联合国安理会拥有一个常任理事国席位，同时应在包括英国在内的欧洲安全理事会中决定共同的外交政策立场，并在安全政策方面组织一致行动。

德国和法国已经在共同研究一项欧洲未来战斗机项目，其他国家也被邀请参加；下一步可能是开始一项建造一艘欧洲共同航空母舰的象征性项目，以展示欧盟作为确保安全与和平力量的全球作用。

与此同时，欧洲必须和非洲一起，为他们创造一个新的前景，建立平等的战略伙伴关系。

以政府间方法和共同体方法应对"民粹主义"

没有哪个超级欧洲国家（European Superstate）能够实现由主权成员国组成的欧洲的目标，且还能同时采取行动。不能认为欧盟各机构的工作比各国政府的合作努力具有任何道义上的优越感。一个新欧洲的建立离不开民族国家：它们提供了民主合法性和身份认同。成员国正是在欧洲层面形成并汇集了它们自身的利益，因而塑造了欧洲人的国际影响力。欧洲必须注重辅助性和民族国家的个体责任，同时有能力为共同利益而行动。因此，欧洲应该站在两个平等的支柱上：政府间方法和共同体方法。

许多成员国面临这样的挑战：维持一个因移民而变得更加多样化的社会。鉴于伊斯兰化与欧洲关于开放社会的想法不符，未来的一个主要问题是欧洲能否提供奖励，使伊斯兰教的某种形式符合欧洲价值观。为此，欧洲应该在启蒙和宽容的传统基础上建立"纳旦教席"（Nathan-Lehrstühle），并以这种精神培养欧洲的伊玛目和传教士。

近三十年前柏林墙倒塌后，数以百万计的中欧人成为这个共同体的新成员。必须尊重它们的做法及其对共同的欧洲历史和文化的特殊贡献。然而，欧洲也必须毫不怀疑那些不可谈判的价值观和原则的核心。只有让所有人都参与进来，才能为新欧洲赢得民主合法性。

全球游客涌向欧洲大都市、邻国的加入和表示友好的努力、想要在欧洲立足的国际学生和初创企业，这些都是"欧洲生活方式"吸引力的体现。

现在必须纠正错误，作出关于欧洲的正确决断。欧洲需要工业、技术和创新的战略性力量，需要欧洲公民的安全感，需要共同外交和安全能力来捍卫欧洲利益。

欧洲现在应该满怀信心地投入工作，而不是受阻于对"民粹主义者"的持续焦虑。

（编译/史庆）

世界进入强权政治时代，欧洲面临生死抉择

[**编者按**]　英国脱欧和美国在盟友选择上的战略问题让欧盟处于发展道路上的十字路口。不少观点认为，按照目前的情况，欧盟可能会面临消亡。法国总统伊曼纽尔·马克龙于 2019 年 11 月 4 日对中国进行了国事访问，其目的不仅是为了中法两国的合作，也是为了展示"具有统一面孔的欧洲"。在此背景下，《经济学人》在其网站上发表的《马克龙的世界观》[1] 一文指出，马克龙可能会带领法国重新成为欧洲的领导者，并且带领欧洲迎接大国竞争的新时代。但是同时，这篇文章也对马克龙是否能够带领欧洲实现政治复兴表达了疑虑，原因有二：一是欧盟在短时间内难以转变为能够作为军事力量采取集体行动的集团，二是欧洲难以改变其思维方式。

建立更加具有"战略性"和"主权"的欧洲

马克龙在 2019 年 11 月对中国进行国事访问期间，除了加强中法之间的联系外，也在努力地展示"具有同一面孔的欧洲"，并且试图表明一种共同的、战略性的、泛欧洲的政策是可能的。实际上，在此次中国行之前，马克龙在接受《经济学人》杂志采访时，就提出了希望能够建立更加具有"战略性"和"主权"的欧洲的构想。马克龙提出该构想的原因如下：

---

[1]　"Briefing Macron's View of the World", *The Economist*, November 7, 2019, 载 https://www.economist.com/briefing/2019/11/07/emmanuel-macron-on-europes-fragile-place-in-a-hostile-world，最后访问时间：2020 年 2 月 28 日。

1. 欧盟内部矛盾

在欧盟内部，英国脱欧的问题正在令欧盟筋疲力尽。这是最直观可见的欧盟内部的矛盾。这使欧盟看上去比以往更加脆弱。并且，欧盟内部对法国提出的"欧洲复兴（欧洲权力）"的口号也持有疑虑，认为这更像是法国在欧洲"霸权野心"的代号。

此外，欧盟正在逐渐失去其政治目的。欧盟自 20 世纪 90 年代以来，专注于市场扩张和监管，而没有在政治和军事上有所发展。这是因为欧盟依赖于来自美国和北约（NATO）的国防保障的支持。这也就导致，一旦美国和北约转变了其政策和方向，欧盟目前稳定的根基就会被动摇。这也与马克龙提出该构想的第二个原因有关。

2. 美国战略的转变以及北约的问题

美国力量正在从欧洲和中东逐步撤出以及美国的新保护主义，暴露了欧洲在其稳定表象之下的脆弱。而美国总统唐纳德·特朗普对盟友政策的转变，更加剧了这一状况的暴露。马克龙认为，美国正在背弃欧洲，而这一因素和中国的崛起以及欧盟专制领导人的存在，会导致欧洲变得"异常脆弱"。

此外，为欧盟的问题提供国防军事支持的另外一个力量——北约，也出现了问题。在战略决策方面，美国和北约成员国没有采取任何协调行动。甚至，北约成员国之一的土耳其在关系到欧洲利益的地区采取了不协调的侵略行动。这意味着，北约用于保障成员国在受到攻击时其他成员国会施以援手的公约第五条可能正在失去其效力。

欧洲普遍认同这两个异常情况的存在，但是他们却对马克龙及其领导的法国抱有忧虑。马克龙提出了"欧洲主权"：这是指以一种战略的方式，在安全、隐私、人工智能、数据、环境、工业、贸易等方面共同捍卫欧洲利益的能力。但是在欧洲看来，这种努力极有可能被视为对北约的破坏。

但是作者认为，现在欧洲有新的理由去认同马克龙的主张和想法。原因之一是法国在军事力量、核力量方面的实力及其作为联合国安理会常任理事国的身份为这种主张和想法提供了实力基础。而另一原因则是马克龙及其所属的政党在法国国内强大的领导力。与法国相比，正在忙于脱欧的英国、有功能失调的联合政府和疲软的经济的德国，以及政治瘫痪的意大利和西班牙，都不具有领导欧洲变革的实力。而这种情况带来的结果是欧洲的领导权会转移到法国，并且目前在欧洲，部分言论已经开始朝对马克龙有利的方向转变，比如荷兰总理马克·鲁特称"欧盟需要对现实情况进行检查"。

马克龙构想难以实现

马克龙的部分构想极有可能实现，比如欧盟委员会可能会愿意采用一种全球市场力量衡量标准来评估工业并购，这将使泛欧大企业得以涌现。但是本文作者认为，马克龙构想的核心，即建立更加具有"战略性"和"主权"的欧洲，是难以实现的。主要原因如下：

1. 欧洲军事力量难以在短时间内进行转型

马克龙的构想中要求欧洲成为一个能够投射实力并且作为军事力量采取集体行动的集团。这在短时间内是难以做到的。事实上，从20世纪90年代以来，欧洲主要是利用其市场影响力来应用及影响规则和标准，其自身的防御力量主要用于危机管理。在短时间内，将欧洲防御力量的用途转向能够采取集体行动的军事力量是很难的，欧洲目前仍然没有表现出它的可信度。

并且，使这种转型难以进行的另外一个原因是国防开支。如果欧洲的北约成员国要兑现"到2024年将GDP的2%用于国防"的承诺，这将意味着额外支出1020亿美元——比目前多40%。这对于一部分目前经济状态不佳的成员国而言，是困难的。

2. 欧洲难以改变其思维方式

在欧洲国家中，以德国为代表的部分国家在努力地维护现状，而另一部分国家则对法国领导感到不安，他们怀疑只有在满足了法国条件的情况下，马克龙才会全力支持合作。以波兰和波罗的海诸国为代表的欧洲部分国家对于马克龙呼吁与俄罗斯寻求共同点进行"和解"的态度也感到不安。这两种思维和差异的存在都在阻碍马克龙的构想成真。

马克龙的"欧洲主权"的构想在欧洲内部受到了欧盟内部矛盾、思维惯性等问题的阻碍。但是本文作者认为，马克龙在战略上是正确的，只是他仍然需要加强与其他欧洲伙伴的合作。

（编译/池芷欣）

欧洲已经不会进行战略思考

[编者按] 在面临世界形势大变局之际，欧盟的核心战略受到特朗普当局政策和英国脱欧的影响。欧盟作为一个一体化的战略联盟，面临着各个成员国在国家利益和战略目标上的分歧与争端及其对中国及东亚的影响力仍旧有限的现状。2019 年欧盟新任领导人上台后，将"地缘政治"设定为新政议题，同时，法国总统马克龙也表达了对欧洲衰落的担忧。在此背景下，欧盟能否承担起制定一体化战略的责任从而应对包括中美俄等大国的挑战，受到欧洲学界关注。

《欧盟还会思考战略问题吗？》（Can the EU Do Strategy?）[1] 于 2019 年 7 月 11 日发表于《共同市场研究》杂志博客，作者安德鲁·科蒂是爱尔兰考克大学政治学系的高级讲师和让·莫内讲座教授（Jean Monnet Chair），曾著有《21 世纪的欧洲安全》（Security in 21st Century Europe）和《理解中国政治：中华人民共和国政府概论》（Understanding Chinese Politics: An Introduction to Government in the People's Republic of China）。

科蒂论证称，目前有关欧盟外交、安全和国防战略中，有两个主要问题没有受到足够关注：什么是战略？什么构成了一个好的战略？这两个问题有助于我们理解欧盟为什么在战略上费尽心力。

2003 年的《欧洲安全战略》（European Security Strategy）以及 2016 年的《欧盟全球战略》（EU Global Strategy）被认作欧盟外交、安全和国防发展中的标志

---

〔1〕 Andrew Cottey, "Can the EU Do Strategy?", *Journal of Common Market Studies*, 载 https://jc-ms. ideasoneurope. eu/2019/07/11/can-the-eu-do-strategy/，最后访问日期：2019 年 7 月 11 日。

性文件，引发了有关欧盟对外政策的诸多讨论。然而我们必须对官方的战略保持怀疑。战略合乎礼节，国家、政府部门、国际组织、企业、非政府组织和大学都采用了官方战略文件。但这些战略文件经常是人们渴望实现的目标，或者现存政策想要实现的目标。实际上，还有一些新的文件在现实中不会被落实。战略冒险成为政策的同义词，或者组织致力于完成的目标的同义词。

在评价欧盟的外交政策，以及如《欧洲安全战略》和《欧盟全球战略》这样的文件时，我们需要提出一个根本性问题，即什么是战略以及怎样定义一个好的战略。如果去查验军事、商业和管理的思想家对战略的看法，他们的共识是——战略是结果、途径和方法的集合。因此，战略事关对目标和动机的定义，事关达成这些目标的具体政策和行动的发展，以及对必要资源的分配。如埃切瓦里亚（Echevarria）所述，这种"目标—途径—方法"（ends-ways-means）的战略框架"对当代战略家的熟知度与爱因斯坦的相对论对物理学家的熟知度一样"。

第二个问题是：什么构成了成功的战略？根据艾略特·科恩（Eliot Cohen）的定义，战略是一个"胜利的理论"。因此战略是一种方式——一个其他人会寻求的选择。它会导致决定性影响，使人能够达成或者更为接近那个目标。理查德·鲁梅尔特（Richard Rumelt）等批评家则论证称，糟糕的战略则恰恰相反：避免选择并将大量的目标和行动囊括其中，而非确定小数量的个人想要达成实际影响的主要目标，并据此分配政治的关注点和资源。

欧盟将如何对比衡量这些定义呢？其核心问题是将战略作为政策。尽管创造了如外交政策高级代表（foreign policy High Representative）、欧盟对外事务部（European External Action Service）等机构，欧盟外交政策的制定仍旧是政府间行为，结果导致欧盟的外交、安全和国防政策很大程度上依赖成员国的共识。欧盟自身及其官方文件（如《欧洲安全战略》和《欧盟全球战略》）以战略方式被推进向最小公分母的目标清单发展。欧盟确定了大量的全球目标，而非一些希望产生巨大影响的小的核心目标。有人可能辩称《欧洲安全战略》和《欧盟全球战略》确立的目标在战略上十分重要，这种说法完全合理且几乎无人能反对，但却暴露出了无法分清主次的事实。

欧盟战略的问题在与其他三个大国（俄罗斯、中国和美国）的外交关系中暴露出来。很多位于东欧的欧盟成员（尤其是波兰和波罗的海诸国）将俄罗斯看作战略威胁，然而西欧和南欧国家则将俄罗斯看作合作伙伴，或者说是一个由自身国防不安全所驱动的大国（尽管从 2014 年的乌克兰危机开始，这一局面已经发展到新的阶段）。与此同时，近年来如意大利、匈牙利、希腊等国家已经向俄罗斯谋求达成双边私下协定。欧盟对俄罗斯的战略某种程度上是一个需要不断权衡成员国竞争性的观点的战略。

欧盟和中国在过去二十多年里，一直在通过战略合作伙伴关系寻求战略协定和双边机构建设。欧盟的目标是鼓励中国遵守国际规则，进一步改革其经济和推进政治自由化。然而自 2010 年代以来，中国在国际事务上变得愈加自主（例如中国与东南亚国家的争端，以及中国与日本在中国南海和东海的争端）。欧盟在战略上缺乏政策、手段和具体行动来说服中国调整其行为。其次，欧盟成员国在如何回应新中国的问题上产生了分歧。法国和英国加入到美国和其他亚洲国家的行列中，推进在南海和东海的航行自由。然而很多其他欧盟成员国由于在与中国的贸易联系和投资中获益，则试图避免触碰引发争议的地缘政治问题。欧盟缺乏改变中国的策略，也无法实现且不希望发展出一个替代性的战略。

至于美国，欧盟则在两个阵营间撕裂：一个是大西洋主义者的战略，他们认为要尽可能和美国保持最密切的联系；另一个是欧洲共同主义者的战略，他们认为要将欧盟发展为更独立于美国的角色。在欧盟成员国中，法国领导着欧洲共同主义者的阵营，波兰领导着大西洋主义者的阵营，而德国则处于两者之间。欧盟的全球战略包括战略自治的目标，但对于具体内涵甚至是否可取则仍未达成共识。

一些观察家希望美国总统特朗普的"美国第一"战略或英国脱欧战略能够迫使欧洲在战略上更为团结。这种希望也许会令人失望。欧盟成员国在评估其面临的外部环境、不同外部挑战的相对优先等级、定位这些挑战的适当方法，以及联合主权国家发展共同策略的程度等各方面仍旧处于分裂状态。特朗普当局和英国脱欧都不可能改变这一现实。

如果人们认同紧急策略的观点，欧盟可以被看作正在通过学习和试错发展出外交和安全战略，但是这一进程痛苦且缓慢。只要成员国在战略上仍旧保持分裂且在外交政策决定上仍旧局限于政府间的行为，那么欧盟很有可能会维持一种战略联盟的角色：一个致力于给外交政策目标以优先等级的联盟，一个主导形势的联盟，一个将注意力和资源集中起来的联盟，一个避免复杂外交决策的联盟，以及一个不能够完全将潜力转化为影响力的联盟。

（编译/张璇）

欧洲人担心特朗普会摧毁跨大西洋联盟和欧盟

[**编者按**] 特朗普上台之后，其对于美国和欧洲之间事务的"不受控制"和"随心所欲"，使跨大西洋联盟之间的稳固性开始动摇。这让欧洲及欧洲各国领导人非常不安。目前，虽然特朗普能否连任的前景还不明朗，但是越来越多的欧洲人开始认为，欧洲应当开始实践"后大西洋世界"的概念，即由欧洲单独行动，不再依赖美国。《华盛顿邮报》专栏记者丹·巴尔兹和吉夫·威特对这种情况作出了分析。两人于 2019 年 2 月 4 日在《华盛顿邮报》上发表的《欧洲人担心特朗普会对跨大西洋联盟和联盟的状态产生威胁》[1]一文指出，欧洲和美国之间的联盟的确在变弱，并且即使特朗普未来能连任，这种衰弱可能也会继续。欧洲应该单独行动，但却因为内部的分歧、经济增长的缓慢以及认为欧洲可以与世界问题保持距离的惯性思维，而迟迟难以转变。

和美国的联盟是欧洲政治事务和对外关系中的重要组成部分，并且近七十年来，历任美国总统都在努力培育这一跨大西洋联盟关系。但是特朗普上台之后采取的对外政策，则严重地削弱了这一关系的基础。导致这一情况的主要原因如下：

---

〔1〕 Dan Balz and Giff Witte, "Europeans Fear Trump May Threaten Not Just the Transatlantic Bond, But the State of Their Union", *The Washington Post*, February 4, 2019, 载 https://www. washington-post. com/politics/europeans-fear-trump-may-threaten-not-just-the-transatlantic-bond-but-the-state-of-their-union/2019/02/04/a874e9f4-25ad-11e9-81fd-b7b05d5bed90_story. html? utm_term=. ae5673ba1451, 最后访问日期：2020 年 3 月 5 日。

特朗普和欧洲存在根本分歧

特朗普坚持民族主义和主权主义，这种观点和欧洲大陆特别是欧盟的主流观点背道而驰。这种根本性的分歧导致了特朗普和欧洲之间的矛盾严重地削弱了跨大西洋联盟关系的基础。欧洲大陆的三位领导人德国总理安吉拉·默克尔、英国首相特蕾莎·梅和法国总统埃马纽埃尔·马克龙阐释了不同方法来试图缓和这种分歧，但他们并没有能够实质性地改变特朗普的想法。

面对这一情况，欧洲目前的主导政策是等待特朗普下台，并且尽量保证损失不要扩大。但是作者认为，这一政策是不现实的，欧洲迟早应当在国际事务中独立发声和行动，而不是依靠和美国之间的联盟关系。而另外一种共识便是：如果有必要的话，欧洲应当在某种程度上尝试单独行动。但是到目前为止，此类尝试都不是非常成功。作者认为原因如下：

欧盟内部的矛盾

很长时间以来，欧盟也在面对来自内部的问题，主要包括欧盟各国国内的骚乱、东欧地区自由民主面临的挑战以及英国脱欧。这些问题的存在导致欧洲无暇思考其与美国之间的关系。而当特朗普上台之后，欧盟开始被迫思考这一问题，并且他们发现，一直作为欧盟问题解决方案的美国，已成为其面对的另外一个问题，而欧盟还没有足够的力量和美国进行对抗。这就导致了在特朗普未来任期中，如果他加大了对于欧盟的攻击力度，那么欧盟有可能会崩溃，因为欧盟实际上是建立在美国保证基础上的一个脆弱的机构。这使得现在试图独立的欧盟难以实践其提出的"后大西洋世界"的概念。

欧洲思维惯性的存在

虽然欧盟已经开始为不依赖美国而独立行动做出了一些努力，但是这些努力仍然是不够的。欧盟内部仍然是不团结的，比如德国和法国在叙利亚问题上的分歧。并且更重要的是，在欧洲存在着认为其可以和世界问题保持距离的观点。这种观点导致了在目前的国际竞争中，欧洲并不能够很好地参与其中。

在目前欧洲的观念中，美国的存在以及特朗普是否能够连任这个问题仍然是非常重要的。美国目前被欧洲视为一个不确定的盟友，但是如果特朗普连任，那么美国很有可能将不再被欧洲视为盟友。欧洲实践"后大西洋世界"概念的速度也会加快。

（编译/池芷欣）

埃尔多安在欧洲的长臂

[**编者按**]　　随着埃尔多安政权及其领导的正义与发展党（AKP）的崛起，土耳其的政治生态发生了质的改变。埃尔多安致力于国际外交和人道主义援助，以此扩大其在穆斯林占多数的国家和拥有重要穆斯林民族的西方国家的影响力。在努力成为伊斯兰世界公认领导者的过程中，埃尔多安利用了其政党控制下的土耳其国家宗教组织、Milli Gorus（土耳其语，意为"民族愿景"）组织和其他土耳其伊斯兰组织，以及拥有共同利益和政治观点的海外组织，以对欧洲各国穆斯林群体施加影响的方式不断扩大其在西方世界的影响力。土耳其政府真正民主的时代已经过去。欧洲各国领导人对此现象均感到担忧，而要想抵制这场政治运动又困难重重。本文于 2019 年 5 月由洛伦索·维迪诺发表于《外交政策》[1]。

近几年来，欧洲多国政府均因其与土耳其的关系头疼不已。长期以来，欧洲大多数观察家认为，将土耳其总统领导的正义与发展党视为真正民主的对话者的日子已经一去不复返了。如今，土耳其各项对内、对外政策连续遭到欧洲各国政府反对。尽管如此，在土耳其当局将矛头指向欧洲各国政府首脑并宣称他们试图对土耳其侨民以及更广泛的欧洲穆斯林群体施加影响时，欧洲各国仍是猝不及防。

土耳其统治阶级发表的一系列挑衅言论及其控制的国家媒体不断对这些言论进行炒作的行为令人困扰。他们当中的一些领导人经常利用任何可能引

---

〔1〕　Lorenzo，Vidino，"Erdogan's Long Arm in Europe"，*Foreign Policy*，May 7，2019，载 https：// foreignpolicy. com/2019/05/07/erdogans-long-arm-in-europe-germany-netherlands-milli-gorus-muslim-brotherhood-turkey-akp/Lorenzo，最后访问日期：2020 年 3 月 5 日。

起争议的话题来指责欧洲各国仇视伊斯兰教的行径，并且呼吁土耳其人及其他在欧洲定居的穆斯林共同抵制西方价值观。与此同时，这些领导人经常发表一些颇有煽动性的讲话，如 2018 年 3 月土耳其议会安全和情报委员会主席阿尔帕斯兰·卡瓦科里奥卢（Alparslan Kavaklioglu）宣称，"整个欧洲将会是穆斯林的，我相信安拉希望看到我们在这里繁荣兴旺"。

然而，土耳其的目的远不止于发表激进的言论。在过去的十年中，首都安卡拉投入大量资金用于政府和非政府组织的发展，以此推动土耳其在整个欧洲的政治活动。这些活动旨在扩大对欧洲的影响，主要是游说、行动以及教育，但其中还是存在一些恐怖主义活动的。确实，欧洲各国的安全部门发现土耳其情报机构在其领土上的活动急剧增加。

对于 2016 年 7 月失败的政变，埃尔多安归咎于他的盟友——现被流放的神职人员法土拉·葛兰（Fethullah Gulen）。因此在之后的政治行动中，埃尔多安开始了对其无处不在的监视，包括直接绑架葛兰的支持者和其他居住在欧洲的库尔德人、非宗教人士及反对正义与发展党的活跃分子。

土耳其政府在欧洲领土上进行包括与间谍有关的活动，而更多时候则是为扩大其影响力而由土耳其大使馆举办的活动。但是，正如皮尔兹所说，大使馆监督着一个广泛的从宗教组织到私营企业的非政府组织群体。而运作这台机器的关键齿轮就是 Milli Gorus 组织。这是一个由埃尔多安的政治导师内吉梅丁·埃尔巴坎（Necmettin Erbakan）于 20 世纪 60 年代末创立的具有强烈民族主义倾向的伊斯兰组织，他们的活动方式采纳了穆斯林兄弟会（Muslim Brotherhood）的许多立场、目标和策略，同时加入了新奥斯曼主义进行改良。

整个欧洲当局都曾表示出对 Milli Gorus 组织的担忧。对于德国来说，其联邦与州的安全机构历来备受瞩目。德国方面表示，的确对 Milli Gorus 和其他恐怖组织进行了区分，承认前者在民主框架内运行活动，并且没有在德境内鼓吹暴力。然而近日，Milli Gorus 组织打破了德国当局的看法，因其不断强调反西方、反民主与反犹太主义的观点。

在《2005 年宪法保护年度报告》中，德国国内安全机构写道："这些'墨守成规'的伊斯兰组织对我们社会内部的凝聚力构成了特别的威胁。除此之外，他们还在德国进行了广泛的伊斯兰教普及活动，尤其面向移民家庭宣传伊斯兰风情。这些活动都与联邦政府的宗旨及其为整合移民所做的努力背道而驰。这样持续的社会情况有着潜在的风险，可能会孕育一个更加激进的组织。"

埃尔多安政权对 Milli Gorus 组织的支持并不令人意外，但它扭转了土耳其长期以来的政策。在这届政府以前，土耳其一直是非穆斯林组织的主要支持者，这些组织主要活跃于土耳其侨民生活的西方国家。这些组织的宗旨多数是为了平衡像 Milli Gorus 这样极端组织的存在。该机构长期以来支持以土耳其为中心，采取温和的立场解释伊斯兰教，并强调凯末尔主义提倡的严格的政教分离。

因埃尔多安政权及其领导的正义与发展党的崛起，土耳其政治生态发生了质的改变。2005 年左右，随着正义与发展党逐步巩固了它的地位，土耳其对政府宗教事务机构的人员和神学立场进行了重大调整，使后者成为真正意义上的伊斯兰教徒。与此同时，对于欧洲来说这是一种新形势：Milli Gorus 组织和土耳其政府宗教事务机构（Diyanet）之间的界限已经变得日益模糊，且这种情况实际上已经有数十年之久了。

欧洲各国领导人开始审视这两个团体并采取一些联合抵制行动。实际上，埃尔多安政府正是利用这两个原本对立的组织来扩大其在土耳其侨民中的影响力。埃尔多安这项举措有许多目标，但其中最重要的目标可以说是尽可能多地说服大量在欧的土耳其侨民为正义与发展党投票。从民意调查中欧洲的土耳其侨民群体的投票结果来看，这一策略基本上成功了。

最近，正义与发展党试图不断影响欧洲穆斯林群体以代替土耳其侨民组织的地位。由于这些变化，土耳其正义与发展党、政府或非政府组织以及与政府有密切联系的金融机构开始为与穆斯林兄弟会相关的组织网络提供前所未有的资金支持，而这些机构反过来促进了埃尔多安政府的壮大。

实际上，这种发展趋势并不令人惊讶。相反，它只是一种关系的强化，而这种关系已经存在了几十年：土耳其伊斯兰教和中东地区的穆斯林兄弟会、Milli Gorus 组织、欧洲的穆斯林兄弟会及类似组织，它们之间尽管各自独立，却始终关系紧密。尽管这些组织与教派之间具有不同的地方特色（如埃尔巴坎在伊斯兰主义中加入了土耳其民族主义思想），但土耳其伊斯兰主义者和穆斯林兄弟因却因这些基本而相似的意识形态紧密联系着。

受"阿拉伯之春"运动以及埃及穆斯林兄弟会领导的穆罕默德·穆尔西政府被戏剧性推翻的影响，土耳其伊斯兰教和中东地区的穆斯林兄弟会、Milli Gorus 组织和欧洲的穆斯林兄弟会之间的关系愈发紧密。阿拉伯各地的穆斯林兄弟会分支机构在土耳其伊斯坦布尔开设营利机构，并获得安埃尔多安政府的政治和财政支持。穆斯林兄弟会成员因此能在土耳其自由地开展业务并经营电视台。

随着土耳其经济的蓬勃发展，埃尔多安致力于国际外交和人道主义援助，以此扩大其在穆斯林占多数的国家和拥有重要穆斯林少数民族的西方国家的影响力。在努力成为伊斯兰世界公认的领导者的过程中，埃尔多安利用了其政党控制下的土耳其政府宗教事务机构、Milli Gorus 组织和其他土耳其伊斯兰组织，还包括海外拥有共同利益和政治观点的组织，如穆斯林兄弟会及其在西方的分支。

欧洲人越来越担心土耳其人在欧洲本土的行动对他们产生的影响。鉴于这场政治运动是由一个与大多数欧洲国家有着深厚商业、政治和安全联系的强大国家组织的，所以对抗这场运动是个严峻的挑战。在多数情况下，这些组织的活动是合法的。然而，我们能够确定的是，土耳其大使馆、宗教组织和企业在与穆斯林兄弟会合作的基础上所建立的广泛的合作关系，以此提出的各项主张并寻求整个穆斯林群体的庞大利益的目的，是与欧洲各国政府的利益相冲突的。

（编译/马尚玉）

欧洲的新宗教改革

[编者按] 2016 年 6 月，英国全民公投决定"脱欧"。在剑桥大学政治与国际关系系国际关系史教授布伦丹·西姆斯看来，英国脱欧类似于 16 世纪的宗教改革，他于 2019 年在"新政治家"网站上发表的《欧洲的新宗教改革》一文指出，现在的英国脱欧无论是背景、开始的原因还是后续的反应，都与五百年前亨利八世宗教改革类似。[1] 但两者也存在不同，亨利八世宗教改革是出于对英格兰伟大的认知，改革的目的是使英格兰成为欧洲秩序的主要制定者，且改革并没有使英格兰与欧洲大陆割裂。与之形成对比，特蕾莎·梅及其领导下的政府官员们缺乏对英国独立主权的认识，认为脱欧是在"逃离欧盟"，而不是在寻求英国的主权。这种思想也反映在特蕾莎·梅与欧盟达成的协议当中。协议一方面在理论上与欧盟形成明确决裂，另一方面将英国排除在欧洲大陆秩序之外。而就目前而言，英国脱欧能否成功，英国在退出欧盟后该如何成为欧洲秩序的主要制定者，这些问题都还没有答案。

脱欧与 16 世纪宗教改革的相同点

1. 改革开始的背景

16 世纪宗教改革开始前，整个欧洲为单一的地理意识形态和地缘政治秩序所塑造，罗马天主教统治着欧洲绝大部分地区。教会凌驾于国家法律之上，

---

[1] Brendan Simms, "Europe's New Reformation", *New Statesman America*, February 6, 2019, 载 https://www.newstatesman.com/world/2019/02/europe's-new-reformation, 最后访问日期：2020 年 2 月 28 日。

英国的国内案件可以在必要时向教皇申诉。但由于神职人员的无知和腐败，民众的不满累积，这一秩序逐渐处于危机之下。在英格兰，除了普通民众的不满之外，君主政体也不能容忍教皇对其权威的限制。

现在的欧盟在一定程度上类似于当初的罗马天主教。在许多欧洲人心中，欧盟就像是一种宗教信仰。人们普遍认为，欧盟之外不可能有繁荣，不可能有安全，不可能有法律，甚至不可能有救赎。最重要的是，与16世纪罗马天主教的统治类似，欧盟是一个地缘法律秩序，在这个秩序中，欧盟法凌驾于国内法之上。同时，现在的欧盟也面临着大量的危机：欧元区泡沫在地中海的破裂，东西欧国家对于难民问题的分歧，都使得整个欧洲在过去八年因危机而剧烈动荡。

2. 改革开始的原因

在英格兰，宗教改革起源于亨利八世对教会权威的挑战，他想要废除与妻子凯瑟琳的婚姻，在遭到教皇的拒绝后，这逐渐升级为对英格兰主权的主张。1533年的《上诉法》（Act of Appeals）明确表达了一个观念："英格兰是一个帝国（独立主权国家）。"换言之，英格兰的法律体系是独立的，英国国内案件不能向更高当局上诉。在《上诉法》颁布后，英国日益脱离欧洲的法律秩序。

在作者看来，与亨利八世宗教改革的原因类似，2016年英国的全民公投脱欧涉及的最基本的问题是英国是否应该为了保持作为欧盟的一部分而接受对其主权的严重限制，或是否会重申英国法律的至高无上性。因此英国脱欧计划也同样是对主权的主张，以使其再次成为属于自己的"帝国"。

3. 后续的反应

16世纪宗教改革时，罗马教会通过反宗教改革在一定程度上净化了自己的行为，但它也试图通过武力重申真正的信仰和教皇权威。欧盟对英国脱欧的反应在某些方面类似于旧教会和欧洲天主教对宗教改革的反应。欧盟委员会主席让·克洛德·容克（Jean-Claude Juncker）曾表示，脱欧不可能是一种成功。欧盟之外没有救赎，就像在天主教堂之外没有救赎一样。在他看来，英国脱欧不仅是对欧洲秩序的冒犯，也是对欧洲愿景的冒犯。

欧盟开始脱欧谈判，并不是基于欧洲体系由英国和欧盟共同拥有的理解，而是基于英国正在背离唯一合法的地缘法律秩序。欧盟的这种认知也反映在谈判开始时的"要求"中。首先，英国必须支付其"分手费"并解决欧盟公民权利问题。其次，英国必须在爱尔兰边境问题上做出保证，接受欧盟的"保障条款"，并在必要时将北爱尔兰从英国的经济和法律秩序中排挤出去。

4. 未来由外部力量决定

宗教战争最典型的例子莫过于三十年战争，当时新教徒和天主教徒互相攻击。1648 年签订的《威斯特伐利亚条约》标志着三十年战争的终结，同时确立了天主教、路德教和加尔文教之间的权力分享制度。这是由以法国和瑞典为首的外部力量保障的。

就像宗教改革一样，英国脱欧的未来也将由外部力量决定，例如，欧盟可能会将英国边缘化，以至于"回归欧盟"会成为消除贫困和分裂的唯一办法。或者，欧盟可能会煽动敌对反应，加深英国与欧洲大陆的分裂。

脱欧与 16 世纪宗教改革的不同点

亨利八世宗教改革的核心是他对英格兰伟大的认知，他无情地抨击教会制度，特别是通过解散修道院这种方式。但与此同时，他并不希望英格兰与整个欧洲大陆决裂，他试图在法国重建亨利五世的帝国，并在一场针对土耳其人的十字军东征中为基督教世界正名。他曾经是王位候选人，甚至希望成为神圣罗马帝国的皇帝（最后查理五世获胜成为神圣罗马帝国的皇帝）。

而英国官员最开始脱欧时的想法是觉得他们是在"逃离欧盟"，而不是在"寻求英国的主权"。这种想法也体现在特蕾莎·梅 2018 年 11 月与欧盟达成的协议中。这个协议与亨利八世宗教改革相反，它提供了一个与欧盟在理论上的明确决裂。例如，它提议终止"自由流动"，但这很可能会使英国处于外国政治法律秩序的管辖之下。在过渡时期，英国仍将是关税联盟（Customs Union）的一部分，最终由欧洲法院（European Court of Justice）进行仲裁。与此同时，整个英国都将受制于欧盟有关贸易、当前和未来环境立法、劳工和社会法律以及国家援助的规定。

特蕾莎·梅与欧盟之间达成的协议，在另一方面也根本不同于亨利式的宗教改革，以及英国随后的历史。数百年来，英国都是欧洲秩序的主要制定者。相比之下，是特蕾莎·梅的协议将英国排除在欧洲大陆的总体秩序体系之外，或者说是英国自己将自己排除在外。

后分裂时代的欧洲新秩序

后分裂时代欧洲新秩序的一些轮廓已经清晰。旧教会和帝国，也就是欧盟，将继续控制中欧和西欧的大部分地区。法国总统马克龙是欧洲秩序的坚决拥护者，他的改革政策很大程度上沿袭了杨森主义（Jansenist）的传统，他在更大的"欧洲主权"范围内对法国国家利益的坚持，只能用"高卢主义"（Gallican）来形容。东欧日益统一，政治上与欧盟紧密相连，但在文化上却越来越"拜占庭化"，向昔日的东罗马帝国靠拢。

目前唯一不明朗的是英国，在英国的许多地方，尤其是苏格兰和北爱尔兰，欧盟的影响仍然很强大。但英国脱欧只会随着第一代只了解欧盟以外生活之人的逝去而变得不可逆转。如果英国脱欧能持续到那个时候，"留欧派"将会像16世纪至18世纪不遵照法律参加英国国教的罗马天主教徒一样，成为少数派。

但就目前而言，英国能否脱欧成功？脱离欧盟后，英国该如何参与欧洲秩序的制定？英国与欧洲大陆的政治分歧是否会进一步加深？这些问题还没有答案。

（编译/吴灵思）

欧债危机的宗教根源

[**编者按**]　生长于欧洲人心底的基督教思想，在欧洲大陆数百年历史的风云变幻之中，一直扮演着举足轻重的角色。时至今日，它们对当下欧洲政治经济格局仍然发挥着潜在而深刻的影响力。意大利米兰大学学者约瑟夫·希恩专攻政治与历史、政治经济学以及比较政治，他曾于2019年在《共同市场研究》杂志上发表了一篇名为"欧债危机的宗教根源"的文章。[1] 文章以欧洲债务危机作为问题的研究对象，以欧洲大陆历史上曾经出现的数个不同的主流宗教理念为线索，梳理了秩序自由主义（Ordoliberalism）及其与三大教派的宗教历史关系，并以此为视角剖析当下欧债危机中欧元区各个国家政治经济实际的联系与博弈。在德国盛行的秩序自由主义继受了新教的精髓，但大多数欧债危机国家的社会经济伦理却源于天主教和东正教。从作者的观点中可以读出，宗教信仰层面的分歧是欧洲国家间互不理解的历史根源。过去历史上曾出现过的教派分歧，其影响延续至世俗化的今天，深深地阻碍了欧洲各国以共同体的姿态对欧债危机采取积极有效的应对措施。

欧洲的秩序自由主义运动

在以欧洲大陆为中心的两次世界大战期间，秩序自由主义与其他几个新运动同时推动着历史演进，秩序自由主义始终站在怀疑市场的自我监管能力

---

[1]　Josef Hien, "The Religious Foundations of the European Crisis", *Journal of Common Market Studies*, Volume 57, Number 2, 2019, pp. 185–204.

的立场上。它认为，自由市场竞争只能通过一个强有力的国家执行一套从经济宪法到规则条例的法律制度来加以保证。这套法律制度一方面禁止卡特尔和垄断集中，另一方面限制国家对经济的干预。相较于其他学派，秩序自由主义的一个重要特质在于，它是一种包含强烈道德伦理的社会理论，映射出了德国新教社会思想这一根源。这一新教起源的学派思想在其他不同传统文化的地区中显得格格不入，在受到天主教和东政教影响的地区更是被视为"异类"。

20世纪30年代，德国的魏玛学派和主流的国家经济历史学派没有能力解释当时国内的经济和政治危机背后的理论问题，于是秩序自由主义应运而生。这段历史表明，秩序自由主义既是一种在危机下诞生的具有理性思考的经济理论，也是德意志理想主义、德国新教神学以及德意志帝国文化三者共同的产物。它铸就了明确的德国新教社会经济理论，旗帜鲜明地对抗经典的自由放任主义、盎格鲁—撒克逊新自由主义、社会天主教以及凯恩斯主义。秩序自由主义认为自由的边界是秩序，经济自由应当由国家强制力通过经济宪法的方式加以保护。秩序自由主义下的国家应当为市场主体设定正确的制度框架和执行规则。

秩序自由主义学派反对魏玛宪法下的国家福利机构，认为它会造成道德风险，理由在于其设置了错误的激励机制，并且破坏了个人责任制度。由国家权力机构组织的无条件社会转移，最终将导致国家和社会的彻底灾难。相反，国家所做的仅仅应是去建立一个"机会平等"的平台，并促进个体的自发性。国家的福利行为要有节制，要注意防止道德风险的发生，要激励个人采取正确的道德行为自发地摆脱苦难。国家的扶持必须是有条件的，任何无条件的转移都不是真正的"社会团结"，因为它不能激发每一个个体的主动性。

不同教义下的"团结"与欧洲危机

与天主教和东正教有关"团结"的概念相比，秩序自由主义极具特殊性。天主教虽然也认为魏玛时期对自由市场的影响是毁灭性的打击，但是天主教从魏玛危机中汲取了完全不同的教训。天主教反而认为，需要将更多的力量放在社团主义和社会转移方面。国家的福利行为不应有条件，因为根据天主教的人性观，个人并非都具有相同的智力、道德水平和手工技能。因此，社会不仅需要提供机会平等的起始条件，同时还需要根据个体的需要确保再分配的正义。这种"原始基督教式的共产主义"在东正教中尤为突出。东正教表现出"明显倾向于以社区共同体（community）为导向的思维和行为模式"，一直都尖锐地批判与西方发展思想有关的个人主义思想。如果以"团结"这一概念为线索，沿着基督教的不同分支探索下去，我们就会发现，东正教和新教逐渐走向两个不同的极端。事实上，东正教最具集体主义色彩，包括兄弟之爱和神秘；新教最具个人主义色彩的基调，例如去神秘化和理性主义；而天主教和路德教处于两者之间。

三大基督教分支关于"团结"概念的分歧，直到今天仍然在暗暗地推动着公共舆论走向不同的方向。天主教徒和那些生活在天主教国家的民众比新教徒更支持再分配政策。天主教徒强烈支持欧洲一体化，而新教徒则持怀疑态度。德国财政部长沃尔夫冈·朔伊布勒（Wolfgang Schäuble）和德国中央银行行长延斯·魏德曼（Jens Weidmann）认为，导致主权债务危机的原因是欧洲各国的生活水平超出了其负担能力，包括社会保障过高、人均GDP过高、开销过大。作为"团结"的先决条件，以上行为必须停止。同时，朔伊布勒强调个人责任、纪律，呼吁通过道德诉求和制度激励来实现节俭，这一观点不仅接近于秩序自由主义，还体现了新教改革中的个人主义责任原则。

南方道德价值中的"团结"与信仰

在希腊，具有马克思主义背景知识的学者们在继承了东正教的基本教义之后进一步创新，将之与马克思主义、民族主义以及古希腊哲学思想融合，并将新的综合体称为"新东正教"（neo-Orthodoxy）。92%的希腊公民是希腊教会的成员，在宗教同质的基础上，他们反对由北欧价值观推动的欧洲一体化，从内心深处抵触西方现代性的基本价值。

新东正教派的学者认为，希腊人这一群体从骨子里并不认同"永续生产的奴隶制度"，他们是"为了生活而工作"，而不是"为了工作而生活"。因此，尽管存在严重的经济问题，但在实际采取经济上的紧缩措施前，希腊人仍然比西欧其他人生活得更幸福。他们经常提及古希腊哲学，将伊壁鸠鲁学派的快乐、亚里士多德的幸福以及索福克勒斯的不屈（Antigone）和边沁的实用主义结合起来讨论。

西方文明的绝对理性、个人主义，与东正教的集体原则（communality）形成鲜明对比。自从 1981 年希腊加入欧盟以后，希腊人的信仰在政治层面便以一种反西方主义的色彩发挥着影响。无独有偶，意大利也有学者提出，欧洲过度偏重经济一体化将会伤害到欧洲文化精神的根基。他们认为，欧洲的真正实力在于艺术、哲学、政治和宗教，这些与欧盟"仅以欧元和统一市场的基础"相对立。2013 年债务危机爆发的时候，曾有学者提议建立一个"拉丁帝国"来阻止欧洲的"德意志化"，并解释道，"人们不能要求意大利人、希腊人都像德国人一样生活"。这种观点的背后，是反对来自北欧的追逐利润甚至是反对社会生产力高速发展的价值取向。

小结

欧洲社会虽早已世俗化，欧债危机却让各教派的文化标志重新显现。德国关于社会福利保障政策的观点，仍然深受北欧新教伦理思想的影响。而这些价值观与受天主教和东正教思想影响的南方社会经济伦理并不协调。

在欧债危机的背景下，充斥着新教内涵的"德国式"话语体系引发了以希腊为代表的欧洲南部学者们群体性的激烈争论。在德国，欧债危机引发了自 1945 年以来最大的一次有关秩序自由主义的思潮。公众话语中文化的多样性，在此刻加剧了欧洲各国之间的互不信任。秩序自由主义、天主教与东正教的社会思想对人性的假设不同，因而其难以互相调和。

过去，第二次世界大战后的"德国模式"作为一种各个教派间互相妥协的"中间产物"，是一个相对成功的社会经济结构，战后"德国模式"下的社会保障机制和市场竞争机制都运行良好。现在，为了化解债务危机从而恢复社会生产力，欧盟各成员国需要像当年战后的德国一样，在政治经济的思想意识层面争取形成"中间产物"。

（编译/杜清流）

新德国问题：欧洲分裂后会发生什么？

[编者按]　在以美国为首挑起的全球秩序变迁之际，本文探讨了德国在其中所处的位置。通过回顾第二次世界大战以来德国的内政、外交变化，文章进一步提出，德国有可能面临重返旧式"德国问题"的危机。而这对欧洲、美国及世界的和平稳定所带来的危险是值得关注的。本文[1]于 2019 年 4 月 2 日发表在《外交事务》杂志上，作者罗伯特·卡根是美国历史学家，布鲁金斯学会高级研究员，曾为美国共和党总统候选人做过外交政策顾问，也曾为民主党人如总统奥巴马任内的国务卿希拉里·克林顿做过顾问。

很多人曾为欧洲和跨大西洋关系的黑暗路径所哀叹，但是很少有人讨论这条路会通向哪里。欧洲的弱点与分裂、和美国的"脱钩"以及欧盟的摩擦，"后欧洲"，曾经的"德国问题"会被带回到当下。

德国问题造就了今天的欧洲，以及过去七十多年的跨大西洋关系。1871 年德国统一，在欧洲中心创造了一个新的国家，这个国家幅员辽阔、人口众多、富有且强大，因此其他欧洲势力不能有效均衡彼此的力量。欧洲势力均衡的崩溃导致二战的爆发，美国和欧洲在二战后建立了北大西洋公约组织，欧洲煤钢共同体发展为欧盟组织。正如外交官乔治·凯南（George Kennan）指出的，欧洲一体化的形式是"解决德国与欧洲其他国家的关系的唯一可能措施"。

一体化奏效了。如今，德国人成为世界上最自由和平的民族。大西洋两

---

〔1〕　Robert Kagan，"The New German Question——What Happens When Europe Comes Apart?"，*Foreign Affairs*，载 https：//www.foreignaffairs.com/articles/germany/2019-04-02/new-german-question，最后访问日期：2019 年 4 月 2 日。

侧的很多国家都想看到德国在全球经济、外交甚至是军事上展现出更多的自信。正如后来波兰的外交部长拉多斯瓦夫·西科尔斯基（Radoslaw Sikorski）在2011 年提到的，"比起害怕德国的权力，我更害怕德国不作为。"

逃离过去

德国作为一个国家在相对短的时间里，已经成为全球事务中最难预测的参与者之一。19 世纪 60 年代到 70 年代，德国通过一系列战争促成了统一。俾斯麦（Otto von Bismarck）通过"铁血政策"将德国打造为一个国家。在 20 世纪 30 年代希特勒统治时期，德国成为欧洲的征服者，接着就溃败为分裂国家。至少到 1940 年代之前，德国内政混乱无序。失败的自由革命、世袭君主、独裁主义、失败的民主、集权主义，德国在最开始的 70 年都经历了。

地缘因素发挥了重要作用。德国是大陆中心的强国，受到东西方政权的攻击，常常面临两线作战的威胁。当其试图通过增强实力来寻求安全的时候，却加剧了别国的围剿。德国内政也常常受到欧洲的独裁政治、民主政治、法西斯主义和共产主义的影响。

民主的、爱好和平的德国是在二战后美国主导的自由的国家秩序之中形成的。具体有以下几个因素：

首先是美国对欧洲安全的承诺。通过保护法国、英国和西德的其他邻国，美国让欧洲所有国家都能接纳德国的复苏，并使其重新融入世界经济之中。这也消除了建立全方位武装的需要，让所有的欧洲势力更专注促进社会繁荣，增强民生福祉，从而进一步促进政治稳定。

第二个因素是由美国建立的自由、开放的世界经济体系。德国经济长期重度依赖出口，在 19 世纪，对国外市场的争夺是德国扩张的驱动性力量。在新的国际经济中，非军国主义的西德可以在不威胁其他国家的情况下实现繁荣。1950 年代，西德以出口驱动的经济使得德国成为全球经济增长的引擎，以及欧洲繁荣和民主政治稳定之锚。

第三个因素是意识形态。德国的经济成功促进了民主制度的发展。到1960 年代，西德已经深深根植于自由世界，享受着解除武装社会的安全和繁荣，大部分德国人成为货真价实的民主主义者。

第四个因素是如北约和欧盟等跨国组织对于新欧洲建立后的民族主义的压制，这使德国得以摆脱过去，并为欧洲的和平与稳定做出贡献。

美国的安全保障、全球自由贸易政权、民主化浪潮、对民族主义的压制使得旧德国问题深埋于土壤。这反映了自由民主处于上升态势、战略竞争被压制的全球平衡。

这是一种不寻常的环境，而德国身处其中。

一个正常的国家

还存在一个问题：德国会持续其非正常状态多久，会否认其正常的地理政治野心、自私利益以及民族主义自豪感多久？这些年来，同样的问题在日本也是焦点。日本的命运为战败所扭转，接着在美国主导的自由世界秩序中复兴。很多日本人厌倦了为过去道歉，厌倦了压制他们的民族主义傲慢，厌倦了弱化外交政策的独立性。在日本，控制这种正常欲望的原因是其在战略上需要依靠美国应对崛起的中国的挑战。当美国的支持变得不可靠的时候，日本能够抑制其民族主义冲动多久？

相反，由于处在边缘，德国对于自身独立性的压制保持着最大限度的容忍。不同于日本，德国在冷战后对北约的承诺并非出于战略需要，而是他们一直渴望不受威胁地留在欧洲。但是随着时间的流逝，新一代的德国人是否会寻求回归正常？

正如学者汉斯·昆德纳尼（Hans Kundnani）在其 2015 年的著作《德国权力的悖论》（The Paradox of German Power）中观察到的，在德国重新统一和欧元区建立后，破坏欧洲稳定的不平衡状态卷土重来，德国再次成为欧洲的主导力量。

当 2009 年欧元区的危机爆发时，新的恶性循环开始了。德国经济的主导地位可以对欧洲国家施加有利于本国的反负债政策，希腊、意大利等国家将自身困境归咎于欧盟在布鲁塞尔的官僚政治。在德国之外，人们讨论反对德国的"共同阵线"；在德国之内，人们感觉自己是受害者，被"疲软经济体"包围的昔日恐惧复兴。

如今事态再次发生了变化。民族主义在欧洲崛起，民主政权衰退，全球自由贸易政权受到美国的冲击。这些会不会给德国人的行为带来改变呢？

秩序之后

如果当下的德国是自由世界秩序的产物，现在我们需要思考当秩序解体时会发生什么。德国东部，曾经的捷克共和国、匈牙利共和国、波兰、斯洛伐克的民主政府，已经堕入非自由主义和威权主义的不同阶段。德国南部，意大利由民族主义者和民粹主义者的运动所统治。德国西部，一个愈加动乱的法国距离民族主义者的胜选只差一次竞选，而这将会终结法德伙伴关系，这一关系是七十年前欧洲实现和平的根基。

接着是英国退出欧盟。2016 年，首相卡梅伦问道："我们能确定和平与稳定完全受到保障吗？"脱欧会导致欧洲的不稳定，令本就虚弱的法国独自面对一个强有力的德国，这是民族主义的又一次胜利。正如历史家提莫西·贾顿·阿什（Timothy Garton Ash）发现的，一个"对于德国未来文化层面的斗争"正在进行。

在政治、经济层面民族主义高涨的世界，欧洲国家可能会重新认为军事力量是国际影响力的工具。虽然他们仍抱有即使没有他们，全球安全也能得到维护的希望。鉴于俄罗斯更乐于以武力实现目标，而美国在其外交承诺上退缩，德国很难不加入其中。

集合的风暴

如果设计一个让欧洲和德国回到过去的新方案，相信没人会比美国总统特朗普做得更好。特朗普对欧盟公开表达敌意，鼓励欧洲的民族化浪潮。这使得自由主义者和非自由主义者对立，国际主义者和民族主义者对立。而特朗普当局对非自由主义者和民族主义者表达了支持。

特朗普当局还反对全球自由贸易体制，责备德国巨大的贸易顺差，并对德国汽车加征关税。这会带来更大的压力和冲突：德国经济的衰退，以及民族主义和政治动荡的回归。

特朗普反复无常的安全保证，以及对德国和欧洲增加国防支出的要求，预示其似乎决意要制造欧洲的风暴。事态一向发展很快。1925 年，德国解除武装，成为一个良好的民主政权，而十年后，欧洲和世界滑向地狱。如果美国和世界继续沿着当前的道路前进，平静会持续多久？

在德国，有几千个在第二次世界大战期间由同盟国投下的炸弹没有爆炸，其中一个几年前在德国格廷根（Göttingen）让三个排除炸弹的人丧命。如果将如今的欧洲看作是一个炸弹，那么特朗普仿佛是一个拿着锤子的孩子，正愉快而漫不经心地击打它。会出什么问题呢？

（编译/张璇）

迷雾里的力量

[**编者按**] 2018 年 11 月 17 日，法国巴黎爆发了"黄马甲"运动，这可谓"五十年来最大骚乱"。恰逢此时，耶鲁出版社推出了法国地理社会学家克里斯托夫·居依（Christophe Guilluy）的最新著作《精英的暮色：繁荣、边缘和法国的未来》（*Twilight of the Elites: Prosperity, Periphery and the Future of France*）的英译本。本文即詹姆斯·麦考利为此书撰写的书评《迷雾里的力量》[1]，于 2019 年 3 月 21 日发表于《纽约书评》。作者詹姆斯·麦考利以法国起义历史为例，指出法国有独特、复杂的起义传统，法国人习惯为人权与平等而起义。"黄马甲"运动与背后的暴力、愤怒、破坏，是法国中产阶级对美好生活的渴望，对阶级平等的追求，也是对种族和移民问题的担忧。

"黄马甲"运动的浩大声势及尖锐性震惊了法国当局，因为它不仅仅是一场抗议，很明显，它针对的是法国精英阶层和新移民阶层。法国自 1789 年以来的历史可以被视为反精英运动，然而"黄马甲"运动却没有真正的先例。黄马甲运动有三个特点：

特点一："黄马甲"运动是非政治性且激进的运动

黄马甲运动没有官方平台，没有领导层管理，没有稳定的宣传渠道，没有统一目标，因此它不是"民粹主义运动"。

---

[1] James McAuley, "Low Visibility", *The New York Review of Books*, March 21, 2019, 载 https://www.nybooks.com/contributors/james-mcauley/，最后访问日期：2020 年 3 月 5 日。

引发"黄马甲"运动的直接原因来自法国总统埃马纽埃尔·马克龙(Emmanuel Macron)的过激言论。马克龙多次发表"何不食肉糜"的论调,刺激了法国民众敏感的神经,使他们意识到,在精英阶层的眼中,他们没有价值。民众愤怒了,穿上黄色背心参加运动以表达自己是有价值与存在意义的。

有意思的现象是,当"黄马甲"运动内部成员即将成为欧洲议会候选人时,最激烈的反对力量来自运动内部成员。反精英意识是"黄马甲"运动的主要理念。

特点二:福利体系下的法国中产阶级对生活有更高的诉求

第二次世界大战后的法国福利体系是一个奇迹,其健康和教育体系保持几乎免费的状态,但其不平等程度日益增加。法国高等社会科学学院的不平等社会学家亚历克西斯·斯派尔(Alexis Spire)采访过"黄马甲"人员,他们并不认为自己从社会服务或再分配阶段中受益。

总的来说,"黄马甲"群体不是法国社会最穷的成员。这并不奇怪,作者引用了托克维尔的观点:革命不是由受苦最深的人推动的,而是由经济状况突然跌落的群体推动的。"黄马甲"是中产阶级的不稳定阶层,他们渴望生活的稳定,有适度的消费能力,能够享受生活和时尚单品。

但政府的行为对改善现状没有效果,他们穿着的背心虽然是汽车所有权的象征,但更根本的意义是"物质需求有待被发现"。

特点三:全球化背景加剧法国阶级边缘化,挤压下层民众生存空间

自20世纪80年代中期以来,法国工人阶级已经从主要城市被赶到农村生存,农村聚集了大量蓝领人口,加之农村的公共交通系统落后,汽车是人们唯一的出行方式,而2018年,在燃油费用已经很高的情况下,政府再次宣布征收油品税,因此引爆了"黄马甲"运动。经济挤压下阶级边缘化是对"新自由主义""美国化社会"的无耻拥抱,这是"黄马甲"运动爆发的根本原因。

法国的衰落是结构性的，大型跨国超市的到来已经威胁到法国当地企业的生存，而且在许多情况下，法国企业濒临倒闭，法国劳工生活质量下降。移民工人阶级已经取代了"本土"工人阶级的社会位置。本土工人阶级分散在全国各地，成为法国精英"不被注意的存在"，而法国农村地区的不满情绪从未真正受到重视。

"黄马甲"有权利对法国所谓的"阶级化"境地进行抗议。在一个经济增长没有跟上人口增长的社会中，中产阶级梦想越来越难实现，这使"黄马甲"人员与移民和有色人种不同，"黄马甲"人大多跌落至更低的阶级中，物质上的状况更糟。

虽然"黄马甲"运动逐渐演变成偏执的狂热行为，但终将结束，令人深感遗憾的是，整个法国浪费了这次反思的机会。作者说："这是一个很好的机会来反思我们是谁，但现在已经完全被毁灭了。""黄马甲"运动反映了这一事实：无组织运动的核心思想空缺时，极易被"他者"的憎恨所填满，容易受到极右和极左的极端分子的鼓动。

（编译/孙晋）

如何修复英国破碎的民主？

[**编者按**]　2016 年，英国在脱欧公投中以 52% 的多数赞同结果要求脱离欧盟。次年，时任英国首相的特雷莎·梅即表示，根据欧盟《里斯本条约》（Treaty of Lisbon）第 50 条，英国将于 2019 年 3 月 29 日脱欧。但截至本文发表时，随着梅的三次脱欧协议均未在议会通过，英国脱欧的日期不得不延迟，愈来愈多的英国人呼吁取消脱欧议程。而《展望杂志》（Prospect）的编辑汤姆·克拉克认为，脱欧事件陷入僵局，既反映了人民主权与议会主权之间的矛盾，也折射出了英国首相与议员们的博弈过程。他于 2019 年 4 月 2 日发表在《展望杂志》网站上的《政府与政治：一个新宪法能修复英国破碎的民主吗？》[1] 一文中建议道，除了坚持英国宪法遗产中的基本原则，还应当借鉴世界其他国家在议会民主制上的成功经验，重新制定英国宪法，建立一套行之有效的新规则。

2019 年 3 月，英国下议院院长约翰·博考（John Bercow）引用英国议会 17 世纪的程序规则，打破了时任英国首相特蕾莎·梅意图藉由第三次投票通过其脱欧计划的希望，致使英国脱欧进程再次陷入僵局。博考称，根据这条规则，首相在 3 月 13 日提出的第二份脱欧提案是合规的，因为它与第一份大不相同。但第三份提案必须"完全不同"，而不能仅仅是措辞方面的重写。作者指出，英国之所以在脱欧一事上束手就困，是因为英国宪法在背后发挥了作用。英国的自由主义者一直渴望，将那些古老悠久的原则和先例予以合理化。

---

［1］　Tom Clark, "Government vs Politics: Could a New Constitution Fix Britain's Broken Democracy?", *Prospect Magazine*, April 2, 2019, 载 https://www.prospectmagazine.co.uk/magazine/brexit-constitution-democracy-government-politics-tom-clark, 最后访问日期：2020 年 2 月 21 日。

但作者认为，脱欧危机并不是要启示英国注意梳理松散的宪法条文间的内部联系，因为仅凭英国的宪法遗产，并不足以修复英国破碎的民主，英国脱欧危机是一个对英国宪政体制进行改革的绝佳时刻。

汲取美国宪法的教训

美国宪法优雅而持久，在国内受到宗教信仰般的尊崇，在全世界都被视为典范。然而作者指出，今天的美国比任何西欧国家（包括要脱欧的英国）都更为失衡。美国宪法中著名的制衡措施使政府关门如同例行公事。弗朗西斯·福山（Francis Fukuyama）所称的"否决政体"（vetocracy）也由此产生，结果是各方都可以阻止任何事情的发生，没有人能做任何有用的事情。甚至在美国陷入今天有毒的党派文化泥淖之前，20世纪的根本性改革都必须通过巧妙的重新诠释，从18世纪的主张中提炼出来。美国宪法的简洁文字蕴含了国家运行的基本规则，但在宪法的实际运行中让自作聪明的律师取代政客的位置却并不是一种进步。修改美国宪法是如此困难，以至于近50年来也没有人对它进行过任何有意义的修改。时代在变化，争论在演变。至少，有抱负的英国立宪主义者应当寻求建立比美国宪法更具灵活性的宪法。

英国议会民主制存在的问题

作者认为，英国脱欧公投结果代表的是"人民主权"与作为广泛体系基础的议会主权之间的矛盾。任何有效的民主宪法的首要任务之一，都是回答谁来掌权、何时举行选举，以及在重大改革问题上必须征求谁的意见这样的问题。但这三个问题的答案在英国已经变得越来越模糊。

不列颠的公民表决实际上无法成为国家决策的一部分。作者指出，过去几个月英国脱欧引发的混乱，暴露出隐藏在政府有序治理和公民个人权利之中的可怕弱点，即人们试图以一种混乱的有时甚至是危险的方式来实现这一深刻变革。在大多数民主国家，对宪法进行全面修订，需要在议会或整个国家中拥有绝对多数的赞成者，而且往往还要考虑下放立法机构的意见。而在英国，这些都不需要。正如前首席大法官伊戈尔（Igor Judge）所写的那样，在像爱尔兰这样的地方，公民投票可以成为一个国家决策过程的一部分。但在不列颠，公民表决从来都不是如此。所以，英国最终陷入了浓雾之中，英国政治迷失了方向。英国政界人士称，2016年的投票是"一劳永逸的"，这对民主非常重要。然而，事实仍然是，从法律上讲，这次投票只是一次意见征询。

英国的宪法和先例对其首相的行为几乎没有任何约束。作者批评道，"卡梅伦太自鸣得意了，以至于他根本不担心如果脱欧派获胜会发生什么。"考虑到离开欧洲几十年后的多层次复杂性，提前起草所有必要的法律是不可能的。但制定脱欧公投后程序上的计划，显然是有可能的，而且是一个非常好的主意。但卡梅伦太自以为是以至于他没有预先考虑失败可能带来的技术问题，英国"想怎么做就怎么做"的宪法也没有要求他做好准备。作者也批评称，时任英国首相的特蕾莎·梅拥有惊人的自由之力，这能让她在一个特别危险的时刻将议会扫地出门。尽管特蕾莎·梅知道她的拒绝将重启英国下议院一再拒绝的局面，但她仍然在3月21日欧洲理事会召开前夕，排除了长期推迟英国脱欧可能性的要求。

英国所谓的主权议会无法可靠地告诉英国首相该做什么。英国宪法中没有任何规定，在英国也没有人能拯救议员于左右为难的境地。正是因为欧洲理事会无视梅的要求，制定了一个灵活的延期方案，才挽救了英国议会，使其拥有重夺控制权的可能性。作者认为，如果英国想要一个拥有主权的议会，那么英国议会就不能处于这样一种境地：它甚至可能被唐宁街10号的一个控制狂篡权。

英国宪法发挥作用在很大程度上依赖于少数意志坚定的个人的协助。正如法律评论员大卫·艾伦·格林（David Allen Green）在推特上所说："请在威斯敏斯特外立三座雕像：吉娜·米勒（Gina Miller）、多米尼克·格里夫（Dominic Grieve）和约翰·伯考（John Bercow）。"作者认为，如果没有米勒提起的诉讼，议会将在《里斯本条约》第50条程序开始时被解散。如果没有格里夫提出的修正案，议员们将被排除在英国脱欧的最后阶段之外。如果没有伯考，英国首相就可以随心所欲地迫使议员屈服。但是宪法的要点，当然应该是要让我们不需要寄希望于正确的人恰好出现在正确的时间。

重写英国宪法的必要性

脱欧在议会和宪法中陷入僵局的根本原因，是英国政党的议会和作为议会之翼的议会成员之间的枢纽被破坏了。修复这一枢纽，对双方来说似乎都极其困难，而且鉴于政党在任何现代宪法的实际运作中都是至关重要的，继续沿用英国古旧的规则之书，将大大增加产生令人不安的结果的可能性。是时候重写英国宪法了。

作者认为，宪法中的基本原则和法律程序是可以很快确定下来的。英国奉入神龛的基本理念得到广泛认同：议会对国家负责，部长对议会负责，所有人对法治负责。英国宪法遗产中的这些理想应该被继承，但也需要承认，继承下来的传统和程序不足以捍卫这些理想，光有光辉灿烂的传统是不够的。

要建立一套新的行之有效的基本规则，英国必须愿意借鉴世界各地的议会和宪法经验。作者强调，英国一路经历的动荡最终会让这个国家相信，其历史悠久的宪法遗产并不能使其免除对国家的通常要求，即现代国家必须按照连贯的规则来管理自己。

世界各国修复议会民主制的启示

苏格兰：由议会控制议程。英国政府对议员时间表的严格控制扭曲了关于是否脱欧的辩论。但在许多其他国家，重要讨论的时间表不是由命令决定的，而是通过一个"业务委员会"进行协调。这个委员会反映了立法机构中的多数意见，同时也能实现立法机构中更广泛的力量平衡。在包括苏格兰在内的一些国家的议会中，还要求该议程还必须在提交后经由整个议院批准。

德国：选举新总理。德国总理的产生需要德国联邦议院多数席位的赞同。每一次选举开始时，由总统和联邦议院成员在不记名投票中正式提名一名候选人，即获胜政党或联盟的领导人。如果德国总理失去了议会的支持，可以进行不信任投票，但必须同时选出总理的继任者。

爱尔兰：让公民参与进来。爱尔兰公民大会成立于 2016 年，旨在审议一系列问题，其中最著名的是堕胎问题，还有气候变化、公投、老龄化和定期议会。它允许 66 名随机选出的公民和 33 名来自政党的代表提出一系列宪法修正案，从而为普通民众提供参与爱尔兰政府治理的一种方式。

南非：保护公民权利。南非宪法可以说是世界上最进步的宪法，它把"人类尊严"和"实现平等"放在核心位置。以公民权利为核心的这一法案不仅禁止基于性别、种族和宗教的歧视，而且是第一个将基于性别取向的歧视定为非法的此类法案。不幸的是，到目前为止，该宪法的实际运行效果并没有达到人们的预期。

美利坚合众国：规定总统继位顺序。如果特蕾莎·梅辞职，没人知道谁会成为下一个英国首相。但在美国却不是这样，因为美国有明确的总统继位顺序。如果美国总统辞职或死亡，他（美国总统一直以来都是男性）的位置将被副总统取代。如果副总统也不能担任总统，那么排在第二位的是众议院议长，其次是任职时间最长的参议院议员（应是参议院临时议长，即多数党任职时间最长的议员——编者注），然后是内阁成员，从国务卿开始，最后是国土安全部部长（他排在第 17 位）。

（编译/刘昭媛）

约翰逊与脱欧的拙劣表演

[**编者按**]　本文作者芬坦·奥图尔认为，现任英国首相鲍里斯·约翰逊的策略都是虚张声势。虽然奥图尔如是说，但他也反思了这样两个问题：为什么英国人选择相信鲍里斯？怪人鲍里斯的哪些特质俘获了英国人的信任，使他成为党派领袖？作者总结鲍里斯成功的因素有二：一是精英式的成长轨迹助他深谙宣传技巧；二是遵守英式"潜规则"，塑造出永远正确的英雄形象。2019 年 7 月 17 日，芬坦·奥图尔在《纽约书评》发表《命中注定》一文，[1] 彼时鲍里斯尚未当选英国首相，英国也尚未脱欧。作者从以下方面评价了鲍里斯的成功因素及其无法真正掌舵英国的原因。

成功因素一：掌握话语权，善用传媒技巧

鲍里斯成长于精英之路，从牛津大学毕业后即在《泰晤士报》担任实习生。作者通过研究鲍里斯任职期间发表的新闻稿发现，他善于编造故事，鼓动读者的情绪。

鲍里斯深知"生动的谎言比平淡的事实更令人难忘"。他在布鲁塞尔做记者时，把欧盟称为"庞大的愚蠢而混乱的机构"：拥有巨额预算权利的官僚们表现出毫无意义且复杂无脑的工作状态，是官僚主义集中的堡垒。当然，鲍里斯描述的内容是否真实并不重要，重要的是，它足够滑稽，足以获得"读者"信任，将"读者"成功引入他预先设定好的偏见中。

---

〔1〕　Fintan O'Toole, "The Ham of Fate", *The New York Review of Books*, August 15, 2019, 载 https://www.nybooks.com/articles/2019/08/15/boris-johnson-ham-of-fate/，最后访问日期：2020 年 3 月 5 日。

在鲍里斯编造的故事下，民众愤怒了，而且愤怒真的带来了仇恨。在 2016 年 6 月的英国脱欧公投中，鲍里斯取得的胜利很大程度上归功于其精心编造的故事和设计的口号"夺回控制权"。而真相是：英国 1973 年加入了"共同市场"，根据当时在布鲁塞尔签署的决议，成员国间拥有平等的发言权。鲍里斯认为英国将在脱欧后继续在理事会占有一席之地，这表明，他对英国的未来和战后的历史处于一种极度的无知状态。

鲍里斯其实是一个典型的机会主义者，他的无知不是愚蠢。为了保证自己的正确性，作者发现鲍里斯会为自己设立多个立场，会为自己做两手准备。比如他在担任政府要职时，为《每日电讯报》至少两个不同的专栏写文章，一边热情地呼吁脱欧，另一边则争辩说英国脱欧的代价太高了。

成功因素二：深谙英国式潜规则，打出一手好牌

鲍里斯的政治表演引出了两个核心问题：第一，鲍里斯是否相信自己的主张；第二，他的追随者是否也相信他。这两个问题的答案都是肯定的。作者认为，鲍里斯成功的原因是其深谙英国的潜规则，顺应了英国民众的精神需要。

作者引用人类学家凯特·福克斯（Kate Fox）的经典作品《英国人的言行潜规则》（*Watching the English*），其中有一个重要的英语潜规则"不认真的重要性"，即使用英语对话的一个基本规则就是禁止"认真"。作者嘲讽鲍里斯把这件事做到了极致——他知道他的数百万同胞宁愿接受他那些令人发指的胡编乱造，也不愿意被指责将事情看得太严肃。在英国，做事必须"开玩笑"，不能太认真。

作者注意到，鲍里斯十分注意自己的媒体形象，他特有的邋遢式衣冠风格其实是专门请品牌团队悉心打造的，而且鲍里斯善用丘吉尔的形象，比如模仿丘吉尔在装束上搭配特殊的标识。但他所效仿的不是任何形式的坚定或丘吉尔式的领导能力，而是一种自觉的戏剧性的政治行为。他要证明真正的英国精神还在，且自己便是英国精神。

常有人将唐纳德·特朗普和鲍里斯做比较。诚然，他们有很多相似之处，

比如他们视彼此为混乱中茁壮成长的领袖，而且他们都是种族主义者。但两人之间有两个重要的不同之处。作者总结如下，同时这也是他认为鲍里斯无法真正掌舵英国的原因。

第一，特朗普有能力激发美国内在的民族主义而鲍里斯无法鼓动庞大但涣散的英国民族主义。尽管大多数支持英国脱欧的人和大多数保守党成员都很高兴看到苏格兰和北爱尔兰离开，但鲍里斯坚持认为"大不列颠和北爱尔兰联盟是第一位的"，他完全不知道如何把英国民族主义转变成彻底改造过的英国爱国主义，或者在不摧毁英国的情况下释放英国的爱国主义活力。

第二，特朗普通过持续重复不变的口号维持他的群众基础，鲍里斯却在耗时耗力的脱欧问题上反复无常。因此，当特朗普逐步走向专制时，鲍里斯只拥有意识形态的空虚。英国脱欧犹如泰坦尼克号的沉没无法避免，此时鲍里斯展示出的丘吉尔式形象是一种宿命论的终极乐趣。既然结局已经注定，不如和鲍里斯一起玩耍。

（编译/孙晋）

欧洲整合的新右派方案

[**编者按**] 阿兰·德·伯努瓦是欧洲"新右派"运动的代表人物。作为文化独特性和整体性的捍卫者，他主张欧洲人在多元文化主义面前保留自己身份的权利。本文原标题为《"市场"还是"权力"》，[1] 是阿兰·德·伯努瓦在 2014 年《元素》（*Éléments*）期刊学术研讨会上发表的讲话。在这篇文章中，他从欧洲的现状入手，以敏锐的洞察力揭示了欧洲构想的基本问题：一是集中发展经济贸易，而忽略了欧洲的政治、历史和文化建构；二是上层权力过度干涉，规范一切事物；三是盲目扩大边界而导致了欧盟的瘫痪、低效以及国家的解构；四是对于欧洲构想的目标没有达成共识。为使欧洲重焕生机，作者强调了"构建欧洲"的必要性，指出欧洲要着重从政治、历史、文化文明方面重构自身，从而实现欧洲独立的统治权。

欧洲构想的基本错误导致严重后果

20 世纪 90 年代之前，人们对于欧洲未来的发展还有着美好的愿景。而如今，欧盟委员会各方面都饱受诟病：它限制倍增，干涉无关事务，使平民受苦、机构瘫痪；它的组织形式匪夷所思，且缺乏民主合法性；它企图消灭民族和国家主权，最终沦落为一台失控的机器。在多数国家，对欧盟持积极看法的民众比率已连续十多年走低。2004 年，认为"法国作为欧盟成员国弊大

---

〔1〕 Alain de Benoist, "'Europe a Market' or 'Europe a Power'?", *Arktos*, September 24, 2018, 载 https://arktos.com/2018/09/24/europe-a-market-or-europe-a-power/，最后访问日期：2019 年 1 月 26 日。

于利"的法国民众比率为 25%；而到 2013 年，这一比率跃升至 41%。最新的一项伊普索斯民意测验显示，70% 的法国人希望"限制欧洲的权力"。

如今的欧盟正经历着空前的合法性危机，其前景黯淡且无吸引力。造成这种状况的原因是 90 年代出现的欧洲构想违反了常识，从一开始就存在四个根本错误：第一，集中发展经济贸易，忽视政治和文化。欧洲幻想从齿轮效应，能将其经济公民身份机械地转化为政治公民身份。第二，想从顶层创建欧洲，而不是从基层入手。第三，倾向于通过早期扩张将尚未准备好入欧的国家纳入欧洲，以深化现有政治结构改革。第四，对欧洲边界和欧洲一体化的目标从木做出明确的规范和决策。

沉迷于发展经济，欧洲共同体的"缔造者"故意将文化弃之不顾。他们最初所做的努力旨在将国家融入一种功能主义者视角下崭新的行动空间模式。对让·莫内一行人来说，为实现国民经济相互交织，政治的联盟是很有必要的。因为相比于不联盟而言，联盟的代价显然更小。但可别忘了"欧洲"的第一个名字是"共同市场"。这种最初的经济主义必然有利于制度的自由化转向，必将对联盟领导层即将制定的公共政策进行经济层面的基本解读。欧洲还远没有为政治化的到来做好准备，就因经济的过度膨胀而迅速去政治化，并将专家权力神圣化，实施专家治国战略。

1992 年，随着《马斯特里赫特条约》的签订，欧洲共同体变为欧洲联盟。这种语义上的变化意味着欧洲首先是经济的、遵循市场逻辑的欧洲。在自由主义精英看来，欧洲只能是一个完全遵守资本逻辑的大型超级市场。

欧洲构想的第二个错误就是希望从顶层即从领导层的制度来创建欧洲。欧洲应该遵循合理的逻辑，从底层开始，从街道到自治体，从自治体或聚居区到地区，从地区到国家，最终由国家创建整个欧洲。这正是严格执行权力下放原则所要求的。根据权力下放原则，只有在下层权力无能为力时，高层权力才需要进行干预（这是充足能力原则）。而在欧盟成员国地区，往往是集权官僚机构通过其命令规范一切。高层权力任何时候都要将自认为能做的所有事情干预一番，结果导致欧盟委员会决定了一切，并认为自身无所不能。

第三个错误是欧盟的盲目扩张。欧洲首先应该深化现有政治结构改革，同时在全欧洲进行广泛的政治辩论以试图对欧盟的目标达成共识。盲目扩张倾向在欧盟吸纳中东欧国家的扩张过程中体现得极为明显。大多数这类国家申请加入欧盟只是想从北约的庇护中获利。这导致了欧盟的"稀释"和低效。这种观点在土耳其加入欧盟后人们对欧洲文化、宗教及地缘政治前景的担忧中进一步强化。

由于各国经济水平、社会状况和税收体制的差异，欧盟早期扩张也导致了敲诈式的工业再分配，这损害了工人利益，并最终成为欧元危机的主要原因之一。所以，引入单一货币非但不利于欧洲国家经济的趋同发展，还恶化了经济状况。

如此种种危机在最终导致欧洲的"去政治化"的同时，国家主权也被解构。欧盟不仅试图以欧洲取代国家，还试图以经济取代政治，以官僚管理取代人民治理。欧盟接受了一种自由主义，这种自由主义以对经济首要地位的强调和通过对政府管理的"去政治化"来废除政治的意愿为基础。也就是说，这种自由主义为"去政治化"创造了条件，使任何诉诸合理政治决定的行为都变得不合时宜。

此种自由主义倾向还滋生出某种道德危机。长久以来，欧洲一直沉迷于普遍主义，将愧疚感和自我否定塑造的世界观内化。它已成为唯一一片"为开放而开放"的土地，而丝毫不考虑此举将会给别国带来什么后果。

欧洲起初就致力于将普遍性概念化，无论是追求向好还是向坏的普遍性。它想成为"关于普遍性的文明"，但"关于普遍性的文明"和"普世文明"并不是一回事。常见的一种美好说法是，"普遍性"这个词最积极的意义是"地方无边界"。但主流意识形态忽视了"普世文明"和"关于普遍性的文明"的区别。在领导人的要求下，欧洲陷入了自我忽视和忏悔中，这意味着为了不再排斥任何一方，欧洲已将自身的遗产看作人类权利的普遍性留存了下来。

作为世界上独一无二的存在，欧洲领导人拒绝将自己看作其历史、文化和共同命运的担保人。在他们的影响下，欧洲从未停止重复"自身历史乏善可陈"的论调。总的来说，欧洲想逃离历史，尤其是自身的历史。它被禁止确认自己是什么，甚至不想质疑自身身份，只因其害怕对成员国造成"歧视"。欧洲宣称依附于"价值"，其实就是强调这些价值并不属于它，所有人都应该有相同的价值。强调"价值"而非"利益"、目标或者对政治主权的渴望恰恰表明了欧洲的集体无力感。

在作者看来，如此下去，后果不堪设想。在移民领域，欧盟对移民采取了一种十分慷慨的接纳政策，这个政策没有成员国能表示出异议。在工商业领域，拒绝任何"保护"的论调同样盛行。自由贸易壁垒的完全移除导致大量新兴市场国家的低价商品和服务涌入欧洲，并在各种领域（社会、财政、环境等）实施倾销；而欧洲本土的生产系统越来越多地流向欧洲以外的其他国家，使欧洲"去工业化"，失业和贸易逆差问题更加严重。

为世界恢复多极化维度

作者指出，尽管欧洲构想令人失望，但还是需要构建政治上统一的欧洲。首先是为了能够让（因长期战乱冲突及各种形式的对抗而分裂的）欧洲各民族重拾对其共同文化和文明的归属感，以确保这个命运共同体内部不再彼此对抗。而且，就当下这个历史时期而言，政治上统一的欧洲也同样必要。

雅尔塔体系时期，世界被美苏两极支配，欧洲第三方力量的出现已成必需之举。苏联解体后，此种需求日益增加：如今支离破碎的世界里，只有欧洲团结统一起来，才能保证其民族国家在世界舞台上充分发挥职能。为终止美国超级大国的统治地位，我们必须为世界恢复多极化维度。这是"构建欧洲"的另一个原因。

同时，随着全球化的发展，世界边界消失，时间和空间的概念不再重要，民族国家日渐衰落。在后现代时期，随着跨国事务持续增多，早在20世纪30年代就陷入危机的民族国家已日渐式微。这并不意味着国家丧失了全部权力，而是说在一个充满变数和全球风险的世界，没有哪个国家能指望靠自身解决与之相关的问题。换句话说，民族国家不再是解决国家问题的首要实体。如今的历史时期是地方活动和大陆集团当道的时期。

同时，我们今天正在目睹一场浩大的全球同质化运动，同时影响着文化、经济和社会生活。民族国家的存在无法以任何形式阻挡其声势。这场民族同质化的载体是无国界的，能够通过简单地联结国家来应对同质化的信念也是严重错误的。

另外，长久以来，民族国家已经在所有至关重要的领域丧失了政治决策能力。在全球化领域，国家不再是名义上的主权承载者。如今，面对资本转移、金融市场的力量以及资本的空前流动，各国政府表现出明显的无能为力。因此作者指出，必须对此现象加以关注，以便找到建立新主权的可行办法，也就是说，恰恰需要建立欧洲层面上的主权。这是"构建欧洲"的另一个原因。

欧洲是一项关乎文明的工程，否则将毫无价值

显然，欧洲的构建出现危机的潜在原因之一是没人能对"欧洲是什么"这个问题做出回答。那么，欧洲应该成为什么？欧洲到底是寻求建立具有明确边界和共同政治制度的自治、独立的政治权力，还是仅仅成为一个巨型市场和对"公海"开放的自由贸易区？欧洲领导人其实一直未能在这点上统一意见。这注定导致欧洲在无限的空间中被削弱，并被大规模地去政治化、中立化，只能通过技术专家和政府间的决策机制运作。在作者看来，迄今为止，欧洲的仓促扩张和对欧洲结构造成影响的不确定性助长了第二种模式的发展，也就是"盎格鲁—撒克逊"或"大西洋"灵感。在这两种模式之间进行选择就意味着在政治与经济、陆上力量与海洋力量之间做出选择。不幸的是，那些参与建造欧洲的人根本没有地缘政治的意识，他们完全忽视了陆上和海上逻辑的对立。

1964 年，戴高乐将军完美地定义了这个问题，他说："对法国来说，打造一个'欧洲化'的欧洲是一个议题。""欧洲化"的欧洲意味着欧洲由自身建造，为自身存在。换句话说，欧洲要有自己独立的政策，屹立于世界当中。有些人言语上希望这一构想能够实现，行动上却在有意无意地抵制这一构想。没有自身独创政策的欧洲基本上仍然会受到美国方面的支配，但直到今天，对人们来说，欧洲从属于美国这一事实似乎仍是正常和令人满意的。

作者强调，欧洲应当是"一项关乎文明的工程"，否则将毫无价值，欧洲应当既不遵循个人主义，也不遵循集体主义，拒绝种族中心主义，也不推崇

自由主义。欧洲应当遵循整体联邦制，只有坚持这个概念才能辩证地实现自主和联合、同一和多样的必要平衡。正是基于此，欧洲应该立志成为一种能捍卫其特定利益的主权力量，一个能在多极化世界中规范全球化的杠杆，以及一项关乎文化和文明的独创工程。

目前欧洲的局势闯入了死胡同。欧洲人想要文化意义上的欧洲，却受到了技术官僚的支配。欧洲因为使用单一货币而深受其害，毫无收益。人们目睹着国家主权的消亡，同时没有维护必要的欧洲主权。欧洲由于权力的"稀释"沦为全球化的辅助者，而不是其中一员。欧洲将紧缩政策、债务政策和对金融市场的依赖合法化；在新一轮美俄"冷战"中站在美国一边，准备与美国签署跨大西洋贸易协定，任由美国摆布。同时，欧洲迷失了自己的身份，因此无法从过去脱身，无法开展伟大的公共事业；它脱离了历史，将要沦为别国的话柄和谈资。

因此，为了摆脱这种桎梏，应当构建欧洲政府，实现欧洲统治权，缔造欧洲人期冀的自治而主权独立的欧洲，以免使欧洲自掘坟墓。

（编译/刘清瑞）

欧尔班的右翼欧洲愿景

[**编者按**] 2010 年底爆发的"阿拉伯之春"使无数难民潮涌向欧洲，随之而来的还有右翼民粹主义的崛起。欧盟内部的利益分配不均，欧债危机持续的经济疲软让"欧洲特朗普"的数量越来越多，右翼民粹主义开始席卷欧洲国家。作为后共产主义国家之一的匈牙利，正在经历共产主义垮台后再次出现的民族主义政治。在冲突中愈战愈勇的匈牙利总理欧尔班·维克托（Orbán Viktor），在巩固了自己国家的权力之后，将注意力转向了危机四伏的欧盟。《纽约客》撰稿人、利文斯顿奖决赛入围者伊丽莎白·泽罗夫斯基于 2019 年 1 月 14 日在《纽约客》上撰写了《欧尔班·维克托对欧洲的极右愿景》[1] 一文，详细阐述了欧尔班向右翼的转变以及在右翼思想主导下对难民问题采取的坚决反对态度，认为这反映了其试图成为"欧洲新领导人之一"的野心。

极右思想的形成

欧尔班高中毕业后，在军队里待了一年，就进入了布达佩斯的毕博伊什特万学院。在那里，欧尔班、福多和他们的一些朋友成立了青年民主党联盟，后来他们将这个改革派青年组织称为"青民盟"。青民盟是一个由年轻异见人士组成的自由党，成员年龄不得超过 35 岁，主张外国投资和私有化。在 1988 年的匈牙利选举中，青民盟在议会中赢得了 22 个席位，欧尔班也顺势成了

---

〔1〕 Elisabeth Zerofsky, "Viktor Orbán's Far-Right Vision for Europe", *The New Yorker*, January 14, 2019，载 https://www.newyorker.com/magazine/2019/01/14/viktor-orbans-far-right-vision-for-europe，最后访问日期：2020 年 3 月 5 日。

国会议员。在之后一场关于其是否应该与其他自由团体结盟的党内争论之后，欧尔班开始反思权力的基础问题。他曾向一名顾问透露，报纸和广播电台是建立一个有效的政治机构所必需的，在没有通讯网络的情况下，他感到"一丝不挂"。他还说，另一个缺失的因素是与商业利益的密切联系。欧尔班坚持认为，政治家应该有 8 到 10 个"大资本家"，而他们显然是"我们的人民"。

青民盟在 1998 年赢得议会多数席位，35 岁的欧尔班成了总理。他让盟友掌管国家媒体，并向家族成员和朋友领导的公司发放利润丰厚的合同——这是后共产主义世界的普遍模式。

2010 年之后的几年里，欧尔班通过了数千页的法律。他对外国公司征税，结束了匈牙利公私混合的养老金制度，将大约 120 亿美元的资产收归国有，削减了几乎一半的议员人数。欧尔班还开始了"建立国内企业家集团"的进程——建立一个富有的盟友圈子，控制着银行、国有企业、基金会、公共工程合同和媒体。

对于欧尔班向右翼的转变，普林斯顿政治学家扬·沃纳·穆勒写道："当然，选举将继续在匈牙利举行，欧尔班的反对者将被允许在布达佩斯继续示威，批评的声音也将在媒体的某处找到一席之地。然而，真正转手的力量变得越来越不可能。"

"我们不是难民国家"

直到 2015 年，匈牙利每年会收到大约三千份庇护申请。那一年，成千上万的人，大部分来自伊拉克、叙利亚、阿富汗，从土耳其逃难，途经保加利亚，再到塞尔维亚和克罗地亚，并在那里试图越过匈牙利边境进入欧盟。他们中的许多人想要前往德国。德国总理安格拉·默克尔（Angela Merkel）宣称"我们能做到"，并欢迎一百万难民。但匈牙利是一个比德国更小、更穷的国家，对于在边境地区通过火车和公共汽车继续前进的混乱人群，匈牙利没有做好应对的准备。2015 年夏天，欧尔班政府开始沿着匈牙利与塞尔维亚和克罗地亚的边境修建围栏，基本上阻止了移民进入匈牙利。《明镜周刊》（Der

Spiegel) 也称欧尔班是移民危机的"政治胜利者"。

对索罗斯的"恩将仇报"

乔治·索罗斯（George Soros），美籍匈牙利裔金融家，他曾在 1984 年建立了一个基金会，以促进匈牙利的民主活动。欧尔班的青民盟成立初期曾得到过索罗斯的支持。

2004 年，索罗斯因公开反对伊拉克战争，并向民主党阵营捐款誓要打败小布什而引起了美国右翼的注意。自此，对索罗斯"可疑的道德"的诋毁便层出不穷。

在匈牙利，索罗斯已经成为移民威胁的代名词，青民盟的政客们每天都在批评索罗斯的邪恶意图，甚至不惜造谣抹黑。欧尔班在纪念 1848 年匈牙利起义反抗奥地利帝国的革命周年的演讲中说："我们不需要对抗弱小的反对党，而是需要对抗一个帝国般的国际网络。"他说，这个帝国包括"一系列由国际投机者资助、以乔治·索罗斯的名义来概括和体现的非政府组织"。

最近几个月，匈牙利议会通过了一系列针对移民的措施，其中包括"阻止索罗斯"法（Stop Soros bill）。该法规定，为许多申请庇护或居留许可的人提供帮助属于刑事犯罪。另一项措施是对参与任何"宣传"以"促进"移民的组织征税。简单地说，这些变化意味着任何与移民相关的工作都是非法的。

诚惶诚恐的难民

塞格德，位于匈牙利、罗马尼亚和塞尔维亚的交汇处。现在，其市中心距离匈牙利与塞尔维亚边境 13 英尺高的铁丝栅栏大约有 20 分钟的车。栅栏由无人机和士兵监控，配有热传感器和扩音器，并用英语、阿拉伯语和波斯语发出严重警告，称试图越境是犯罪行为。

从匈牙利赫尔辛基委员会的资料可知，在过去一年中，大约有 3400 人获准申请庇护，其中 156 人获得难民地位。另有 1100 人得到了较少保护。即使对一个只有一千万居民的国家来说，这些数字也是微不足道的。青年民主联盟议员、有一半罗姆血统的利维娅·雅洛卡（Lívia Járóka）经常被该党当作保护少数族裔的证明。当被问到有关匈牙利难民政策的问题时，雅洛卡表示，匈牙利不希望像法国那样，在郊区建立贫民区。匈牙利没有引入数以千计的难民，而是专注于使其现有人口融入社会。

而16岁的库尔德人扎娜·哈纳菲（Zana Hanafi）则这样描述她的难民生活：2014年竞选活动进行时，她的妹妹哭着回家，因为学校挂了一张大海报，上面写着"不要难民"。"他们强迫孩子们相信难民是不好的，难民是危险的，让他们不喜欢来自其他地方的人。"

"自由民主之外还有另一种选择：那就是基督教民主"

欧尔班对西方自由主义提出了批评：一个人可以做任何他想做的事情，只要不侵犯他人的自由，这种想法导致的不是正义，而是强者统治弱者。他说："匈牙利不仅仅是个人的团队，更是一个必须组织起来的团体。因此，从这个意义上说，我们在匈牙利建立的新国家是一个不自由的国家，一个没有自由的国家。"

四年后，欧尔班改进了他的想法。他在今年夏天的会议上表示："自由民主之外还有另一种选择：那就是基督教民主。我们必须证明，自由派精英可以被基督教民主精英所取代。"欧尔班做了一些澄清。他说："自由民主倾向于多元文化，而基督教民主则优先考虑基督教文化。自由民主是支持移民的，而基督教民主则是反对移民的。"

对于欧洲各地的极右翼甚至主流右翼运动来说，欧尔班的演讲相当于某种宣言。由一群年轻知识分子与马琳·勒庞（Marine Le Pen'）颇受欢迎的侄女马里恩·马里查（Marion Maréchal）联合创办的法国杂志的最近一期的主题是"太阳从东方升起"（the Sun Rising in the East），其中包括对欧尔班统治下的匈牙利的一项长期调查，称赞他"重新创造了基督教民主"。并且，那个圈子的成员还前往布达佩斯向青民盟学习。

而在2014年的演讲中，欧尔班用谦逊但又透露出一丝傲慢的语气结束了演讲："我必须告诉你们的是，对于一个身居如此高位的人来说，有关未来的话听起来可能太少了。未来的本质是任何事情都可能发生。很难给‘任何事情’下定义。”

（编译/蒋涵智）

极右翼阴谋理论如何成为主流思想

[编者按] 安德鲁·布朗于 2019 年 8 月 16 日在《卫报》发表《欧拉伯迷思：极右翼阴谋理论如何成为主流思想》一文。[1] 文章开篇提出以下问题：反伊斯兰意识形态曾是一个模糊的概念，局限于互联网的黑暗角落，如今在西方的日常政治中随处可见，这是如何发生的？随后，文章介绍了这种名为欧拉伯的思想，即欧洲的阿拉伯化，认为自由主义者将自己的城市交给了伊斯兰和穆斯林。在穆斯林与欧洲社会频繁冲突的背景下，本文回顾了欧洲对于穆斯林的思想演变进程，包括在其中扮演重要角色的福尔德曼、吉赛尔·利特曼等人的思想和经历。

恐怖袭击背后的欧拉伯思想

恐怖袭击的背后是欧拉伯思想的影响，该思想逐渐影响日常政治。2011年 7 月对奥斯陆市中心发动恐怖袭击的人为白人至上主义者安德斯·贝林·布雷维克，他表示自己的行为受到了"维也纳之门"的影响。"维也纳之门"是首批"9·11"恐怖袭击后敦促美国发起战争的博客之一，是最狂热的反穆斯林组织。"维也纳之门"这个名字源于 1683 年奥斯曼土耳其军队被波兰军队击败时对维也纳的围攻，意指欧洲及其文明仍在不断受到穆斯林入侵的威胁。作者认为，欧拉伯迷思源于"维也纳之门"，与当代伊斯兰恐惧症有关，它常常描述：自由派阴谋集团与敌对的穆斯林势力合谋，把劳动人民交给伊

---

[1] Andrew Brown, "The Myth of Eurabia: How a Far-Right Conspiracy Theory Went Mainstream", *The Guardian*, April, 2019.

斯兰教。"欧拉伯"的概念曾经仅活动于互联网的个别角落，如今在美国、澳大利亚和欧洲大部分地区的日常政治中显现。精英阶层合谋将穆斯林移民推入本国人口，这种观念传播开来，也是阴谋论。作者认为，这揭示了半真半假的危险性，而半真半假不仅比真理更有力，往往也比谎言更有力。

伊斯兰与西方的文化冲突

"欧拉伯"主张欧洲将屈从于伊斯兰统治，该思想认为伊斯兰和西方之间存在冲突。欧拉伯一词产生于 20 世纪 70 年代，吉赛尔·利特曼让该词重现于世，其书描述了"欧洲从一个有着重要的后启蒙世俗元素的犹太基督教文明，发展成一个屈从于圣战意识形态和传播圣战的伊斯兰强国的后犹太基督教文明"。她向《国土报》解释了她对欧洲的展望。"我们现在正走向欧洲的全面变革，欧洲将越来越伊斯兰化，并将成为阿拉伯和穆斯林世界的政治卫星。"作者认为，欧拉伯阴谋很大程度上吸引了那些长期以来认为伊斯兰教和犹太基督教西方之间存在冲突的人，这些人是欧拉伯的早期支持者，绝大多数属于美国右翼，但他们的观点并非欧洲主流观点。

伊斯兰教与人口增长

另一种观点为"大置换"，从种族主义思想演变为反伊斯兰教，背后的依据是伊斯兰人口的出生率比欧洲高。对于那些不那么关心政治的欧洲人而言，"大置换"的观点更为普遍，它与全球移民有关。"大置换"源于 20 世纪 70 年代一部公然带有种族主义色彩的法国小说《圣徒的营地》。该书认为，西方文明只有愿意屠杀可怜的棕色人种，才能得到拯救。随着伊斯兰教作为一股全球性力量的崛起，圣徒营赤裸裸的种族主义问题得以被重新审视。如果带来威胁的人群来自某些宗教而非某些有色人种，那么憎恶这些人代表的是理智，而非种族主义。作者认为，这一观念背后依仗的是欧洲人口缩减这一半真半假的真理，与之相对的地区是有较高出生率的撒哈拉以南的非洲和南亚。例如 2002 年，俄罗斯和巴基斯坦都有大约 1.45 亿人口；到了 2017 年，俄罗斯人口为 1.44 亿，巴基斯坦人口则为 2 亿。

民粹主义眼中的伊斯兰

仇外民粹主义世界观的下一个发展阶段是将这两种说法融合，使伊斯兰教和穆斯林既成为阴谋，又成为人口威胁。"9·11"事件后，新无神论运动兴起，它对伊斯兰教充满敌意。新无神论者倾向于认为，伊斯兰教是一种更糟糕、更"宗教"的宗教。欧拉伯信仰引发反圣战运动，其中有人描述出穆斯林移民的危险，呈现穆斯林人口比例比欧洲人口高且有人直接发动恐怖袭击。对恐怖主义的担忧被纳入对人口结构和旧秩序地位的担忧之中。伊斯兰恐怖分子和反圣战信徒均有着双重心情，一方面自豪感曾受伤，另一方面是欣喜于加入具有全球启示意义的运动中以及获得在友谊团体中的存在感。对几乎所有人来说，这是一个感到尊严受损以及对自己地位感到忧虑的世纪。

有迹象表明，最初的欧拉伯阵线已经分裂，普遍反对移民的人员开始与那些特别憎恨穆斯林的人员分离。自从布雷维克的大屠杀后，其反对伊斯兰的观念变得更加广泛，并已经蔓延到所有欧洲国家的政治中。作者列举了今年 5 月欧洲大选竞选活动中的例子：在德国极右翼政党选择党张贴的海报上，一名裸体白人女性被戴着阿拉伯头巾的深色肤色男性抓挠，有一个人把手指塞进了她那毫无抵抗的嘴里。标题写道："欧洲人，投票支持德国极右翼政党选择党，这样欧洲就永远不会成为'欧拉伯'。"

最后，作者发问：这种情况下，孰输孰赢？上周，年轻的挪威人菲利浦·曼修斯为模仿布雷维克，向清真寺内的人群开枪。他被手无寸铁的 65 岁穆斯林穆罕默德·拉菲克按倒在地，直到警察赶到。在"维也纳之门"的博客上，这一事件被认为不值一提。相反，它的忠实读者被告知，瑞典最近爆发的动物虐待事件是穆斯林造成的。

（编译/周孟瑶）

法国极右翼运动兴起的根源

[编者按] 2019 年 5 月 26 日，欧洲议会举行了选举，这一选举的结果揭示了极右翼势力在法国的兴起，而这一兴起有其悠久的历史根源，给法国带来了两大政治影响。具体来说有以下几点：首先，此次选举表明，马琳·勒庞领导的国民联盟党与马克龙领导的前进党的双寡头政治局面取代了传统的社会党和共和党的对立格局，国民联盟党的兴起得益于对欧洲一体化的反对。其次，关于欧洲一体化的争议早已有之，左派与右派均有反对欧洲一体化的声音。1992 年《马斯特里赫特条约》公投与 2005 年《欧洲宪法》公投中欧洲问题分裂了法国选民，更加促使极右翼势力与反欧洲一体化的情绪结合起来从而扩大影响力。最后，欧洲议会选举给法国政治带来两点影响，一是非执政党可以通过欧洲议会获得影响力，二是进一步激化了欧洲怀疑论。本文由法国蒙彼利埃大学助理教授伊曼纽尔·鲁昂加特与巴黎作家科林·金尼伯格于 2019 年 6 月 4 日合作发表于《异见》杂志。[1]

法国极右翼政党的兴起

2019 年 5 月 26 日，欧洲议会的选举结果进一步揭示了欧洲大陆面临的前所未有的困境。对于法国来说，欧洲议会选举带来了两个方面的影响。一方面，这标志着法国新的双寡头政治格局进一步巩固；另一方面，这一投票结

---

[1] Emmanuelle Regungoat, Colin Kinniburgh, "The Roots of the French Far Right's Rise", *Dissent*, June 4, 2019, 载 https://www.dissentmagazine.org/online_ articles/the-roots-of-the-french-far-right's-rise，最后访问日期：2020 年 2 月 29 日。

果还有可能进一步引发法国国内支持欧洲一体化与反对欧洲一体化双方之间的对立。

一方面，就法国国内政治格局而言，旧的两党格局已经不复存在。首先，本次选举表明传统的第五共和国中社会党与共和党对立的政治格局已经被马琳·勒庞领导的国民联盟党与法国总统埃马纽埃尔·马克龙领导的前进党双寡头政治格局所取代。传统的社会党与共和党惨遭选民抛弃，共和党的支持率跌至 8.4% 的历史新低。而社会党通过获得公共广场党的支持，才能够取得6.2% 的支持率，从而避免从欧洲政治版图上消失。其次，这一新的两党格局是法国总统与极右翼领导人共同促成的。早在 2017 年，也就是旧的两党格局崩溃之时，新的两党就有了初次较量。两位领导人将欧洲议会选举视为第二次"进步主义者与民族主义者"（马克龙术语）/"全球化者与爱国者"（勒庞术语）之间的重新较量。最后，如果不考虑欧洲议会选举这一特殊的背景，法国极右翼政党国民联盟党依然是值得重视的力量。自从 2017 年勒庞在法国总统第二轮选举中失败之后，她便将国民联盟党重新命名为国民阵线党，与其他仇外的标志人物如意大利的马特奥·萨维尼进行战术联盟，这一联盟为勒庞在国内开展运动获得了国际力量的支持。自 1994 年以来，法国选民的投票率在 2019 年达到了最高点。所有这些迹象都表明，国民联盟党具有不一般的政治考量。

另一方面，要避免此次投票结果引发法国国内欧洲一体化的支持者与反对者之间的进一步对立，而这一对立的根源是欧洲议会选举本身的结构。几十年来，无论对于排外的右派还是反资本主义的左派来说，欧洲一体化的支持者与反对者之间的斗争都是常态，给法国政党带来了分裂与重组。以国民联盟党为代表的右翼政党希望看到这一冲突，而社会党等左翼政党则不希望看到这一冲突。在 2019 年 5 月 26 日的选举中，左翼政党只获得了 18% 的选票，如果算上绿党，得票率为 32%。

法国关于欧洲一体化的争议历史

法国关于欧洲一体化的争议可能是欧盟成员国中最早的。我们可以通过时至今日仍在发挥影响力的三大历史事件来回顾这一争议。第一，在 20 世纪

50 年代，当时的两大主要政党都对处在萌芽状态的欧盟表示反对。在左翼共产主义者看来，这种反对来自于冷战时期对美国干涉的敌意，以及对法国政府革命遗产的捍卫，后者被认为是再分配计划的基石。在右派戴高乐主义者看来，这种反对表达了对法国国家主权被侵蚀的担忧。第二，1954 年发生了被法国知识分子雷蒙德·阿隆称为"自德莱弗斯事件以来法国所知的最大的意识形态政治争论"，即关于建立欧洲防务共同体的辩论，这场辩论在法国全国范围内开展。这一倡议在法国议会中被多数否决。第三，追溯到 18 世纪，当时法国在国际事务中具有强大的国际地位，它的殖民帝国及其高度集权的雅各宾国家权力模式，助长了反对联邦制或其他外来强加制度的各种想法。法国的集体记忆和国家认同比它那些经历过独裁统治的邻国（最引人注目的是德国和西班牙，还有其他中欧和东欧国家）受到的争议要小得多，因此法国能够把自己想象成一个独立的国家，一个其民主制度不需要国际合法性的国家。

欧洲问题对法国政治的影响起源于两次全民公决，这两次全民公决分裂了法国选民，近 70% 的法国选民参加了这两次全民公投，其后投票率一直降低，直到 2019 年才突破了 50%。第一次是 1992 年的《马斯特里赫特条约》公投。这次公投一方面加剧了欧盟支持者与反对者之间的对立，另一方面助长了极右翼主义者的爆发。

一方面，关于欧盟的争论更为激烈了。这次由时任法国总统索瓦·密特朗决定的公投导致了右翼中的商业保守主义者与致力于福利国家的戴高乐主义者的分裂，前者可以从欧盟的自由贸易和超国家公民之中受益。极右翼主义在这一分裂中开始爆发，到了 20 世纪 90 年代，民族主义者进一步推动了这一爆发。与此同时，以前内政部长查尔斯·帕斯卡等主要政治人物为领导的反欧盟分裂政党也开始激增。左翼之中也存在着反对欧盟的声音，在 1989 年后的复兴时期，共产党、托洛茨基组织以及十年后的让-卢克·梅伦钦（在 2008 年发起自己的政治运动之前代表社会党左翼）再次提出了这一批评。

另一方面，从本次公投中，国民联盟党看到了将民族主义、反移民计划与反欧盟情绪捆绑在一起的机会。1994 年，该党打着反对欧洲《马斯特里赫特条约》的旗号，竞选欧洲议会议员。接下来的十年里，在 2003 年选举改革的帮助下，国民阵线党被认为是反对欧盟的主要力量。

第二次是 2005 年欧盟新签署的《宪法条约》公投。法国以 55% 对 45% 的选票否决了 2005 年的条约，但这并没有改变欧盟的方向。左翼反对欧盟的浪潮在此刻达到了高峰，他们谴责该条约为新自由主义和反民主。在雅克·希拉克的领导下，社会党人也变得不稳定且分裂，法国左翼留下的伤疤在 2019 年 5 月 26 日破裂的左翼选举中体现得太明显了。此次公投将对欧盟的批评推到了主流地位。到 2009 年欧洲大选时，几乎所有的法国主要政党都在呼吁"另一个欧洲"。社会党和保守党虽然没有付诸实践，但是都接受了"另一种全球化"运动的口号。反对欧盟逐渐占据了思想上风，2008 年的经济危机、英国脱欧以及极右翼势力的崛起只会加剧这一趋势，这一趋势使得马克龙在用"政治开放"来为欧盟辩护的同时，也在呼吁推动欧盟改革。

欧洲争议对法国政治的影响

欧洲议会选举对法国政治产生了两点影响。第一，这一选举为非执政党提供了有影响力的平台。由于欧洲议会选举采用比例代表制，因此，其不同于国内选举，欧盟的选举对外部人士开放。非执政党通过欧洲议会获得影响力来瓦解国家政治秩序，这对于法国绿党（2019 年 5 月 26 日选举中绿党以 13.5% 位居第三）、部分左派、国民联盟党来说都是如此。尤其对于国民联盟党来说，从 1984 年至 2014 年，该党所有的领导人都担任欧洲议会议员，欧洲移民问题也是该党最重要的议题之一，勒庞曾经警告，大规模移民将"稀释"法国人民。

第二，欧洲议会选举激发了欧盟怀疑论浪潮。当 2014 年国民联盟党以 25% 的支持率赢得欧洲选票时，主流媒体就开始发出怀疑欧盟的声音，围绕着国民联盟党的投票也更为集中，这就证明，反对欧盟的潜在力量确实存在。因此，今年欧洲选举中极右翼势力的兴起，如国民联盟党利用欧洲议会选举来作为跳板，反映着历史趋势发展的连续性，更引发了关于欧洲选举的重大政治辩论。这一辩论主要包括民族国家的地位、民主机制、自由市场与集体认同。但欧盟并未进行改革，原有的悖论将继续存在，欧盟还是国家领导人的舞台，而非有意义的民主论坛。

（编译/李月）

自由主义神话在东欧的破灭

[编者按] 1989 年的"苏东"剧变是现代国际关系史上重要的分水岭，中东欧国家制度自此由社会主义制度迅速倒向以自由主义为主导价值的西式资本主义制度。30 年后，当年的革命者曾经许诺的美好未来却并未成为现实，贫富分化、社会撕裂、人口流失、难民危机愈演愈烈，各类非自由主义政党乘势崛起。在自由主义之光日渐黯淡的当下，维也纳人文社会科学院研究员伊万·克拉斯蒂夫和纽约大学法学院教授斯蒂芬·霍姆斯的合著《沉思录：黯淡的光》(*The Light That Failed: A Reckoning*) 详细分析了西式自由主义在中东欧地区失败的来龙去脉。本文摘编自该书，并于 2019 年 10 月 24 日首发在英国《卫报》官网[1]。两位作者主张，替代方案的缺失、贫富分化的加剧和全面抄袭西方引发的主体性的丧失等因素最终导致了民粹主义的反噬。持续多年的中东欧人口向西欧移民的趋势放缓了，转而被中东欧人民对难民的排斥与恐惧所代替。民粹主义政客们借机宣称，他们不仅要放弃模仿西方的自由主义，还要恢复自己的民族主体性，让他们成为西欧的学习榜样。

20 世纪 90 年代初，后共产主义时代的东欧各国民众对未来感到乐观并充满期待然而又不无担忧。他们期待在 10 年之内过上和维也纳人、伦敦人一样的生活，但 30 年后的现实却正如匈牙利社会学家埃里梅·汉吉斯所言："人们突然发觉，不久之后贫富阶层分化即将形成，权力格局将尘埃落定，边缘

---

[1] Ivan Krastev and Stephen Holmes, "How Liberalism Became 'The God That Failed' in Eastern Europe", *The Guardian*, October 24, 2019, 载 https://www.theguardian.com/world/2019/oct/24/western-liberalism-failed-post-communist-eastern-europe, 最后访问日期：2020 年 2 月 20 日。

与中心的界限将变得明晰，权势与弱势的命运将从此注定。"现在的东欧变得更富裕了，却充满了愤恨的情绪。资本主义的未来确已到来，但其收益与代价却不对等，甚至存在严重的偏离。对于东欧国家经历过第二次世界大战的那一代人而言，共产主义是一尊"失败的神"，但对东欧的当代人而言，失败的神却成了自由主义。

1990 年代至今，自由主义在东欧前共产主义国家经历了一个被捧上神坛又重重跌落神坛的过程。"苏东"剧变时，赶超西方的理想被赋予了一系列名字：美国化、欧洲化、民主化、自由化、扩大化、一体化、和谐化、全球化，等等。这些词透露出两层意思：通过模仿实现现代化，以及通过同化实现一体化。从模仿西方这个意义上而言，中东欧国家的表现显然是可圈可点的。自由民主主义现已成为中东欧国家一种全新的、不可回避的正统，没有人会否认模仿西方的价值观、立场、制度与实践是必不可少的。政府多元主义、透明政府以及对外国人、异见者和少数群体的包容等西方理念都在这里一一实现了。

三十年后，模仿西方却并未带来理想中的美好生活。苏联军队撤出中东欧时，对西方模式的热切照搬起初看起来像是解放。但加入欧盟二十多年来，东欧的社会不平等程度日益加剧，腐败深入社会肌体，公共财富被少数人肆意侵吞，自由主义的愿景已黯淡无光。2008 年经济危机进一步加深了人们对商务精英和几乎摧毁世界金融秩序的赌场资本主义的不信任感。受过西方训练的经济学家仍在继续模仿美式资本主义模式，从而使局面进一步恶化。这种巨大的幻灭感逐渐催生出熊熊燃烧的愤怒之火，非自由主义政客（特别是民粹主义者）乘势崛起，在匈牙利和波兰，他们甚至已经开始掌权。

理解民粹主义需要研究四个要素："人民"、"精英"、"民主"和"他者"。东欧的现实状况恰好满足这四个要素的存在条件，因而为民粹主义情绪的滋长提供了绝佳的土壤。当年东欧的改革精英们想努力照搬一种更加优越的模式，然而最多只是达到拙劣的抄袭，最终引发了人民的羞辱感。他们誓要保卫本土文化，复兴被弊病百出的西式文化所窒息的"纯正"民族传统。更严重的是，自由主义精英们不仅无法解决东欧面临的社会问题，还傲慢地宣称"别无他法"，即西方政治经济模式是人类的未来。这种自负的论断在今天引起了民意的反噬，激发了证明替代模式存在的反叛性情绪。以德国极右翼政党即德国选择党（AfD）为例，其命名正是为了回应默克尔所谓的货币政策是"别无选择"的说法。

东欧民粹主义者认为，腐败的精英们不仅无法将理想中的生活带给"人民"，更严重的是，"人民"这一主体正在面临自身固有的危机和来自"他者"（主要指穆斯林移民）的威胁。首先，当"西方化"并未如魔法般降临时，一种替代性方案逐渐获得认可，那就是拖家带口地向西欧移民。在波兰这样的国家，向西欧移民曾经意味着叛国，冷战之后所谓的叛国便失去了意义，毕竟一场将其目标定义为"西方化"的革命不可能再阻止人们向西移民。一个在德国可以养家糊口的青年波兰人或匈牙利人，为什么要等待他们的国家有一天变得像德国一样？于是中东欧地区的民主转型基本上变成了一场大规模的向西迁徙。1989 年至 2017 年间，拉脱维亚的人口下降了 27%，立陶宛人口下降了 22.5%，保加利亚人口则下降了 21%。在罗马尼亚，占到 40 岁以下人口大多数的 340 万年轻人在罗马尼亚 2007 年加入欧盟后便离开了祖国。人口老龄化、低生育率和源源不断的移民毫无疑问地引发了中东欧地区的人口恐慌。2008-2009 年，因金融危机而离开中东欧国家的人数实际上多于因叙利亚战争而逃入该地区的难民数量。

2015 年以来的难民危机更是为民粹主义政党的崛起提供了机会。对大规模人口流失的担忧和对中东难民流入的恐惧，这两种看似矛盾的情绪实则是民粹主义的一体两面。人口流失使民族主体面临消失的危险，而中东难民同样会威胁东欧地区的文化传统，于是人们将他们曾经切身体会过的人口流失之痛迁移到了中东难民身上。因此，最近三十年里饱受严重人口流失摧残的欧洲国家，也是最偏向极右翼政党的国家。

波兰和匈牙利的民粹主义者似乎将西方的难民危机看作是东方借机进行自我宣传的机会。只有当西方失去其吸引力时，公民才会停止移民于西方。批评西方并称其制度为"不值得模仿"，可以解释为是因愤恨而生的一种想象出来的复仇。但这也给政府的头号政策目标带来了额外收益，那就是遏制移民趋势。民粹主义者们怒斥西欧人对待非洲人和中东人的方式，但他们实际上是在指责欧洲向中东欧人敞开大门会剥夺这一地区的智力资源。

民粹主义者的愤怒主要不是指向文化多元主义的，而是更多地指向个人主义和普世主义。如果接受它的话，则意味着打着个人主义和普世主义的旗号来抛弃文化多元主义将起不到抑制民粹主义的作用。对中东欧的非自由主义民主党人来说，对占据欧洲人主体的基督徒白人最严峻的威胁是西方社会无法有效保护自身。他们无法保护自己是因为占据统治地位的个人主义和普世主义将他们的双眼蒙蔽了，让他们看不见他们正面临的威胁。

非自由主义民主制主张开启民智。如果1990年自由主义的共识是个人的宪法和法律权利，那么今日反自由主义的共识则是处于危险之中的基督徒白人主体正面临灭顶之灾。这些政党主张，如果要将危如累卵的白人主体的统治从欧盟与非洲的卑鄙阴谋中解救出来，欧洲人需要将自由主义强加给他们的羸弱的个人主义和普世主义，替换为强有力的身份政治和他们自己的族群特殊论。这正是匈牙利总理欧尔班（Victor Orbán）和波兰法律与正义党（PiS）领袖加罗斯洛·卡克辛斯基（Jarosław Kaczyński）用来煽动国民的排外民族主义的逻辑。

中东欧民粹主义者对西方自由主义的终极报复并不仅仅是为了拒绝模仿西方，更是为了把形势逆转过来。欧尔班和卡克辛斯基反复强调，他们才是真正的欧洲人，如果西欧想拯救自己就必须模仿东欧。正如欧尔班在2017年7月的一次演讲中所说："在27年前的中欧，我们相信欧洲是我们的未来，但现在我们认为，我们才是欧洲的未来。"

（编译/段阳蕃）

资本主义及其不满

[**编者按**]　2008 年全球性金融危机之后，对于现代资本主义的缺陷及应当如何改革的讨论越来越多。美国哥伦比亚大学教授约瑟夫·F. 斯蒂格利茨于 2019 年 6 月 4 日在《泰晤士报文学增刊》发表《资本主义及其不满》[1] 一文，认为 2008 年的金融危机证明现代的资本主义存在着根本性的错误。文中，作者通过对保罗·科利尔（Paul Collier）的《资本主义的未来：面对新的焦虑》（*The Future of Capitalism：Facing the New Anxieties*）、弗雷德·L. 布洛克（Fred L. Block）的《资本主义：梦幻的未来》（*Capitalism：The Future of an Illusion*）和罗伯特·斯基德尔斯基（Robert Skidelsky）的《金钱与政府：主流经济学面临的挑战》（*Money and Government：A Challenge to Mainstream Economics*）三本著作的介绍与分析，认为鉴于现代资本主义制度存在的问题，应当对现代资本主义进行改正，而对此除了利益能起作用，思想力量的作用也很关键。国家应当采取更多的手段来承担公共职能，从而处理好经济和权力之间的关系。

资本主义的根本性错误

当代的资本主义存在着根本性的错误。2008 年全球金融危机显示，现有的系统并不高效也不稳定。考虑到过去十年中错误的金融政策造成的破坏，人们能够合理地预见到经济学界的革命类似于大萧条发生之后的凯恩斯主义

---

〔1〕　Joseph E. Stiglitz, "Capitalism and Its Discontents", *The Times Literary Supplement*, June 4, 2019, 载 https：//www.the-tls.co.uk/articles/capitalism-ethical-economics-joseph-stiglitz/，最后访问日期：2020 年 2 月 28 日。

革命。但是人们往往都会忘记，在 20 世纪 30 年代，在经济陷入更糟糕的萧条的情况下，美国和英国的许多经济学家仍然在坚持自由放任主义（laissez-faire），不愿意遵循凯恩斯开出的处方，对政府过度干预存在意识形态上的恐惧。

与经济危机相伴随的是民主危机和环境危机。由于经济过程脱离了民主控制，政治已经变成少数有钱人谋利的游戏。而资本主义对过度消费的追求，破坏了自然环境，造成了气候灾难。

过度市场化是理论根源

这三本书都突出了思想之战的作用，解释了从里根和撒切尔时代开始，错误的理论是如何赢得胜利的。在没有政府约束的情况下，富裕而强大的国家塑造了资本主义，使自己获得优势，破坏竞争，剥削他人，最终破坏了资本主义制度本身。亚当·斯密认识到了这一点，但是后来的追随者却常常忘记这个事实。

自由放任主义迷信市场的力量，认为资本主义可以带来奇迹般的、永无止境的经济增长，并且每个人都可以从中受益，或者是只要政府不干预它的运作，每个人就都可以从中受益。但是，这个笼统的术语所有潜在的前提都是错误的，因为没有哪个现代经济体拥有一个在真空中运作的私营部门。政府是必然存在的，其制定相关规则和条例，执行贸易标准，支持银行体系并稳定市场经济。事实也证明，那些放松管制、私有化和全球化将给所有国家的大多数公民带来福祉的论调大错特错。

通过政治手段建立道德的资本主义

现代资本主义的核心是灾难性的道德缺失，因此应当建立道德家庭、道德公司和道德全球化，实现道德的资本主义。

但作者认为，这种资本主义不会自然产生，也不会通过企业履行社会责任实现，而只能通过政治才能创造。作者指出，要想实现道德的资本主义，需要一个尊重民主价值观基本原则的道德的政治。这意味着摆脱由少数有钱人控制政治的局面，建立健康的公共职能，通过社会组织、法治、民主和制衡制度，纠正自私的资本主义制度带来的灾难。

作者最后认为，这一路径的实现需要在渐进主义和暴力革命之间找到一条合适的道路。经济和权力关系的根本变化是可能的，也是紧迫的。这是唯一能把资本主义从资本主义本身和那些不知不觉摧毁它的资本家手中拯救出来的方法。

（编译/池芷欣 吴彤）

富人的社会主义：不良经济学的罪恶

[**编者按**]　21 世纪，社会发展遭遇到最困难的挑战。社会不平等的局面日益加剧社会分裂，而政府试图通过调整税收政策的方式缓和社会矛盾的努力也不见成效。许多人认为，社会不平等的根源来自于财富分配天然的不平等。本文[1]节选自乔纳森·奥尔德雷德的著作《政府许可下的作恶：经济学如何腐蚀社会》（*Licence to be Bad: How Economics Corrupted Us*）。他指出，如今社会的大多数不平等状况并非不可避免。实际上，人们对"不平等"存在着一些错误观念，认为通过辛勤劳动或者督促政府减免税收即可缓解社会矛盾、消除不平等。然而，作者指出，正是这些观念助长了社会不平等。因此，人民应当破除迷信，坚定消灭不平等的信念，最终才能迎来期望的结果。

社会不平等并非不可避免

在大多数发达国家，社会不平等现象急剧增加，并且已经持续了一段时间。许多人认为这是一个社会问题，但也有很多人觉得，我们对这一状况无能为力。毕竟，经济学理论称，全球化与新技术的发展可以使拥有高价值技术或能力的人获得巨大利益。因此，不平等现象的增加是必然的。通过再分配税收缓解不平等局面恐怕无法成功，因为富人们可以将财富存储到避税区。但征收重税的确会对富人造成冲击，它会阻碍社会创造财富的进程，所以最

---

〔1〕　Jonathan Aldred, "'Socialism for the Rich': The Evils of Bad Economics", *The Guardian*, June 6, 2019，载 https://www.theguardian.com/inequality/2019/jun/06/socialism-for-the-rich-the-evils-of-bad-economics，最后访问日期：2020 年 3 月 5 日。

终我们都会越来越穷。

事实上，调查数据并未支持那些声称在全球化经济中不平等不可避免的经济学理论。20 世纪 80 年代以来，一些国家经历了社会不平等现象的急剧增加（如美国与英国）；另一些国家社会不平等现象的增加幅度则小了许多（如加拿大、日本、意大利）；而其他国家中，不平等现象则处于平稳状态，或者有所下降（如法国、比利时、匈牙利等）。因此，不平等现象的增加并非不可避免。而且，一个国家中不平等状况并不能仅取决于全球经济力量的状况。因为尽管发达国家都受到这种经济力量的影响，但每个国家所经历的不平等状况是不一样的。

作者认为，不平等的状况在未来也不会缓解的原因在于人们对不平等存在错误观念。除非我们能够破除现有的固执想法，否则我们不得不接受某些人收入并非其劳动所得的现状，也不得不接受他们所缴的税也并非来自他们所得。

错误观念之一：过于信任劳动之付出即所得

不平等状况得不到丝毫缓解的一个关键原因在于，我们毫不重视运气在成功路上的贡献。父母教育孩子，只要努力，一切尽可获得。这是一个弥天大谎，但我们也有很好的理由为其辩护：毕竟，如果你不尽力而为，大多数目标都不可能达到。

忽略运气因素可能使人感觉良好，并且容易让人觉得，他值得拥有成功为他带来的一切。高收入者会认为他们的付出与收入相匹配，因为他们很清楚他们付出了多少努力，克服了多少困难。

但这件事并非永远正确。付出与收入的匹配情况根据国情不同而有所变化。并且，当一个国家付出与收入不相匹配的情况越加明显时，相信自己的付出与收入相匹配的人反而会越多。欧洲人中，相信运气能带来高收入的人比美国多一倍。而美国人中，相信穷人因为懒而贫困，辛勤工作能带来更高质量生活的人比欧洲多一倍。

但事实是，美国与欧洲的穷人（社会群体中收入最低的 20% 的人）的年工作时数几乎相同。但在美国，经济机会以及阶级的流动性比欧洲要小很多。美国的阶级流动状况大多如此：贫困家庭的孩子多数贫困，正如身材高大的父母通常养育同样高大的孩子。且调查也显示出，人们对于阶级流动性过分乐观。

不平等反而加固了"劳动之付出即所得"的观念。心理学家指出，人们有驱动型的信仰。这种信仰满足了他们的心理需求。穷人在美国生存非常艰难，因为他们只拥有少量可怜的福利，却要面临高度的不平等。因此，美国人民更需要这种"付出—收获"的信仰抚慰内心。这些信仰驱使人们及他们的后代通过艰苦奋斗来摆脱贫困。而且，当人们对路边的乞讨者视而不见时，这种信仰会让人心里好受些。

如果美国梦或其他类似的如"每个人都有机会致富"等话语可以成为现实，那么社会应当呈现这样的面貌：高度不平等与高社会流动性并存（而这样才可称作公平）。然而，实际情况全然不同：面临高度不平等的人们却在说服自己这样是平等的。无需反对或抗争，我们只要努力即可。联合起来的无产者已不多见，处处都是"自助自救"的人。

错误观念之二：减少税收能够促进社会平等

减少税收使得社会不平等的状况更加恶化。高收入者从降税中获益，他们能用更多钱支援政治家。而一旦税收减免能够实现，高收入者则有更大动力提高自己的收入，因为他们的税后收入也会增加。

芝加哥大学经济学家亚瑟·拉弗（Arthur Laffer）曾指出，100%税率和0%税率一样，都不会增加收入，因为这时没人想要工作。逻辑上，在这两个极端数字之间一定存在一个税率能使税收收入最大化。这就是"拉弗曲线"（Laffer curve）和滴漏经济学的来源。拉弗表示，低于100%的税率可以提高政府税收收入，降低所得税率也可以提高政府收入。

里根深信于此，因此主导了税制改革。尽管对于里根税制改革的效果如何仍有争议（主要是对于不实行税制改革的美国经济将如何发展的问题仍有不同意见），但那些支持滴漏经济学的人们都认为，税制减免对于 GDP 产生了不利影响，也难以平衡税收收入减少所带来的负面影响。

拉弗曲线所反映的实现社会利益最大化的税收比率难以找到，而且这个数字背后的一切推测都是站不住脚的。从根源上看，如果低税率使得人们的税后收入提高，人们便会更加努力地工作。这一说法很有说服力，但实际上，税率降低的影响很小。如果所得税下降，很多人也无法投入更多时间工作。即使某些人可以通过更努力地工作提高收入，也没有证据证明，他们会工作更长时间或投入更多精力。他们甚至可能减少工作量：因为税后收入增加了，他们可以选择减少工作时长但同时能维持现有的收入水平。因此，税收减免一定促使人们投入更多时间工作、促进经济活力这一观点无论从社会共识抑或经济理论层面都缺乏支撑。

许多假设认为，如果实行税收减免，社会群体中收入在前1%者会受到激励，由此而获得的收入的增加也反映了经济生产力的增加，即蛋糕越做越大。但是一些经济学家，包括影响力巨大的托马斯·皮凯蒂（Thomas Piketty）均指出，20世纪80年代以来，即使经历税制改革，公司CEO和其他高管们也并未如预测所言创造更多财富。相反，他们通过减少对股东的分红以增加自己的收入，这导致了政府税收收入的减少。

坚定消灭社会不平等的信念才能促进社会平等

如今，社会整个文化生态系统都围绕着"税收即盗窃"的概念而演变，这可以从政客们谈论"花费纳税人的钱"或者活动家庆祝"税收自由日"时认识到。这种话语也存在于政治世界之外。税务经济学家、会计师和律师都认为，这是所谓的"税收负担"。

但是，人们希望直接获得税前收入的想法虽然显而易见，但却是错误的。首先，人们不能拥有未经过税收分配或独立于税收的收入，所有权是一种法定权利。其次，法律要求各种机构包括警察和法律系统能发挥作用。这些机构通过税收获得运转资金。税收和所有权是同时诞生的，缺一不可。

在现代世界中，所有的经济活动都体现了政府的影响。市场不可避免地由政府界定和塑造。"人们在政府出现之前就已经创造了收入"，这并非事实。

人们的收入部分反映出他所受的教育。人的出生情况和健康状况反映出他享有的医疗保健资源。即使医疗保健资源完全是由"私人"提供的，它也取决于医生和护士所受的教育，以及可使用的药物和其他技术。和所有其他商品和服务一样，我们拥有的教育、医疗资源依赖于经济和社会基础设施，包括运输网络、通信系统、能源供应和复杂事务的法律管理。总之，不可能将"你的"与政府所赋予或影响的东西完全隔离开来。

认为"税收即盗窃"的观点是倾向自我主义的结果，它孤立地看到一个人取得成功，却忽视了其父辈、现任同事和政府的贡献。低估政府的作用导致人们相信，如果你聪明而勤奋，那你不应该承受高税收，不应该为经常浪费的政府买单。在一个小政府、低税收的社会，优秀的人会活得更好。

我们今天在发达国家看到的大部分不平等更多地取决于政府做出的决定，而不是不可逆转的市场力量。这些决定可以改变。但是，我们必须首先坚定控制不平等的想法：我们必须将减少不平等作为政府政策和整个社会的中心目标。不平等最根深蒂固、自欺欺人和自我延续的理由是道德，而不是经济。

（编译/梁锐）

资本的符码：法律如何创造了财富和不平等

[编者按]　金融业的繁荣是经济发展的重要标志之一，但其过度膨胀却对经济健康发展有着明显的不利影响。近年来雷曼兄弟公司、伊斯曼柯达公司及玩具反斗城等老牌企业的倒闭便是这种不利影响的印证。在金融业的过度膨胀中，法律扮演了十分重要的角色——其授权将普通资产源源不断地转换为资本性资产，从而满足资产持有者对于货币收益的追求。这意味着，随时存在崩溃风险的全球金融体系实则是以法律结构为基础，而国家是否能比足以威胁其金融体系稳定性的银行更具偿付力，也因此成了一个严峻的问题。法律创制资本的功能及其引发的问题引发了许多学者的关注，哥伦比亚大学法学院教授卡塔琳娜·皮斯托便是其中之一。在2019年发表在新经济思维研究所官方网站的《为私人资本编码》[1]一文中，她分析了法律编码策略与资本创制之间的关系，并以工业信贷银行的崩溃及雷曼兄弟公司的倒闭等案例分析了法律编码策略带来的不利影响，进而指出法律编码策略不断将资产转换为资本的进程可能造成金融崩溃隐患。

法律编码策略与资本创制

在资本的创制过程中，法律发挥了至关重要的作用。法律凭借其强制力不断将简单的资产转换为资本性资产，成为构成资本符码的基本元素。

---

[1]　Katharina Pistor, "Coding Private Money", *Institute for New Economic Thinking*, June 3, 2019, 载 https: //www.ineteconomics.org/perspectives/blog/coding-private-money, 最后访问日期：2020年2月29日。

回溯私人资产的发展历史，其各个阶段的发展均与法律密切相关。其最初的形式为纸币、借据及汇票，而纸币与借据转换为汇票则有赖于法律的授权。正是法律赋予了包括原债务人与票据上背书的第三人在内的持票者随时请求付款的权利，亦是法律所提供的保护使票据具备了高度互易性，并构成了人们的第一个支付系统。在纸币、借据及汇票之后，私人资本以各种新的形式不断出现，公司债券、资产支持证券、衍生品以及债权等形式互相叠加，进一步创造出二次甚至三次的变体，而这些私人资本的存在则高度依赖包括不动产法、担保法、信托法、公司法、破产法以及合同法在内的法律体系。正是法律保护资产池免受过多债权人的影响，从而使一些申索人较之其他人获得优先权，并使资产满足于投资者的特定风险偏好与套利需求。

几个世纪以来，以法律编码策略将资产转换为资本的进程不断推进，致力于"不用钱的金融业"的工业信贷银行以及以实现"无需投入的回报"为目标的长期资本管理公司先后出现，而这些金融机构也对国家金融体系的稳定性构成了强有力的威胁。

法律编码策略的不利影响

随着法律编码策略促成金融机构的产生并放任其不断将简单资产转换为资本，国家能否比足以威胁其金融体系稳定性的金融机构更具偿付力成了一个严峻的问题。在本文中，作者以工业信贷银行以及与之结构类似的公司所面临的危机为例，印证了该问题的严重性。

在法律编码策略下诞生的工业信贷银行从债券持有人和存款者那里筹集大部分资金，并投入基建项目与银行业务，其在促成银行业短暂繁荣的同时，却使债权人像股票持有者那样面临风险而无法像股票持有者那样期待上涨的潜力，于是该银行以崩溃告终。类似地，与工业信贷银行拥有相近资本结构的雷曼兄弟公司及伊斯曼柯达公司等则利用了每一种可用的法律工具分割资产，从而使这些资产免受众多竞争债权人的影响，并筹资回购市场，不断将利润返还给母公司的股东。然而，这种资本结构虽然在理论上能够在子公司违约或援引母公司的担保并因此拖垮整个公司时给债权人留下仅针对子公司执行的选择，但实际上却给债权人带来了更高的风险，使这些公司遭遇倒闭的命运。

工业信贷银行以及与之结构类似的公司的危机充分表明了国家偿付力不足以对抗金融机构所带来的不利影响，一些国家也开始采取控制私人铸币进程以及实施积极金融工程等措施应对这一问题。然而，这些不利影响背后的根本性因素仍然在于不断将资产转换为资本以创造货币收益的法律编码策略。倘若该策略得不到根本性的改变，政府便无法具备防止未来金融崩溃的政治意愿或财政能力。

（编译/潘偲毓）

彻底改革商学院，抵制金钱至上对社会的侵蚀

[编者按]　可能是因为光明的"钱途"，因此无论是在美国还是在中国的学生中，商学院都是最热门的。虽然商学院有巨大的影响力，但它并不是尽善尽美的，它饱受各式各样的批评。莱斯特大学教授马丁·帕克于 2018 年 4 月在《卫报》发表的文章《为什么我们应该铲平商学院？》[1] 认为，过去对商学院的批评没有触及实质问题。商学院的真正问题在于其价值取向完全是市场经理主义（market managerialism）的，在这样氛围中成长的商科学生只会认同单一的市场经理主义叙事，走上工作岗位之后，就会成为助推市场经理主义蔓延、造成恶劣社会后果的帮凶。要想让商学院与其毕业生真正承担起社会责任，现有的解决措施是远远不够的，必须真正对商学院进行大刀阔斧的改革。

现有对商学院的批评没有解决真正的问题

商学院有着巨大的影响力，然而对商学院的批评也是各种各样的。雇主抱怨毕业生缺乏实际技能，保守者鄙视精致利己的 MBA，欧洲人抱怨美国化，激进者批评权力集中于资本走狗的手中。2008 年以来，很多评论员也认为，商学院是制造金融危机的帮凶。

商学院现有的改革方案都是不彻底的，不能真正解决问题。关于商学院问题的大多数解决方案都回避激进的重组，倾向于回归所谓更传统的商业做

---

〔1〕　Martin Parker, "Why We Should Bulldoze the Business School", *The Guardian*, April, 2018, 载 https：//www.theguardian.com/news/2018/apr/27/bulldoze-the-business-school，最后访问日期：2020 年 2 月 28 日。

法，或者在"责任"和"道德"等术语装饰下进行道德重整。例如商业道德和企业社会责任课程，这几乎是商学院中唯一对管理教育和实践的后果进行持续批评的领域。这些领域以作为商学院的批判者为荣，坚称占主导地位的教育、教学和研究形式需要改革。但问题是，商业道德和企业社会责任课程是商学院营销中的装饰性科目，也是掩盖商学院院长没有良知的遮羞布。这些课程仅仅是谈论道德和责任，而没有落实它们。

商学院的根本问题是市场经理主义

这些改革方案都未触及根本问题。根本问题是商学院只教授一种组织形式——市场经理主义（market managerialism）。

在商学院学习的每门科目，都有一个共同假设，即市场经理主义下的社会秩序是可取的。全球贸易的加速、市场机制和管理技术的使用、会计、金融和业务等技术的推广，都并未受到质疑，相反是作为对现代世界的一个进步来描述。在商学院内部，资本主义被认为是历史的终结，这是一种超越其他所有经济模式的经济模式，现在被教导为科学，而不是意识形态。

第二种假设是，员工、客户、经理等人类行为被完全理解清楚，就好像我们都是理性的利己主义者一样。这提供了一组背景假设，允许为商业组织的利益制定"如何管理人"的模型。如何激励员工、纠正市场失灵、设计精益管理系统或说服消费者花钱都是同样的问题。这里预先确定的利益是想要控制的人的利益，而作为利益对象的人可以被视为"可以被操纵的人"。

商学院教育的严重后果

在这样的环境下，对商学院学生的培养出现了严重的问题，可能导致其毕业生的道德水平滑坡。对商学院学生进行的调查表明，他们对教育有工具性的理解；也就是说，他们想要的东西是营销和广告告诉他们的。在课程方面，他们希望被教授简单实用的概念和工具，因为他们认为这些概念和工具将有助于他们今后的职业生涯。

商学院推行的市场经理主义带来的世界并不令人愉快。对于富人和有权势的人来说，这是理想国，也在激励学生想象自己加入这个群体，但是这种特权有很高的成本，导致了环境灾难、资源战争、难民问题、国家内部和国家之间的不平等，鼓励过度消费，以及在工作中坚持反民主做法。推销商学院的工作原理是忽视这些问题，或将其作为挑战提及，最后却在教学和研究实践中忽略它们。

彻底改革商学院才能解决问题

想要解决商学院现有的问题，就必须推倒重来。如果我们想要应对这个星球上人类生活面临的挑战，那么就我们假设全球资本主义可以继续存在，实际上是假设了毁灭之路。因此，如果我们要摆脱照现有的商业模式，就需要彻底重构现有的商学院。这不仅仅意味着对企业社会责任的不断督促，而且意味着要放弃我们所拥有的，并重新开始。

（编译/黄致韬）

美国的新仆人阶级

[**编者按**]　随着经济社会的快速发展，制造业逐渐衰退，美国的就业市场最近开始出现了一种令人不安的新趋势，服务业正在成为越来越多低技能人员的工作来源，社会上出现了富人管家这一新兴行业以及由此延伸出来的新兴阶级——新仆人阶级。《大西洋月刊》特约撰稿人、高级财经编辑德里克·汤普森认为，这一现象虽然利弊兼具，但从长远角度来说，对经济社会的发展和阶级贫富差距的缩小是不利的。他在 2019 年 8 月 13 日发表在《大西洋月刊》的文章《美国的新仆人阶级》[1] 中指出，一方面，富人管家为工人提供了自主权和工作岗位；另一方面，富人管家在很大程度上加重了对工人的剥削，并有可能造成更广泛的异化。

在这个不平等程度居高不下的时代，在高消费水平的大都市里工作，为了迎合富人们的心血来潮诞生的诸如为他们梳妆打扮、做饭、开车的工作，其所形成的"服务行业"，已经成为增长速度最快的行业之一。麻省理工学院经济学家大卫·奥特称之为"富人管家"。这些低技能、低工资、不成比例的由妇女完成的工作聚集在密集的城市劳动力市场附近，在可支配收入飙升的社区中成倍增加。2010 年至 2017 年，美甲师和修脚师的数量翻了一番，而健身教练和护肤专家的数量至少增加了两倍。虽然有理由对这一趋势持乐观态度，但对新出现的"城市底层仆人"也有了一些不安。

---

〔1〕　Derek Tompson, "The New Servant Class", *The Atlantic*, 载 https://www.theatlantic.com/eas/archive/2019/08/americas-hot-new-job-being-rich-persons-servant/595774/，最后访问日期：2020 年 2 月 29 日。

富人管家是低学历工人和外来工人的主要工作来源

从好的方面来说，随着制造业的衰退，服务业已经成为那些没有大学本科学历的人们一个重要的就业来源。移民填补了许多这样的职位空缺。在这些移民中，很多人缺乏基本的本科甚至高中教育水平及流利的英语听说读写能力，大多数人都不是白领专业人士或商人，但他们通过富人管家这一途径融入了美国的就业市场，为中上层阶级和富有的精英阶级洗碗、打扫房屋、美化草坪、照顾孩子。布鲁金斯学会资深研究员马克·穆罗（Mark Muro）表示，我们推测，约有20%的富人管家工作是由非公民完成的，相比之下，完成这类工作的美国劳动力还不足10%。外国的工人们经常先到大城市找工作，然后再搬到便宜的城镇和郊区安家立业。可见，富人管家工作是外国工人和欠缺技术的美国人在劳动力市场立足的桥梁。

富人管家与顾客之间的关系呈现出非人格化的趋势

虽然担人富人管家是许多人的收入来源，但我们也应该关注这些工作的可容忍性和这些人生活的不稳定性。富人管家分为两个基本类别。第一类是在美甲沙龙和水疗中心等地从事全职零售和服务的工作。穆罗说："你所说的是收入3万美元的人，他们通常受雇于高财富的大都市或度假经济体。"因为通常无法在工作地点附近居住，所以他们不得不忍受往返于低成本社区与上班地点之间的漫长通勤路程。这些安排不仅耗费时间，甚至可能是具有剥削性的。例如，纽约市的美甲沙龙因为违反了最低工资法和其他劳动法规而臭名昭著，而佛罗里达州的按摩院则几近成为人口贩卖的前线。第二类是"Uber for X"经济——通过在线市场与驾驶、送货和其他按需服务签约的模糊的人际网络。乐观地说，这些工作为工人提供了自主权，为许多并不富裕的消费者提供了便利。但是，让这些公司始终维持在业界顶端的商业模式依赖于对法律的战略规避。例如，虽然《公平劳动标准法》规定了最低工资和加班费，但这些劳动者通常是在承包商的"法律保护"下从事雇员工作——

也就是说，几乎没有任何保障。

作者认为，在以上两种情况下，富人管家和顾客之间的关系很容易被利用，出现了非人格化的趋势。这是一种很奇怪的感觉，毕竟富人管家与其顾客的互动具有身体上的亲密性。

新仆人经济相较于旧仆人经济缺乏人性关怀

富人管家不是新的职业，关于它的评论也不是第一次有。"几个世纪以来，一个女人的社会地位是非常明确的：要么她有一个女仆，要么她是女仆其中之一。"作家埃斯特·布鲁姆（Ester Bloom）在《大西洋月刊》上写道。19世纪末，超过一半的妇女从事家庭和个人服务。而今天的"仆人经济"——正如《大西洋月刊》的亚历克西斯·马德里格尔（Alexis Madrigal）所说，它远远优于19世纪晚期的仆人经济（更不用说之前的奴隶经济了）。过去的保姆、清洁工和厨师，如果他们的雇主虐待他们，他们几乎没有任何可以诉诸的法律保护，甚至连名义上的也没有。但他们的工作也并不那么鲜为人知：被雇佣者倾向于和他们的雇主住在一起，在那里帮他们做饭、打扫卫生、照顾孩子。这些工人以一种现代世界的匿名富人管家无法想象的方式融入了家庭生活。

阶级之间的关系，曾经通过家庭来调节，而现在则是通过一个服务于大城市区域的应用程序来管理。新仆人经济的工人不与他们的雇主住在一起，而是睡在几英里以外他们可以买得起一间卧室的地方。"你可以说，旧的贵族关系有一种更加仁慈的人性，"经济学家穆罗指出，"今天的平台则将曾经的工作剥离为简单的、无缝的事务。"许多承包商当然喜欢这些应用程序的自主性，甚至可能是匿名性，这使得随需应变的富人管家能够随时随地自由工作，同时保护他们的隐私不受客户（如果不是来自应用程序本身）的影响，但是急于将这些交易进行无缝衔接可能会使这个市场的双方无法感知到彼此。顾客们把曾经亲密的工作分配给数百名司机、送货员和温泉浴场工作人员，从而将佣人分门别类。但反过来，这些工人几乎没有理由记住他们客户的名字。

作者认为，对于所有的低技能人员来说，也许工作的最终代价不仅是剥削的威胁，还有更广泛的异化——在一个便利最大化的数字市场中，没有产生亲密摩擦的空间。

（编译/龚玲）

加利福尼亚：美国的第三世界

[编者按]　加利福尼亚州作为美国最富有的州，有着全美最宜人的气候和最美丽、最多样化的地貌以及充满活力的经济。但在加州州立大学名誉教授、斯坦福大学胡佛研究所高级研究员维克多·戴维斯·汉森看来，加州的现实不容乐观。他们在 2019 年于《国家评论》网站上发表的文章《加利福尼亚：美国的第三世界》中指出，加州正在逐渐沦为"第三世界"。[1] 在他看来，"第三世界"已经从一个政治名词变成了一个形容词。第三世界国家的典型特点包括：中产阶级消失，中世纪疾病肆虐，赋税高，社会服务差，基础设施和公共服务落后，交通不便，以及大规模的移民。回看加州的现状，我们会发现，加州与第三世界的特点越来越契合。加州所谓的"建设者"们自己过着舒适的精英生活，而不去理会普罗大众是在何种境况中挣扎的。而少数精英和大量下层阶级之间的这种根本分歧，才是第三世界的根本特征。在作者看来，加州在这些方面越来越符合第三世界的定义。

贫富差距大

加利福尼亚州本身是美国经济体量最大的一个州，拥有着美国数量最多的亿万富翁和大量的高收入地区。然而与此同时，加州近四分之一人口生活

---

〔1〕　Victor Davis Hanson, "America's First Third-World State", *National Review*, June 18, 2019, 载 https: //www. nationalreview. com/2019/06/california-third-world-state-corruption-crime-infrastructure/, 最后访问日期：2020 年 2 月 28 日。

在贫困线以下，另外还有五分之一人口的生活接近贫困线。加州社会福利申请者的数量占全美国的三分之一。美国无家可归的人中大约有22%居住在加州。另一方面，由于大规模的监管、高税收、绿色城市规划以及随之而来的高房价，大量中产阶级和中上层阶级从加州向外移民，加州的中产阶级正在萎缩。

中世纪疾病肆虐

当下，斑疹、伤寒伴随甲型肝炎在加州爆发，主要城市的人行道上堆满了用过的针头、粪便和垃圾。而且因为跳蚤、虱子和老鼠的数量激增，市政府正在为可能爆发的鼠疫做准备，据卫生专家警告，疫情可能会比中世纪的鼠疫更严重。

同时具有讽刺意味的是，加州政府对真正重要的事置若罔闻，相反却在花费精力对一些没有必要的领域进行规范。根据加州法律，公共场所堆积的粪便不受法律约束，但是郊区居民在没有许可证的情况下建造一座天井，却会被大额罚款。事实上，一个没有许可证的新庭院对公众健康造成的危害远远低于公共场所成堆的粪便所造成的，这种规定无疑是本末倒置。

基础设施不完善

加州的交通系统设施仍然很不完善，加州的燃油税是全美最高的，但没有一条主要的跨州高速公路是六车道（除了99号、I-5号和101号公路），有很多容易导致事故的瓶颈路段。作者将现在的加州与希腊做了比较，45年前的希腊远远落后于加州。然而今天，相对贫穷的希腊的高速公路、主要机场和休息站的状况都比加州要好得多。与现在的雅典机场相比，洛杉矶国际机场似乎与现代社会格格不入。

加州因其特殊的气候会有周期性的旱灾，于是建造水库用于储存足够的水，以使其在最严重的干旱期间保持功能运转。然而加州政府拒绝建造3到4个水库，且这已经讨论了超过半个世纪之久。拒绝理由五花八门，如建造从默塞德到贝克斯菲尔德的高铁比修建水库更重要。但真正的原因是，通过国家控制确保定量配给或实施绿色社会政策。

犯罪率高

加州最近三年的犯罪率上升，这一点也不令人惊讶。在美国所有主要城市中，旧金山的人均财产犯罪率最高。庇护城的存在导致被控犯罪的非法外国人不会被驱逐出境。随便看看新闻，都可以看到令人难以置信的犯罪行为，而这还是经过报纸的美化和剪辑后所呈现的。

少数人的加州

加州的基础教育差但高等教育好，这就注定了加州只适合小部分人生活。加州的初中和高中在全美排名中通常垫底，但加州顶尖研究型大学的专业学校和科学技术部门如加州理工学院、斯坦福大学、加州大学伯克利分校、南加州大学都是世界上排名靠前的大学。如果你想成为一名电气工程师或癌症研究人员，加州会是你的乐园；如果你只是想成为一名高中的优秀毕业生，那么加州并不适合你。

公共服务糟糕

作者以加州机动车辆管理局为例，描述了加州糟糕的公共服务。机动车辆管理局的丑闻五花八门：成千上万的汽车上牌登记发放错误，甚至发放给没有资格预约的非法外国人；机动车辆管理局员工将商业卡车驾驶证卖给不合格人员；还有一些私人公司甚至在出售难得的预约资格。公共服务的糟糕导致很多加州人不计代价避免公共服务，这也是第三世界的特点之一。

赋税高

加州现在有全美最高的销售税、燃油税和个人所得税。许多人认为，立法机构和州长会考虑暂停增加税收。毕竟新的联邦税法将州税和地方税的销记额限制在 1 万美元以内，而这大大增加了加州高收入阶层的联邦税收负担。

事与愿违，加州的特色是加重上层中产阶级的负担，同时迎合富人，浪漫化穷人。因此，立法机构现在正在考虑征收苛刻的新遗产税，而它刚刚征收了一项互联网销售税。

另外，如果加州人能挺过最近 13.3% 的州所得税最高税率，并承受住巨大的联邦税收负担，那么他们去世后肯定会很容易受到进一步压迫，须将其价值超过 300 万美元的已纳税遗产的 40% 交出来。所以州政府有第二次机会获得其去世后的资本。

加州变成第三世界的原因

在作者看来，许多因素导致了加州逐渐沦为"第三世界"，加州在从边境以南输入大量贫困人口的同时，迎合着那些控制着硅谷、好莱坞、旅游业和顶尖大学的富豪。大量的绿色法规和精品区、飙升的税收、不断增加的犯罪、身份政治和部落主义，以及激进的一党进步政府，这些因素彼此之间相互作用，导致了更加糟糕的结果。

但从根本上说，加州自身的特点导致其必然会出现这种状况，因为少数内部精英和大量下层阶级是割裂的，上层决策者不需要为他们的决策失误买单。举例来说，如果加州前州长杰里·布朗（Jerry Brown）知道他有朝一日退休后每天都要行驶在加州 99 号州道上，那么他也许就会考虑修葺完善加州的高速公路。

在作者看来，少数内部精英和大量下层阶级之间的这种根本分歧，或许正是"第三世界"的根本特征。

（编译/吴灵思）

民团总统对民主体制的威胁

[**编者按**]　福柯有言："公开处决并不是重建正义，而是重振权力。"这一表述似能为美国国内暴力四起的乱局提供最恰切的注解。随着弹劾程序的推进和 2020 年大选的临近，一些民间武装团体开始采取暴力手段，以支持特朗普维护白人政治身份的举措。这一被称作"私刑主义"（vigilantism）的现象与美国建国以来的宗教、种族等矛盾长期相伴相生，并在不远的将来有死灰复燃的趋势。基于此，自由撰稿人亚历山大·赫斯特于 2019 年 11 月 6 日在《新共和》杂志上发表文章《特朗普：是总统，还是民间武装领袖？》[1]，他尖锐地指出：民间武装盛行之下，公权力对暴力的垄断受到削弱，此举或许有利于强人政治的一时稳固，但对民主体制有着不可估量的长期危害。这一洞见对于理解当今美国乃至世界上诸多国家的政治社会状况具有深刻的意义。

特朗普的政治底牌：激进支持者的私刑暴力

伴随着弹劾进程的推进与总统大选的临近，美国总统特朗普时常流露出与美式民主的圣殿同归于尽的情绪。倘若特朗普遭到弹劾，或是在大选中被击败，他的支持者绝不会就此善罢甘休，而很可能通过攻击民主规范或煽动群体暴力的方式来抵制权力的和平转移。

实际上，特朗普早已为支持者暴力回应弹劾的举措找好了说辞。从民主

---

〔1〕　Alexander Hurst, "The Vigilante President", *The New Republic*, November 8, 2019, 载 https://newrepublic.com/article/155579/trump-vigilante-president-supporters-violence, 最后访问日期：2019 年 12 月 21 日。

党对其以强硬手段施压乌克兰政府、对抗政敌乔·拜登的行径启动弹劾调查时起，特朗普就声称，成功的弹劾将会"引发一场内战"。他吁请以叛国罪逮捕领导弹劾程序的民主党人亚当·希夫，且重申依照惯例应该对犯下叛国罪的人判处死刑。特朗普称，这次弹劾是一场不正当的、不道德的、不合法的、试图从爱国者手中剥夺民主权利的运动，其策动者是"隐形政府"（Deep State）的政治精英，是右翼媒体口中的"民众的敌人"。这为特朗普支持者动用暴力手段反对弹劾的举动提供了充分的依据。

近年来，一些特朗普支持者已经出于政治原因使用了暴力或表达了使用暴力的意图。这其中包括人身攻击和威胁媒体记者，暗杀民主党要人，炸毁CNN 演播室未遂，以及有针对性地杀害西班牙裔人士等。2019 年，右翼民兵组织"誓言守护者"（Oath Keepers）的领导者斯图尔特·罗德斯（Stuart Rhodes）宣布将在 9、10 月以武装护卫的方式"保护"特朗普的集会。可以看出，特朗普支持者持续动用暴力的可能性真实存在且与日俱增。

对此，作者表达了深切的担忧：通过将包括军事力量和民兵在内的支持者融为一个整体，特朗普模糊了官方暴力执行者与非官方，甚至是非法暴力使用者之间的界限。这种混淆导致了国家支持下的特殊私刑的兴起，而私刑暴力会为美国长期运转良好的民主政治带来无可比拟的威胁。

私刑暴力的历史演进：从抗击犯罪到维护秩序

在美国的历史上，私刑暴力的罪恶罄竹难书。这种极具美国特色的现象可以上溯至 1767 年南卡罗来纳州出现过的"监管者"（Regulators）。历史学家理查德·麦克斯韦尔·布朗（Richard Maxwell Brown）将其称为"北美第一个私刑暴力组织"。布朗统计出，从 1767 年到 1910 年，有 326 次不同的私刑运动纵贯美国领土的各个角落。这些运动并不仅限于抗击严重犯罪，而更像是为反黑人、反天主教徒和反移民的社会习俗提供支持。

在《农村激进分子：美国粮食生产中的义愤》（Rural Radicals: Righteous Rage in the American Grain）一书中，凯瑟琳·麦克尼科尔·斯托克（Catherine McNicol Stock）曾提到：美墨战争前后，得克萨斯共和国所建立的得克萨斯守卫者

（Texas Rangers）曾对印第安土著和西班牙裔实施了臭名昭著的暴力犯罪。其他私刑暴力组织，如约翰·齐文顿（John Chivintgon）率领的队伍，在获得美国联邦政府对他们实施保护的承诺后，攻占了美国原住民定居点，并屠杀了已投降的当地居民。

由六名前南方军成员组建的三K党过去曾是，现今也依然是最为臭名昭著的私刑暴力组织之一。20世纪早期，三K党再次复兴，其民族主义特征更加明确，将任何普遍意义上被视为构成国家威胁的人纳入了攻击对象之列。有时，三K党会跨越武装组织与政府本身的模糊界限。他们在南加利福尼亚州和印第安纳州掌控了很大的政治权力，甚至短暂地控制过科罗拉多州、俄勒冈州、得克萨斯州和俄克拉荷马州的立法机关。

理查德·霍夫施塔特（Richard Hofstadter）在《美国暴力：一段纪实的历史》（*American Violence：A Documentary History*）的引言中定义了私刑暴力的功能。他认为，历史上的私刑暴力并非出于颠覆国家的意图而发动，而是由当权者发起，旨在建立统治、维护长治久安。这些暴力事件在美国历史上时有发生，用以"维护美国南方白人新教徒的生活方式与道德规范，换言之，也就是维护当权中产阶级的生活方式与道德规范"。

无畏的拓荒先驱向西部进发的同时，土著居民被强行与"生于斯长于斯"的土地割裂。长期根植的自治理念与白人对身份侵蚀的恐惧紧密相连，演化成以维护秩序为由的私刑暴力，并在国家的地理边界和概念边界上得以实体化。时至当下，类似的私刑暴力仍在美国国家神话的舞台中央占据一席之地。

私刑暴力的现代表现：美墨边境的武装巡逻

2017年，全美共有超过500个民间武装组织，相较于2008年翻了2倍。随着美国民间武装组织数量倍增，其影响力范围也急剧扩大。这些组织枪击联邦探员，占领政府大楼和土地，全副武装出席抗议活动，自称是共和党议员的保镖，并在南部边境组织武装"巡逻"。

今年早些时候，一个叫"宪法爱国者联盟"（United Constitutional Patriots, UCP）的边境民间武装组织在社交媒体上发布了其成员身着军用迷彩服且全副武装的视频。他们在新墨西哥州持枪拘留了数百名移民。尽管海关边境巡逻队始终否认，但有强有力的证据证明，海关边境巡逻队与多个民兵组织间存在着秘密合作关系，尽管法律禁止边境巡逻队接受任何未经议会特别允许的"援助"。"宪法爱国者联盟"的成员向《纽约时报》和 Buzzfeed 新闻平台透露，海关边境巡逻队从未要求其退出巡逻。

多伦多大学的费丹·艾尔西欧格鲁（Fidan Elcioglu）教授表示，相较于"私刑主义"，她更倾向于用"人民主权"这一名词来称呼这种现象，用以强调这些组织并非活动在社会边缘："这些'士兵'显然是在体制内活动的。他们和边境巡逻队有合作。这是一种非常明晰的公民集体参与警察事务的形态。根据我目前的观察，边境巡逻队的外勤人员不会因为这些士兵在亚利桑那—索诺拉边境附近执行武装'行动'而责怪他们。"

在现有秩序正经历着人口变迁的深远语境之下，"非法"移民已被妖魔化为"罪犯和强奸犯"。因此民间武装组织在美国—墨西哥边境"巡逻"，不仅仅是为了控制"犯罪行为"，而更是为了镇压特定的社会群体。借此，他们直接破坏了自由民主的基本原则。而这一切是顾虑重重的国家当局所无法做到的。

私刑暴力与身份政治：特朗普主义与制度的对立

私刑暴力之所以会成为对集体政治的严峻考验，正因它会在民众面前使威权主义行径正常化，破坏健康的民主政体下自由主义制度对公权力运用的限制，明显加剧内部群体和外部群体之间的社会分化。特别是在独裁程度相当严重的国家，私刑暴力团体的出现使得独裁者能够假冒公众，表达其对强人政治的支持。多伦多大学人类学家约书亚·巴克尔（Joshua Barker）提出的苏哈托政权对成立邻里监督组织的偏好，就能很好地论证这一特点。

而对于当下的美国而言，特朗普对工人阶级有着很强的号召力，白人身份政治的兴起为特朗普主义带来了广泛的拥护，甚至许多千禧一代的年轻人也加入了这一行列。有证据显示，观念因素——诸如种族仇恨、反移民情绪和对白人脆弱性的认同等——而非经济上的困难，与给特朗普投票的行为相关性最强。特朗普在大约 25% 的美国核心人口中享有邪教信仰般的支持，且当有着强烈白人身份认同的人群得知，2042 年时非白人族群人数将超过白人时，他们会更倾向于支持特朗普。

因此，对于大多数特朗普的支持者而言，特朗普的政治理念能否持续推行，这一问题已经超越了政治和意识形态，关乎生死存亡。由于他们对于合法国家权力的理解与民主传统大相径庭，倘若特朗普离开白宫，那么出于对被取代的恐惧，这些支持者或将采取激进的武力手段，来捍卫他们所认同的"真正民主"。令作者担忧的是，如果大部分国民和几乎半数的统治阶级都不承认国家规范制度的合法性，那么剩下的人也无能为力。

私刑暴力与国家功能：短视的利益应让位于长治久安

什么样的政治条件滋长了这种暴力？在作者看来，私刑暴力与民主制度的削弱有着密不可分的联系，因为它可以重新定义国家与公民之间、与社会公共规范之间的关系。如果说，在一个运作良好的民主制度中，暴力由国家垄断，且其使用必须受到制度的制约，那么"恰恰在不完善的民主体制和薄弱的独裁体制中，私刑主义是最为有效的"，法兰克福和平研究所内部冲突问题高级研究员彼得·克鲁泽（Peter Kreuzer）如是说。

从本质上说，私刑主义是一种边缘现象，只在国家能力与公信力较弱的情况下才会出现。对于一个有缺陷的民主国家，特别是在不尊重对权力限制的、潜在的独裁者的领导下，暴力的崛起是一个标志，象征着国家核心的整体功能——垄断武力运用的能力，以及维持其合法有效、公平公正的仲裁者身份的公信力，正在逐渐丧失。

作者指出，健康的民主制度意味着多党制，即利益相关者主张共同的基本原则，并在同样的社会语境下对政策进行辩论。对当权者而言，民间武装团体的作用正在于它使得当权者可以避免这一民主过程以推卸责任：一系列受到国家支持的暴力袭击，使当局得以在明面上保全自己的清白。为了私利而支持私刑暴力的政治家，实则是在削弱政府集体治理的力量，来换取短期的政治利益。国家一旦踏上这条路，便再也无法回头。

　　而在当下，共和党人的当务之急，是为了不动摇民主制度的根基，平复特朗普支持者的狂热迷信，以避免私刑暴力主义的进一步发酵。在面对类似的情境时，其他国家的右翼党派，如 2017 年的法国共和党，也曾为了国家的长治久安，适当放弃自己政党的短期政治前景，以阻挠极右翼势力的持续蔓延。

　　霍夫施塔特写道，在他所处的时代，政治家们怀着播种分裂和对抗的意图，灵光一闪，想出了诱发暴力而非亲自动手的绝妙策略。他说，世界上大部分的政治暴力，说到底都不会自然发生，而是当局权力的产物。霍夫施塔特时代的真理，当下更具现实意义。

（编译/伍雨荷）

民主制度的衰落：原因、路径与重建

[**编者按**]　特朗普当选美国总统这一历史性的"黑天鹅效应"事件破坏了美国培育了数十年的自由主义共识，也象征着民族主义乃至民粹主义的兴起。西方社会意识到，自由民主的制度制衡在遭受系统性危机，学者们开始思考民主制度是否已经走到尽头，并对西方民主的衰落提出不同的看法。哥伦比亚大学历史学教授、欧洲研究所长亚当·图兹于 2019 年 6 月 6 日在《纽约书评》发表《民主及其不满》一文，[1] 对分别代表着不同观点的四部著作进行总结和评价。这四部著作讨论了民主制度衰落的表现、原因、未来与重建方式。

观点一：技术官僚自由主义是解决之道

托尼·布莱尔全球变革研究所的前任执行主任雅斯查·蒙克（Yascha Mounk）在《人民与民主：我们的自由为何危在旦夕，应当如何拯救》（*People vs Democracy：Why Our Freedom Is in Danger and How to Save it*）一书中提出，威权主义已经令人担忧地开始抬头，西方社会中的青年群体越来越普遍地支持铁腕人物和军事领导。在作者看来，蒙克的发现是前所未有的，但其提出的方案却落于俗套。蒙克认为，应对专制主义的趋势，技术官僚方案是解决之道。媒体在传播仇恨言论方面应承担更大责任，应增加对经济不平等的关注，以及持续为确保"人民和国家再次感受到他们对自身生活和命运的控制"而努力。

---

[1]　Adam Tooze, "Democracy and Its Discontents", *The New York Review of Books*, June 6, 2019, 载 https：//www.nybooks.com/articles/2019/06/06/democracy-and-its-discontents/，最后访问时间：2020 年 2 月 27 日。

作者认为，尤其是努力让人民"感觉"重获控制权这一方式，比起落实一个切实让人民掌权的政治项目而言，其似乎显得敷衍了事。

观点二：民主危机源于党派对普遍规范的无视

美国政治学家史蒂文·列维茨基（Steven Levitsky）和丹尼尔·齐布拉特（Daniel Ziblatt）则在他们的著作《民主制度如何灭亡》（How Democracies Die）中对不同国家的政治危机进行了比较。他们认为，民主是脆弱的，它们依赖于相互竞争的党派对普遍规范的共同接受。规范则是重要的，没有了规范，"宪法制衡就不能如我们所想象一般发挥民主堡垒的作用"。书中提到，皮诺切特正是在智利左右两派的暴力冲突之中发动血腥政变上台的，而在当下，美国共和党一再表现得像一个自认为无需遵守一般民主规范的反体制政党。为了减少两党政治极化，两位学者认为，应当对共和党进行改革。在如何改革的问题上，他们提到了第二次世界大战后阿登纳对德国的改革。但在作者看来，此类逐案类比的方式是幼稚的，没有考虑到国际政治的背景。智利民主的崩溃不仅源于左右两派的斗争，还源于美国的干预，而阿登纳在进行民主改革中对西方化道路的选择也是在冷战的背景下做出的。

观点三：民主危机源于"被神话了的民族主义"

作者还分析了关于民主制度衰落原因的另一种观点，这一观点源于著名的东欧史学家提摩希·斯奈德（Timothy Snyder）的著作《通往不自由之路：俄罗斯、欧洲和美国》（*The Road to Unfreedom：Russia，Europe，America*）。书中提出，两种决定论的世界观阻碍了真正的民主的发展，"历史终结"的决定论提出，自由主义没有替代品，是最好的道路，即观点一中蒙克所持的世界观。另一种则是"被神话了的民族主义"，它将一个国家置于一个周期性的受害者故事的中心，统治阶级向民众承诺的不是进步，而是保护。在斯奈德看来，普京治下的俄罗斯是后者的典型代表。普京与西方社会的冲突源于其所坚持的民族主义，这也引发了2013年开始爆发的乌克兰冲突。但作者毫不留情地指出，斯奈德的这一看法并不明智，它将一切推给普京政权的阴谋，但忽略了乌克兰危机中欧盟不合时宜的外交活动以及更广泛的经济和地缘政治背景。

　　随后，斯奈德将目光转向特朗普的当选，认为这是俄罗斯干预大选导致的。然而实际上，据作者所述，这一结果的产生取决于多种因素，罗伯特·穆勒（Robert Mueller）的调查结果并不能对特朗普是否"通俄"得出确切的结论，一切都具有不确定性，斯奈德的指责完全回避了 2016 年美国大选的地缘政治背景。

观点四：民主制度不大可能在一声爆炸中
轰然逝去，但将平静地走向衰落

　　相比之下，作者更推崇大卫·朗西曼（David Runciman）在《民主如何终结》（*How Democracy Ends*）一书中展现的分析思路。在此书中，朗西曼提出，当下人们对于征兵、群众动员和全民运动的记忆已经消散，对于 20 世纪那些真正的暴力政治激情也是如此，暴力政治在当代已经没有市场。换句话说，民主制度不大可能在一声爆炸中轰然逝去，但更可能的情况是，它将呜咽着离世。说民主的末日危机将至是夸大其词，但民主制度确实存在寿命，如今已经到了其中后期。在朗西曼看来，民主制度的未来道路是别无选择的，即使我们能看到周围民主政治的衰落，并能诊断出它们最终灭亡的多种原因，这也不能豁免我们保持它们继续运作直至痛苦终局的责任。对待民主的衰落，我们不如采取一种幻想破灭的现实主义态度。

　　对于朗西曼的上述分析，作者不吝赞扬，认为它们是伟大而有见地的。但对于西方社会对民主制度坠落的反应，比起朗西曼设想中所展现出来的对新现实的冷静接受，作者更倾向于认为，起码在美国，会出现对民主的重新配置，就如 20 世纪三四十年代发生的那样。当时美国面对着德国和苏联威胁的巨大风险，行政部门被赋予前所未有的权力来对抗外部敌人。如今美国政坛也已经达成一致，需要对中国采取更加强硬的路线。

（编译/纪晓彤）

民主制度为什么会崩溃？

[**编者按**] 近年来，民粹主义日渐发展，多个国家发生剧烈政治变革，许多学者认为，自由民主已经进入了由盛转衰的"中年危机"。为提醒人们提防民主的消极发展趋势，一系列探讨民主危机的作品应运而生。普林斯顿大学政治学教授扬·威尔纳·穆勒于2019年6月在"国家"网站上发表的《真的会如此终结吗？》[1] 一文中，以《民主如何消亡》（How Democracies Die）和《民主如何终结》（*How Democracy Ends*）两本书为例，介绍了在这一潮流中政治家们对民主前景的不同态度。

特朗普破坏了美国的政治惯例，威胁到美国民主的稳定性

《民主如何消亡》的核心论述是，民主不仅依赖于法院这样致力于保护法治的机构，还要求所有政治参与者必须遵守某种非正式规范，这样才能保证民主的运行。民主政治运作，除了成文规则，还要求政治家遵守一系列非正式的规范。违反这些规范，会危及民主制度的稳定性。

民主可能因为精英不遵循民主政治发展所需要的规则而崩溃，这些规则包括：承认选举结果的合法性、不鼓励暴力、遵守政治对手和媒体的言论自由等。特朗普无疑违反了上述所有规范。他曾明确表示不会承认希拉里·克林顿获胜的合法性，一贯妖魔化其政治对手，鼓励在集会上对示威者施暴，限制公民政治参与的权利。更过分的是，他甚至通过选举舞弊来控制选民。

---

[1] Jan-Werner Mülle, "Is This Really How it Ends?", *The Nation*, April, 2019, 载 https：//www.thenation.com/article/archive/how-democracies-dies-how-democracy-ends-book-review/，最后访问日期：2020 年 3 月 6 日。

该书认为，对于违反规范的行为，不能"以牙还牙"。但从战略的角度来看，有时只有"以牙还牙"才能使秩序恢复。

社交网络、气候变化才是对民主的真正威胁

英国著名民主理论家大卫·朗西曼（David Runciman）的《民主如何终结》一书更加关注当今社会现象对世界民主带来的挑战，最突出的两大威胁是气候变化和社交媒体，尤其是社交媒体。民主是为了保持未来的开放，让人们可以接触到新的信息和不同观点——而互联网巨头们总是为牟利而让人们看到相同的东西。

第一，特朗普不是民主的真正威胁。朗西曼并不认同特朗普是民主的真正威胁，他认为即使法西斯主义回归，也不会掀起多大的风浪。毕竟，"我们的社会和第二次世界大战时期大不相同，更富裕、成熟，更网络化了，而且我们已然牢固掌握法西斯时期的历史知识。"没有任何现代西方国家会传播法西斯主义倡导的那种暴力和种族崇拜。

第二，民主消亡的两个原因。朗西曼认为，民主消亡的主要原因有两个：一是气候变化，因为气候变化的影响并非立竿见影，无法激发必要的政治行动与之对抗。二是 Facebook 等社交媒体的兴起。民主是一种制度化的不确定性形式，开放性是力量的源泉，意味着民主国家可以学习和适应。但是社交媒体实行的是温和、微妙的专制，它通过选择能让我们看到的知识来加强我们的政治偏见，让人们的思想变得狭隘。

（编译/张姗姗）

民主是越多越好吗？

[编者按]　2018 年 11 月 12 日，哈佛大学讲师雅沙·蒙克于《纽约客》发表了《民主是越多越好吗?》一文[1]，其认为极端民主的社会并不一定是健康的社会。作者通过分析历史事件和社会现实，提出要将"民主与社会其他因素"置于政治环境中，理解其对政治力量的影响及其局限性，更完善地理解其定位。作者认为，不应盲目追求民主成分的占比，民主与社会其他因素一样，都是调节社会关系的工具和方法，最终评价其是否合理，还是应以适应时代特征和民众需求为标准。

激烈党派之争可能恶化政治环境

作者首先认为，极端民主程序不能保障施政的有效性。20 世纪 60-70 年代，民主思潮席卷美国政坛。理查德·尼克松当选为总统后，要求对民主党进行彻底改革的呼声越来越高：在向公众开放的初选中产生党派提名；选举配额包括妇女、非裔美国人和年轻人。此改革被誉为"美国历史上最大规模的、有计划的、集中实施的代表选举制度的转变"，由此，选举方式变得更为民主。

但两位来自耶鲁的政治学家，弗朗西斯·麦考尔·罗森布鲁斯（Frances McCall Rosenbluth）和伊恩·夏皮罗（Ian Shapiro）认为，相比候选人可能只掌权几年不同，政党为保持自身利益，需要在更长的时间里保持良好的声誉，并

---

〔1〕　Yascha Mounk, "Is More Democracy Always Better Democracy?", *The New Yorker*, November 12, 2018，载 https://www.newyorker.com/magazine/2018/11/12/is-more-democracy-always-better-democracy，最后访问日期：2020 年 3 月 4 日。

且他们应有此决心和能力。另外，政治新手可能对政府运营知之甚少，但政党拥有丰富经验和财政资源以保障有效地改革政策。

本文作者指出，新掌权的领导人如果脱离党派的协助，很可能就没有能力构建一项连贯的政策方案，也更容易做出不负责任的承诺。另外，由于初选和预选更有可能从政治观点极端的人当中招募新人，这减弱了政党对普通公民意愿的反应。作者认为，增加选民对政党的直接控制权"在政治上等同于放血"，这么做，要么对于需要解决的困境无效，要么会使情况变得更糟。

此外，影响选举的因素是选票，而非民主。在许多美国政治学者看来，美国逐步改善的选拔制度并没有改变政治精英控权的局面。虽然初选的普及从根本上改变了候选人的选拔程序，但党派通过给予或拒绝的方式，在认可和接触捐助方面保持了巨大的影响力，仍处于控制地位。虽然美国总统特朗普"黑马突围"，在没有得到共和党精英明显支持的情况下，仍然在民意中取得了压倒性的领先，一路狂奔至白宫。但是，这是否意味着选举依靠民主？

作者援引学者罗森布鲁斯和夏皮罗的观点，认为"黑马突围"的根源在于，特朗普自知自己只是政治决策过程中的棋子，党派只需要他们的选票。归根结底，造成这种局面的原因在于制度：众议院议长和参议院多数党领袖在国会事务处理上权力高度集中。议长可以通过程序不让议案落地。罗森布鲁斯和夏皮罗希望赋予普通立法者权力，即具有讨论两党法案（党纪）的能力。

将制度置于核心、综合看待政治发展或是解决路径

当然，也不是有更多的党纪就能解决国家的问题。作者反思应以何种方法确定制度，如何、何时影响政治，并提出将制度置于核心、综合看待政治发展可能成为有效解决问题的方法。

曾有学者认为，较大的社会和经济趋势，如识字率或城市化程度提升，会决定一个国家是民主的还是独裁的。也有学者通过寻找数据来源，如特定地区的人口构成，以预测哪些代表可能投票赞成或反对待决法案。而实际上，以上两种方式并不能解答民主迷思。

当下，代表们必须通过 Facebook，Twitter，Instagram 和 Snapchat 与他们的选民保持频繁的联系。为了筹集他们赢得连任所需的巨额资金，他们每年参加几十次募捐活动，花数百个小时给捐助者打电话寻求现金捐助。他们越发不敢发表自己的意见。

选举的民主程度遭到质疑：只有大约四分之一的合格选民参与了 2016 年总统大选，只有大约八分之一的选民支持唐纳德·特朗普或希拉里·克林顿。许多不太重要职位的初选吸引了更少的选民，大量公职人员是由全体人口中极不具有代表性的一部分人选出来的，这种选举制度产生了实质不民主的结果。许多政治学家认为，在稳定和安全的民主国家中，当选者会给司法机构施加巨大压力，限制新闻自由，并削弱反对派的权利。

正如每个不幸的家庭各有各的不幸，每个不完美的民主制度也各有各的制度缺陷。作者认为，由于目前美国的政治体制失灵，因此它迫切需要改革。但是，国家的制度安排之外，移民、经济不振和数字技术的兴起等各国具有的文化和经济趋势也是带来问题的原因，民众的深切不满根源于巨大的社会力量，或许机构改革也只能推迟命运的审判。

（编译/孙晋）

法学院有害于民主

[编者按] 随着性侵丑闻主角卡瓦诺成为美国大法官，支持特朗普与共和党的美国最高法院大法官已多达 5 人。在保守派日益占据美国最高法院法官职位的背景下，以布鲁斯·阿克曼为代表的美国自由派学者对于最高法院的态度开始发生转变，他们开始将法学院视为民主的敌人，并呼吁通过改革最高法院，来限制其宪法地位。与此同时，耶鲁大学法学院教授萨缪尔·摩恩开始反思精英法学院教育对民主体制的危害。在其于 2018 年发表在《高等教育纪事报》的《法学院有害于民主》[1] 一文中，他指出，沃伦时代所代表的最高法院的进步主义已经终结，美国最高法院现在已经沦为保守派的玩物。为了抵制这种影响，精英法学院教育应该揭开美国司法过程的神秘主义，不应再像从前那样，鼓励学生们通过专业主义的训练，走进司法系统，从而沦为虚伪势力的精英阶层的一部分。恰恰相反，它应该引导学生们重拾进入法学院时的热情、理想和信念，将社会正义作为自己的奋斗目标，献身民主过程，激活美国社会，从而向司法专业主义、精英主义、最高法院发起新一轮的攻击。

目前的法学院教育存在问题

2018 年 9 月，性侵丑闻主角卡瓦诺通过美国最高法院大法官提名的消息激发了人们对于精英法学院与权力合谋的批评，并引发了人们对于目前法学

---

[1] Samuel Moyn, "Law Schools Are Bad for Democracy", *The Chronicle of Higher Education*, December 16, 2018, 载 https://www.chronicle.com/article/Law-Schools-Are-Bad-for/245334，最后访问日期：2020 年 2 月 29 日。

院教育所存在问题的讨论。本文作者认为，美国精英法学院教育的主要问题在于其对司法体系的神秘化。

在这种将司法体系神秘化的传统之下，精英法学院强调让学生通过阅读案例并思考法官是否正确判案而从司法机关的角度思考法律，使学生在这种训练中忽视立法机关与人民的视角；此外，精英法学院引导学生在法律诊所等训练中建立起司法至上的理念，使他们相信可能到来的系统性改革将通过寻求友好法官的帮助而实现，从而倾向于进行体制内的边缘性法律改革而缺乏进行更彻底改革的信心和动力。

法学院教育的严重后果

精英法学院将司法体系神秘化的问题带来了严重的后果，不仅导致学生服务于社会公益的理想的破灭，更造成了不公正社会等级的不断强化。

一方面，从个人层面上看，目前的精英法学院教育无法使学生实现初入法学院时的愿景。进入法学院之初，学生们往往怀有对于社会改革的理想。在他们看来，进入法学院并非仅仅是为了使自己日后能够提供报酬高昂的法律服务，更是为了实现关于政治正义与社会正义的理想。然而，法学院将司法体系神秘化的教育却改变了学生对于世界最可能如何改变的看法，引导他们相信改变最可能通过体制内改革而实现，从而使原本渴望为公众利益服务的学生最终为大公司工作，与他们初入法学院时的理想背道而驰。

另一方面，从社会层面上看，目前的精英法学院教育导致了社会等级的不断复制。随着将司法体系神秘化的法学院教育使法学院毕业生纷纷进入司法系统并成为精英阶级的成员，"精英体制"也因空前的精英优势而被合理化。简而言之，法学院教育无法给社会带来系统性的变化，而只是固化了现有的社会等级。

改革法学院的必要措施

基于目前法学院教育存在的问题及其导致的严重后果，本文作者认为，法学院应当开始采取有效的修正措施，从内外两个方面开展改革。

在内向修正方面，面对法学院内部的学生，在总体理念上，学院应当明确自身定位，致力于成为真正意义上的多元化空间，为有意于挑战精英权力现有形式的公民培养指导者，避免沦为将学生大规模转换为大公司律师的"加工厂"；在具体教学中，学院应当向学生灌输对于"法治"之总体实施的批判性态度，纠正目前过度抬高司法机关地位的倾向。

在外向修正方面，面对社会公众，法学院应当从以司法为导向的进步主义转向，为新的公众参与提供空间。一方面，法学院要避免仅仅为法律体系寻求合法性，更应致力于使之去神秘化，让普通公民更加了解法律可能对其利益造成的损害；另一方面，法学院要促成有关法律与民主之关系的公众讨论，引导公民认识到人在民主法律秩序中的核心地位。

当法学院成为不断复制精英优势的场所，当怀有社会改革理想的学生不断在现有秩序承诺的回报面前屈服，对于法学院的改革已经刻不容缓。唯有通过内外双向的修正措施使法学院学生重拾初入法学院时的理想，重树对于民主事业的热情，法律才能真正成为促进社会进步的可靠工具。

(编译/潘偲毓)

贤能主义制度的悲惨赢家

[编者按]　耶鲁大学法学院教授丹尼尔·马克维茨于 2019 年 9 月在《大西洋月刊》上发表《贤能主义下可悲的胜利者》[1] 一文，其认为"贤能主义"（Meritocracy，或译为"精英制""英才主义"）是与"平民主义"（mass democracy）对应的概念，强调更为优秀的人应获得更多的资源，在教育领域表现为"择优录取"和"精英教育"，在工作领域则表现为"唯才是用"和"绩效管理制度"。作者笔下的贤能主义社会，仿佛一座每个人都想向上攀爬的金字塔，下层因为掌握不到优质资源，无法实现阶层上升，"美国梦"破灭；而表面上实现了"美国梦"的上层，为了维持对优质资源的获取，更加拼命地榨取自己，并将这种逻辑继续传递给自己的后代，于是"精英阶层"不再闲暇，而是更加悲惨。

问题产生的原因是贤能主义的选拔在社会中下层和精英阶层之间筑起了鸿沟，庞大的中产阶级日益萎缩，而解决这一切的办法，则是必须打破贤能主义的制度逻辑，给更多的人以优质的教育资源，同时给没有接受过精英教育的人以更多的工作机会，从而重建美国社会的中产阶级。这种改变可能会要求精英阶层放弃一部分收益，但由于他们可以因此获得更多的闲暇和家庭时间，作者对此表现出乐观态度，并以"罗斯福新政"为例，认为这种调整是有可能成功的。

---

〔1〕　Daniel Markovits, "Meritocracy's Miserable Winners", *The Atlantic*, September 2019，载 https://www.theatlantic.com/magazine/archive/2019/09/meritocracy's-miserable-winners/594760/，最后访问日期：2020 年 3 月 6 日。

"贤能主义的择优录取"与"破碎的美国梦"

作者从他所在的耶鲁大学法学院的情况切入。法学院的师生似乎都是与作者一样，来自父母为职业精英阶层的家庭。20世纪60年代，正是耶鲁大学校长布鲁斯特（Kingman Brewster）将"择优录取"带到了这所学校，打破了世袭的精英制。这种贤能主义制度曾经一度使得天赋和努力而非出身成为进入上层社会的敲门砖，但如今的贤能主义显然已经"排除了少数精英之外的所有人"。据统计，哈佛大学、普林斯顿大学、斯坦福大学和耶鲁大学共同招收了来自收入最高的1%家庭的学生，而不是来自收入最低的60%家庭的学生。可以说，"择优录取""唯才是用"的贤能主义，并没有真正打破出身的限制。

美国民众通常把这个问题归责于高校选拔的"后门制度"，但作者认为，造成这一切的原因并非只是遗产、裙带关系或招生腐败，而根本上恰恰是贤能主义制度本身。贤能主义使得"努力的局外人"不再享有真正的机会。根据一项研究，最贫穷的1/5家庭的孩子能够成为最富有的5%家庭的概率只有1%，而中等收入家庭的孩子概率则不到2%。绝对经济流动性也在下降。自21世纪中叶以来，中产阶级子女的收入超过父母的可能性下降了一半以上。公众经常把对经济不平等的愤怒归咎于精英机构。然而，贤能主义本身是一个更大的问题，它正在破坏这种"只要经过努力奋斗便能获得更好的生活"的"美国梦"。贤能主义所创造的"择优"的竞争规则，使得只有富人才能从中获胜。

精英阶层的悲惨生活

但精英阶层并不是这场竞争中的真正赢家，事实上，他们在贤能主义中受到的伤害才是"真实和重要"（real and important）的。只有诊断清楚贤能主义伤害精英阶层的机制，才能够治愈这一变形的制度。

对贤能主义造成的压力，孩子从幼年就已经感受到了，家长们也别无选择。从名牌幼儿园到名牌初中、名牌高中，精英阶层的儿童精致地计算着他们的未来，而整个教育体制恰恰在鼓励他们付出更多的时间，甚至牺牲睡眠，去完成精英学校布置给他们的"不可能完成的任务"。越来越多的孩子患上抑郁症和焦虑症。这些精英学生从小就学会了从自己的人力资本中榨取收入和地位，将自己置于他人之下。

在这一竞争机制中，获胜的精英阶层在英才制度中越上升，就越要不得不在工作中付出更多的时间和精力，他们很难实现生活与工作的平衡。根据报告，每周工作超过 60 小时的美国人平均希望每周减少工作 25 小时。他们之所以这样说，是因为工作让他们陷入了"时间饥荒"。2006 年的一项研究发现，这种"时间饥荒"干扰了他们与配偶和子女建立牢固关系、维持家庭，甚至拥有令人满意的性生活的能力。一些坚持不住的人中途退出，而最终成为高层的人都是"非常聪明、工作狂热、不会退出"的，他们能够"保持良好的精神状态，维持家庭生活"，"他们赢得了比赛"。与古代贵族阶层的休闲不同，当今精英阶层的工作强度是前所未有的。

之所以出现这样的现象，是因为"一个财富和地位取决于其人力资本的人"必然"把工作当作一个从人力资本中获取价值的机会"。在贤能主义的体制中，"一个人在组织结构图上爬得越高，对其工作努力程度的期待就越高"。这些精英管理者"被终身雇佣束缚在一个奖励资历高于业绩的公司等级制度中"，并继续将他们的收入投入到子女的精英教育中，以期提高他们的人力资本价值。

出路：重建中产阶级？

解决这种悲惨局面的出路在于建设一个更多的人都能享有良好教育和良好工作的社会。一是教育必须变得开放和包容。不能像现在这样，将教育的好处集中在富裕家庭中被过度训练的孩子身上。公共补贴和税收政策应该鼓励学校扩大招收来自收入后 2/3 的家庭的孩子。二是颁布相关改革工作领域的政策，"支持那些没有经过精心培训或没有高学历的工人生产的商品和服务"。

克服阶层不平等的主要障碍不是技术上的，而是政治上的。但正如杰弗里·A. 温特斯（Jeffrey A. Winters）在《寡头政治》（Oligarchy）一书中所阐述的，这种将财富和机会集中在少数精英阶层的不平等机制，其解决往往伴随的是社会的崩溃。但是作者认为，美国 20 世纪 20 年代和 30 年代大萧条之后的恢复是一个例外，即通过新政，最终形成了大规模的中产阶级。罗斯福新政的逻辑是通过"建立广泛共享的繁荣"，促进经济上的平等，其超越了等级制度。同时，《退伍军人权利法》（GI Bill）则"大幅扩大了受教育的机会，并将中等技能的中产阶级工人置于生产中心"。

因此，为了避免这种不平等走向崩溃，今天仍然可以采取重新扩大教育和重新强调中产阶级工作的政策，并使二者相互促进。"精英阶层通过适当降低工作强度和收入，换取一定的闲暇时间；中产阶级可以重新获得收入和地位，重新夺回美国生活的中心"。尽管这种民主经济秩序的重建困难重重，但作者认为每个人的收益是合理的，并对此充满乐观的期待。

（编译/曹宇）

"通俄门"是民主党失败的逃避借口

[**编者按**] 2016 年的美国大选可谓"一波未平，一波又起"，接连曝出多起政治丑闻。其中最引人注目的事件之一就是"通俄门"：俄罗斯到底有没有干预美国大选？本文作者亚伦·马特在 2018 年 12 月 28 日发表在"国家"网站上的《研究表明，人们对俄罗斯对于美国政治的社会媒体干预的判断是错误的》[1] 一文指出，美国专家对于俄罗斯干预美国大选的判断是错误的。根据新发布的两份调查显示，俄罗斯社交媒体活动呈现出规模小、不专业的特征，不符合"复杂的政治宣传运动"的特点，最重要的是，其内容与 2016 年大选并无紧密关联。马特认为，根本没有什么所谓的"通俄门"，这是竞选失败的民主党编造出来用以掩盖竞选失败的"遮羞布"。

在 2016 年美国大选期间，多家主流媒体曾发文称，俄罗斯试图利用网络发帖、点击诱饵等手段控制美国黑人群体的选票，以提升绿党候选人吉尔·斯坦（Jill Stein）的票数。据传，吉尔·斯坦团队通过在网页插入成人玩具广告和 Pokémon Go 游戏等手段来募集款项并引导大选走向，如《华盛顿邮报》曾报道称："一股复杂的俄罗斯势力正试图利用开放社会的一切可用手段来制造怨恨、不信任和社会动荡……互联网使俄罗斯的伎俩得以成功实施。"

2018 年末，美国参议院委托牛津大学计算机政治宣传项目组和一家名为"新知"的公司发布了两份调查报告，内容涉及对大选期间俄罗斯社交媒体的调查，目的是为查明俄罗斯是否通过社交媒体引导美国公众、操纵 2016 年大

---

〔1〕 Aaron Maté，"Studies Show Pundits Are Wrong About Russian Social-Media Involvement in US Politics"，*The Nation*，December 28，2018，载 https://www.thenation.com/article/russiagate-elections-interference/，最后访问日期：2020 年 2 月 28 日。

选等。两家机构对俄罗斯一家主要社交媒体公司——互联网研究机构（Internet Research Agency）的发帖行为进行了全面审查后，发布了这两份报告。报告结论让许多"阴谋论者"感到失望：俄罗斯社交媒体活动与2016年大选的相关性非常弱。

数据分析：俄罗斯社交媒体活动规模小、
复杂度低，且与大选内容无关

两家机构就发帖内容、发帖规模、活动复杂度等方面对大选期间俄罗斯社交媒体活动进行了详尽的分析，最终认定其不符合"复杂的政治宣传运动"的特征。

首先，在发帖内容方面，调查报告称，"与政治直接相关的帖子在总体内容中占比较低"。确切地说，在主要调查对象——互联网研究机构所发的帖子中，只有11%的内容与美国大选有关，且用户参与度只有33%。其他社交平台的发帖内容也关联不大，"大约6%的Twitter、18%的Instagram与7%的Facebook内容"直接提到了特朗普或克林顿的名字。

其次，俄罗斯社交媒体的活动规模很小。大选期间，曾有研究人员声称"此次行动规模空前之大"，他们多次重申发自俄罗斯的帖子"在Facebook上的浏览量高达1.26亿"，但这实际上只是Facebook的估计，并没有确凿的数据支撑。此外，Facebook前副总裁科林·斯特雷奇曾表示，在Facebook的新闻订阅号中，由可疑俄罗斯账户发布的帖子"只占约1/2300"。

再次，俄罗斯社交媒体的发帖内容简单。大选前，互联网研究机构被转发最多的Facebook帖子是一幅山姆大叔持枪的漫画，与希拉里·克林顿关联度最高的是一篇有关选民欺诈的阴谋论性质的文章。调查报告指出："那些口口声声指责俄罗斯通过社交媒体操纵大选的人，从来没有举出确凿的例子证明俄罗斯的干预。"

最后，过低的宣传支出也是一项可以间接表明俄罗斯没有干预美国大选的重要数据。牛津大学出具的调查报告显示，2015年至2017年间，互联网研究机构在Facebook上的宣传费仅有73 711美元。2016年大选前，与俄罗斯有关的 Facebook 广告支出也仅有 46 000 美元，相当于克林顿和特朗普的 Facebook 广告费（共 8100 万美元）的 0.05%。谷歌最近披露，2016 年俄罗斯有关账户在谷歌上支出的广告费用仅有 4700 美元。这点支出不足以支撑俄罗斯发起一场针对美国大选的网上政治阴谋。

基于以上数据，我们可以判断：俄罗斯社交媒体活动与 2016 年大选基本无关，因为它范围小、参与度低、宣传费用少、内容幼稚荒谬。或许，人们应该反思，一项对大选关注如此之少且本身并不成熟的社交媒体活动，却被专家们描述成一种对美国社会的巨大威胁，这可能才是影响大选的真正因素。

自我反思：轻信"通俄门"暴露出美国社会多方面问题

认为外部势力能够通过网络干预公民选票的观念，实际上体现了一种强烈的家长主义作风及优越感，因为这种观念的背后是逻辑、概率和数学等基本思维的缺失。出乎意料的是，这一论断还得到了所谓"专家"的证实。美国民众在"专家"的引导下，未经思考，便轻信了"通俄门"的真实性。

除了过于轻信之外，对"通俄门"的关注也让人们忽视了许多更严重的问题。记者阿里·伯曼就曾多次指出，2016 年大选是"50 年来第一次没有得到《选举权法》全面保护的总统大选"，"这是 1965 年《选举权法》通过以来最严重的历史倒退"。通过采访中西部非裔选民，记者发现，比起"通俄门"，由于工资停滞不前、社会地位不平等以及普遍存在的警察暴行带来的政治幻灭感对普通公民的影响更大。

这不禁引发人们的思考：为什么精英阶层如此在意所谓的"来自俄罗斯的威胁"？答案是，因为"通俄门"转移了人们的视线，让社会不再关注精英阶层与赋予他们"精英"头衔的社会制度的失败。用哥伦比亚广播公司（CBS）前执行官莱斯·穆恩斯（Les Moonves）的话说："这可能对美国影响不好，但对媒体却大有裨益……报道'通俄门'为公司吸引了许多资金。"为了使资金源源不断地流入，媒体有充分的动机让人们聚精会神地关注"通俄门"，并将"通俄门"以及民主党的"邮件门"与珍珠港事件、"9·11 事件"、"水晶之夜"事件等相提并论，以增加人们的恐慌。

后续影响："通俄门"仍然是精英群体转移民众注意力的工具

由于民主党在总统大选中输给了特朗普这位"不入流的真人秀主持人"，民主党领导人无疑是最想让美国公民陷入"通俄门恐慌"的一批人。为了掩盖自己的失败，他们在这件事上可谓"恪尽职守"，如希拉里的前竞选经理罗比·穆克就借题发挥，利用这两份报告警告说"俄罗斯特工将在 2020 年的初选中再次分裂民主党，使激进分子在无意中成为帮凶"。穆克说的"无意的帮凶"，应该指的是党内的进步人士，他们反对民主党领袖为了竞选与希拉里勾结，反对党内在 2016 年初选中对伯尼·桑德斯的偏见。穆克及民主党内部的统一口径是：将党内精英的行为和恶果全都归咎于俄罗斯。

但是，"通俄门"的后续影响远远超出了精英们想转移大众视线以逃避责任的预想，很多别有用心的人也在利用该事件引导舆论走向。最近一份被黑客泄出的文件透露，英国政府下属的一个慈善机构以"反俄罗斯造假"的名义开展了一项名为"诚信倡议"的全球宣传活动。该行动由军方情报人员主持，由英国外交部和其他政府部门出资支持，美国国防部和北约也参与其中。它与记者和学者群体密切合作，引导舆论以反对英国工党领袖杰里米·科尔宾。该组织在推特上发表的文章将科尔宾描述成"支持俄罗斯的蠢货"，并扬言"是时候让科尔宾下台去处理俄罗斯问题了"。

到目前为止，并没有迹象表明俄罗斯的社交媒体曾对美国选民产生明显的影响，所谓"通俄门"不过是失败的民主党、能从中得利的企业家、躲在暗处的情报官员和无良媒体的共谋而已。这些群体向西方公众灌输"俄罗斯挑拨离间"的观念，以引发社会恐慌，转移民众注意力。考虑到官方说法与实际情况严重不符及其可能带来的恶果，人们不妨反思一下，到底谁的"造假"更值得关注。

（编译/张姗姗）

阳光的阴暗面：透明度如何帮助游说者并损害公众

[**编者按**] 2019 年 4 月 16 日，詹姆斯·丹吉洛（国会研究部创始人）及布伦特·拉纳利（罗宁研究所研究人员、国会研究部高级研究员）于《外交事务》杂志网站发表《阳光的阴暗面：透明度如何帮助游说者并损害公众》[1] 一文。文章指出，目前政府停摆、民众对国会不满的原因恰恰在于 20 世纪 70 年代以来的透明度改革。这一"记名投票"的改革，事实上使立法的各个环节暴露在特殊利益集团之下，同时加剧了党派内部与党派之间的矛盾，因而滋生出"作秀投票"。受利益集团操控的立法记录反而降低了透明度；自由派的改革也反噬自身，最终完全不利于跨党合作以制定真正有利于公众的法律。作者认为，其解决方案在于回归美国开国元勋所提出的不透明立法。

美国国会支离破碎，立法者将政治作秀和自我炫耀置于实际问题之上。这个问题始于 1970 年，当时众议院的一群自由民主党人带头通过了"阳光改革"（sunshine reforms）的新政。这些措施包括增加了记名投票数量，并允许社会公众参加以前被禁止参加的委员会会议。这些措施被宣传为"将使立法者对选民更加负责"。但改革事与愿违。降低保密程度意味着将立法程序向众多主体开放，即公司、特殊利益集团、外国政府、行政部门的成员，这些人比公众更关注每届国会的数千次投票。这些改革还剥夺了不记名投票时国会议员与政治对手私下达成妥协的可能，并鼓励他们为了政治作秀，把毫无用处

---

〔1〕 James D'Angelo, Brent Ranalli, "The Dark Side of Sunlight- How Transparency Helps Lobbyists and Hurts the Public", *Foreign Affairs*, May/June 2019, 载 https：//www. foreignaffairs. com/articles/united - states/2019-04-16/dark-side-sunlight, 最后访问日期：2019 年 11 月 11 日。

的修正案提交国会审议。五十年过去了，关于透明度的实验结果已经显现。当立法者被当作需要不断监督的未成年人对待时，受益的是特殊利益集团，因为他们掌握监督权。当政客们有充分的动机去见机行事时，政治就会变得更加党派化，其功能也更加紊乱。

保密之死

过去，保密被认为是一个好政府的必要条件。众议院许多最重要的事务是讨论并修改来自各个常设委员会的立法，包括筹款委员会、外交事务委员会等，都是在全体委员会中进行的。但到了 20 世纪 60 年代末，众议院的自由派人士开始对保密感到不满。被称为民主研究小组（Democratic Study Group）的自由派党团会议，通过在一项旨在使国会现代化的法案上附加几项与透明度有关的修正案，策划了一场对委员会主席权力的攻击。该法案名为《1970年立法重组法案》（Legislative Reorganization Act of 1970），直接导致他们的投票成为记名投票，他们还将被计入出席人数统计：他们本来是可以投票反对自己的主席，而不用担心遭到报复的。

此外，记名投票还将允许外部团体——工会、非营利组织、环保组织——进行更严格的惩戒；记名投票也会使政党本身更容易进行惩戒，党魁可以利用党员投票情况的额外数据作为奖惩的依据。改革还提高了常设常委会的透明度，委员会的投票将被记录，甚至在审议会议期间委员会房间的门也被打开。利益集团的代表可以在审议会议期间坐在会议室里。如果一位委员需要推动一部法案走上立法程序，这些团体可以通过动员该委员家乡地区支持者发出大量来信和打电话，对这名委员施加纠正压力。

说客的入侵

20 世纪 70 年代，华盛顿的企业游说活动变得异常活跃。美国商会成员增加了 1 倍多，预算增加了 2 倍多。从 1971 年至 1982 年，在华盛顿注册的游说公司从 175 家增加到 2445 家。1968 年至 1978 年间，在华盛顿设有公共事务办公室的公司数量增长了 5 倍，且规模迅速扩大。最令人信服的解释是同时展开的透明度革命。比如，商会就直接按照自由党团游戏宝典的规则，派专员去委员会会议，记录下议员的所说所做；他们还激活了生意人的基层联系网络，以对那些越轨者进行信件与电话轰炸。结果是，尽管国会的意识形态构成没有发生重大转变，但到 1977 年左右，它已经停止通过自由主义立法，开始为大企业招标。委员们投票赞成减税和降低空气污染标准。他们否决了限制针对儿童的电视广告的计划，并否决了加强工会、成立联邦消费者保护机构的法案。其他特殊利益集团也利用了透明政策。小型游说公司纷纷涌现，以确保为那些此前远离政治的客户（如大学和医院）提供补贴。以色列、日本、沙特阿拉伯等国家加大了对美国制定对外援助、军事销售、贸易和关税政策的影响。

两党合作亦卒

与此同时，国会一直经受着来自内部日益加剧的政治两极化的困扰。"阳光改革"发挥了重要作用，它使政党领导人更容易让党内成员保持一致。而特殊利益集团的崛起也扩大了国会的党派分歧，因为这些集团本身也越来越自我分化。在透明度改革的推动下，利益集团向议员施压，要求他们遵循所属政党的路线。由于记名投票的激增，这些团体还能够在越来越神秘的投票中给国会议员打分，从而得出一些看似科学（但往往不诚实）的标准以衡量议员们在某个特定问题上的表现。

议员们在私下会面时往往更彬彬有礼且愿意商讨，也更愿意互谅互让，以达成双赢的解决方案。相比之下，在观众面前，他们倾向于大张旗鼓，采取强硬立场。电视摄像机在国会的出现使这个问题变得更加严重。20 世纪 80 年代，电视使得一群激进的共和党人有可能将众议院的议事程序变成一场马戏表演。他们表明，众议院团结的降低有助于"好演出"和"好政治"。

纯粹为了作秀

"阳光改革"的另一项重要成果是所谓的"作秀投票"（show vote）的兴起。这些投票通常针对无关法案的修正案，其目的不是为努力改善立法，而是实现一种政治表演。有时，目标仅仅是让某些成员在选民眼中看起来不错。在其他时候，它是为了迫使竞争对手的立法者在一个困难的问题上表明立场，或者诱骗他们参加投票。就像游说和党派之争一样，作秀投票的激增正是源于透明度的提高。随着议员们越来越频繁地公开投票，将他们记录在案的诱惑被证明是不可抗拒的。由于要进行如此多的投票，没有哪位立法者能够令人信服地宣称，他（她）对自己所投票内容的理解超过了一小部分。在透明度改革之前，国会每年通过大约 2000 页的立法；现在它每年产生 7000 多页。此外，很多措辞都是由特殊利益集团设计的，他们希望隐藏自己的踪迹。正如声名狼藉的前说客杰克·阿布拉莫夫（Jack Abramoff）曾在一次采访中解释的那样，"我们所做的，是精心设计的语言，如此晦涩难懂、令人困惑、缺乏信息，但又如此精准"。换句话说，旨在提高透明度的改革却导致了立法如此不透明，以至于没有人能够理解。

回归保密

如果过度透明是国会问题的根源，那么简单的解决办法就是降低透明度。一项恢复原状的法律将很快恢复"阳光改革"中失去的开放与隐私之间的一些平衡。委员会的审议会议将在不公开的情况下进行。全体委员会恢复不记名投票，常设委员会停止记录每个成员的投票情况。一如既往，所有立法的最终投票仍将被记录。摄像机可能不会被完全搬走，但它们的使用可能仅限于最终投票以及围绕它们的演讲和辩论。

批评者可能会认为，选民可以轻易地让民选领导人承担责任。但一项又一项研究表明，公民根本不了解国会的行动。参议院批准道尼尔·戈萨奇（Neil Gorsuch）进入最高法院两个月后，皮尤研究中心（Pew Research Center）的一项民意调查发现，只有 45% 的美国人知道他是谁。国会每年的立法、文本及其他重要文件的总量往往超过 100 万页，如果国会恢复到 1970 年以前的保密水平，公民仍然有充足的数据来评判他们的代表。回到过去也并非为时已晚，2015 年关于医疗保险可持续性的立法，该法是在众议院民主党与共和党领导人的闭门会议上酝酿出来的，但当时他们在公开场合针锋相对。前最高法院法官路易斯·布兰代斯（Louis Brandeis）在 1913 年写道，"阳光是最好的消毒剂"。布兰代斯说的是大银行，而不是国会，但他的这句格言后来被那些要求在政治上减少保密的人所采纳。无尽的阳光没有一些偶然的阴影，却扼杀了它本来应该滋养的东西。

（编译 / 史庆）

改革最高法院方能重拾威信

[**编者按**]　司法独立是美国政治体制的特色之一。美国最高法院象征着司法权对于国家运行的监督，九位大法官所做的判决不仅对于美国有指导意义，其对于整个世界的价值取向都有着重要影响。2018 年"摇摆票"大法官肯尼迪宣布退休后，新任大法官的任命渐渐演变为美国保守派与自由派的政治斗争。最高法院卷入两党政治博弈，导致其权威与独立性受到了民众的质疑。在耶鲁大学法学与政治学教授布鲁斯·阿克曼看来，最高法院应当进行体制性的改革，以重拾其作为司法机关的权威。在其发表于《洛杉矶时报》的文章《人们对最高法院的信任在下降，有三种强化法院的方案》[1] 中，阿克曼教授指出，美国最高法院若想重新获得民众的信任，维护其独立地位，则应当进行改革，包括实行二分庭制、大法官选举投票制度、大法官任期限制等。否则，两党制政治斗争将给司法制度造成持久的不良影响。

党争愈演愈烈，最高法院的独立性与公正性正遭受质疑

大法官安东宁·斯卡利亚（Antonin Scalia）逝世之后，美国参议院在议事程序中上演诸多权力事件，普通民众纷纷怀疑，大法官在这一权力制衡体系中是否已成为事实上的立法者。如果不进行彻底性的改革，每一新任大法官提名都会带来新一番来自民众的抗议。

---

〔1〕 Bruce Ackerman, "Trust in the Justices of the Supreme Court Is Waning. Here Are Three Ways to Fortify the Court", *Los Angeles Times*, December 20, 2018, 载 https：//www. latimes. com/opinion/op-ed/la-oe-ackerman-supreme-court-reconstruction-20181220-story. html，最后访问日期：2020 年 3 月 4 日。

同时，近年来法院的判决量大大减少。1970 年，最高法院公布了 250 个判决；到了 2016 年只有 75 个。原因显而易见：最高法院在案件管理上遇到了问题。同一时期，请求最高法院复审的案件从 4000 件增加到 7500 件。

大法官和书记员们正投入大量时间查看哪些案件值得审理。这意味着很多来自下级法院的案件都不会被审查，即使在这些案件中上诉法院对关键议题的宪法和法律解释问题持完全不同的态度。目前的情况是，你能不能实现你的基本权利，全指望受理案件的是新英格兰州第一巡回法庭、南部第五法庭还是西部第九巡回法庭？

如果最高法院希望 21 世纪继续担任有效的法律守卫者，那么它应当进行系统性改革。作者的建议如下：

增加法官，采用七人分庭制

首先，我们需要更多的大法官，且各司其职。德国曾有这样的实践。德国高等法院由两个 7 人的分庭组成，每一分庭负责审理不同类型的案件。对美国而言，如果一个分庭处理法律解释问题，另一个处理宪法问题，则是最有效的体制。而对于重大疑难案件，则两个分庭共同审理。

有了两个 7 人分庭，最高法院就可以审理更多案件。最高法院对案件的审查更加谨慎，可以防止上诉法院所做的判决远远背离"既定法"（settled law）。这是改变目前局势的好机会。这样可以减少不同地区的"同案不同判"现象，保障法律面前人人平等。

二分庭制度要求总统和参议院另外任命 5 个新的大法官。因此，下一个挑战是防止总统和议员滥用任命权。

约束总统的提名权

一种简单的保障措施是要求参议院恢复旧时 60 票选定候选人的规则。参议院曾修改游戏规则，以 51 票确认尼尔·戈萨奇（Neil M. Gorsuch）为最高法院大法官，以扫清其任职之路上的障碍。重新启动 60 票确认制可能会迫使总统提名可以获得两党中间派支持的大法官人选，否则他很难让自己提名的大法官人选获得任职机会。60 票确认制有利于重塑大法官选举制度的政治性。

最高法院法官任期限制

我们仍然可以实行大法官终身任期，但应当规定他们在最高法院任期年限为 14 年，然后将他们调任至上诉法院。任期限制可以减少大量越来越年轻的大法官到最高法院任职的情况，这种情况的影响是以数十年计的。固定任期制会推动服务时间长、工作成绩出众的成熟大法官到最高法院任职。

作者认为，上述这些改革并非难事，因为这些变动都不需要修改宪法，国会的权力足以实现这些改变。

二分庭制的立法提案是符合宪法规定的"一个最高法院"的要求的，因为它将明确授权 14 个大法官共同审理最重要的案件。

尽管宪法保障大法官的终身职位，但它也未曾规定这些大法官必须永远在最高法院就职。国会限制法官任期至 14 年，然后将他们派任至上诉法院的做法并未违反法律。桑康拉·戴·奥康纳（Sandra Day O'Connor）大法官于 2006 年退休，她的经历说明，这种制度是有益的。

但是，宪法也对改革有根本性的限制。14 年任期限制仅仅对未来的候选人有效力。如今的最高法院大法官仍然为终身任期制，并且只有"丧失良好品行"才会使他们失去这个职位。

至于 60 票确认制，参议院改变这项规定仅仅过去一年，改回来也并非难事。

从目前的大法官选举情况看，绝对多数决（四分之三同意）才是减少未来障碍的唯一可行之举。

特朗普总统也许不会重视这些司法改革，但是新任国会应当且必须重视。否则不断升级的党派之争未来会毫无疑问地破坏司法的有效性与合法性。

（编译/梁锐）

美国最高法院的改革之争

[**编者按**]　大法官卡瓦诺一波三折的任命凸显了美国司法领域的两党之争，这引发了许多人的思考，即司法何以在两党政治之下保持中立。马特·福特在《新共和》上发表文章《一个更好的解决最高法院问题的方案》[1]，介绍了他提出的最高法院改革的方案。作者认为最好的方案是：以宪法修正案的方式，让最高法院大法官从各联邦巡回法院产生，首席大法官的产生仍经由总统提名且参议院批准。马特·福特的灵感来源于历史的经验，他认为该方案可以大幅度削弱近40年来激烈的司法领域的党派竞争。尽管优点众多，但有评论认为，这一方案也会造成大法官同质化、单一化的弊端。

大法官的提名之争

大法官在美国政治运转中扮演着重要的角色，他们会考虑废除或者保留由民选立法者通过的法案，会裁决大选争议，会考虑产生有全国性影响的议题。近年来在麦里克·加兰·布洛克德（Merrick Garland blockade）提名失败和布雷特·卡瓦诺（Brett Kavanaugh）宣誓上任之后，保守派法官在最高法院已经占据5席多数。

政治身份（political identity）愈加成为大法官提名的衡量标准。面对保守派的压力，一大批民主党人正在鼓动最高法院改革计划——以增加最高法院大法官的人数抵消保守派的优势。

---

[1]　Matt Ford, "A Better Way to Fix the Supreme Court", *New Republic*, June 4, 2019, 载 https://newrepublic.com/article/154047/better-way-fix-supreme-court, 最后访问日期：2020 年 3 月 4 日。

伯特吉格方案

伯特吉格（Buttigieg）告诉 NBC 新闻，他支持法学教授埃普斯（Dan Epps）和西塔拉曼（Ganesh Sitaraman）提出的计划。这个变革计划将把最高法院大法官人数扩大到 15 名。10 名终身制大法官将以正常的方式被选出，但会有一个变化：其中 5 名大法官将由共和党议员决定，而另外 5 名大法官将由民主党议员决定。其他 5 名一年制大法官不是由总统和参议院选出，而是由法院其他 10 名大法官一致同意选出。如果 10 名大法官无法达成统一意见任命剩余 5 名大法官，最高法院就会无法达到法定人数，也无法在那一年审理任何案件。

两位教授认为，永久性的职位将会更多地选择中性政策而不是极端政策，同时在任命剩余 5 位大法官的情形下，两派最终会选择那些立场温和且易被说服的立场摇摆的大法官（swing vote）。

但作者批评伯特吉格方案，他认为要求固定两党的大法官席位明显偏离了去政党化的司法宗旨。如果两派共治状态被打破，结果将是最高法院停摆，这是一把危险重重的达摩克利斯之剑，高悬在美国司法之上。

以宪法修正案使得大法官从各联邦巡回法院中产生

作者认为，若真要改革最高法院，最好的计划就是推动宪法修正案，宪法修正案的方案避免了国家司法被党派腐蚀，不会任由国会在任命大法官之时恣意妄为。宪法修正案会吸纳一些惠及多方的中性原则。

作者回顾了最高法院的历史，扩张最高法院是有其合理性的。在最高法院成立的前 90 年里，法官数量和联邦巡回法院的数量一致，从 6 个扩大到 10 个。起初这些大法官马不停蹄地在他们的各自的巡回辖区里审理案件，直到正式的联邦上诉法院的建立，这一情形才得以终止。

作者认为，最佳方案是从联邦巡回法院中产生大法官，美国有 11 个巡回法院分布在各州，华盛顿哥伦比亚特区巡回法院在首都，若每一个巡回法院产生 1 名大法官，就会产生 12 个大法官。联邦巡回上诉法院不受理的来自非地域联邦法院的案件不计算在内。将大法官席位和巡回法院联系起来会让最高法院党派色彩减弱，每当一名大法官隐退之时，空出来的席位将在所属联邦巡回法院的法官中随机抽选一名。为了避免处理案件之时票数相等的情况发生，第 13 名大法官即首席大法官将会由总统提名、参议院批准。

大法官终身制的限制

通过宪法修正案重组最高法院会解决其他棘手的问题。修正案同时将对大法官加之以任期的限制，在美国如今六成民众支持这一动议。

终身任期具有无可估量的好处。它如同一道墙使法官们与立法机构和行政机构隔离开来，并且使法官不会对未来的生活感到忧虑，这会降低法官腐败的风险。作者建议大法官们可以选择完全退休，也可以选择自动回到巡回法庭法官的职位上。首席大法官可以在他们的任期结束时选择到任意的巡回法院中任职。

作者认为，修正案中的其他条款应该用来对抗可能试图滥用该程序的国会议员。大法官必须从已服务至少十年的联邦巡回法院的法官中选出。该修正案还将限制国会在一定时间内增加联邦法官的数量。这两项条款都将阻止两党临时向联邦巡回法院安插大量新手，增加己方人士当选的概率。

最高法院改革的前景

这项修正案并不能解决所有问题。但它有助于缓解过去 40 年来党派倾轧的历史。通过将改革重点转移到下级联邦法院，共和党和民主党参议员会更好行使否决权，否决掉真正不合适的候选人，而不必花心思在应付富商大贾或顽固党派人士的压力上。修正案也会有弹性的空间，或许每一个巡回法院可随机选出三个候选人，总统来选择一名作为提名人，抑或是参议院在候任大法官进入最高法院之前，仍会投票表决是否批准该项提名。

作者提到，对于任何改革，双方都需要具备妥协的艺术，否则改革马上就会转入极端激进的漩涡，美国人应当思考是否希望看见每一次大法官提名都蜕变成两党的拉锯战。

（编译/艾敦义）

美国神话的终结

[**编者按**] 　特纳的"边疆理论"认为，美国式扩张主义使"边疆"成为一种世界新秩序的象征。领土扩张和市场开放不仅将国内冲突转向外部，也推动国际社会走向普遍自由，这是美国以全球帝国力量创造的神话。然而，如今的美国总统特朗普却主动构筑起领土边疆之墙，并且采取贸易保护主义，这是否预示着美国神话的终结？针对这一问题，美国纽约大学历史学教授格雷格·格兰丁于2019 年 3 月 5 日在《美帝国通讯》发表《美国神话的终结》[1] 一文。在他看来，无休止的对外战争已使如今的美国精疲力竭，任何形式的扩张都无法调和政治分化和种族矛盾，于是民粹主义和种族主义抬头，其中最为典型的是特朗普上台和他一系列政策主张，"特朗普主义是一种极端主义，它转向了内部，吞噬一切，也吞噬自我"。曾经一路试图逃离根植于历史的种族主义的美国，如今却深深受困于种族主义当中。

不断扩张以摆脱社会痼疾

史诗般的历史进程展现了美国边疆的动态迁移。"在社会发展进程中，美国就像一纸巨大的书页"，当今最伟大的历史学家之一弗雷德里克·杰克逊·特纳（Frederick Jackson Turner）曾在 1893 年这样写道："当我们从西到东逐行阅读这本大陆书时，社会进化历程展现在我们面前。"特纳的学术生涯横跨 19

---

〔1〕　Greg Grandin, "The End of the Myth: From the Frontier to the Border Wall in the Mind of America", *American Empire Project*, March 5, 2019, 载 http://americanempireproject.com/blog/the-end-of-the-myth-excerpt/，最后访问日期：2020 年 2 月 25 日。

世纪末至 20 世纪初，当时正值严重的种族隔离时期，三 K 党卷土重来，反种族间通婚和本土主义排外法得到强化。然而，特纳提出的著名的"边疆理论"（Frontier thesis）认为，"边疆扩张打造了一种独特的美国政治平等形式，一种充满活力、勇气和信心的个人主义"。

作者指出，特纳所代表的美国主义对建国之初所取得的进步信心十足，他们主张不断向前迈进，向世界迈进。这不仅会冲淡种族主义的影响，还会弱化包括贫困、不平等和极端主义等在内的其他社会问题，甚至还让不同的人学会和平共处。1902 年，弗兰克·诺里斯（Frank Norris）希望，领土扩张会带来一种新的普遍主义，带来"人类的兄弟情谊"（brotherhood of man），那时美国人会意识到"我们的国家是全世界，我们的同胞是全人类"。

西方犹如一片应许之地，一个伊甸园式的乌托邦，在那里，作为新亚当的美国人仿佛摆脱了自然限制、社会负担和历史狭隘。在美国历史上，没有任何一个神话比不断扩张的拓荒者的神话更强大，更能被多届总统援引。向前扩张，然后继续向前扩张，是那个时代的特征。正如伍德罗·威尔逊（Woodrow Wilson）在 19 世纪 90 年代所言，"到目前为止，我们国家历史上的关键事件，就是我们的货车里总是坐着一群拓荒者，"威尔逊说，"我没有想到要退缩。"

然而作者强调，直至 2015 年 6 月 16 日，特朗普参选总统的宣告让这场史诗般的扩张运动步入尾声，同时撼动了特纳的"边疆理论"观点。特朗普说："我将建造一堵举世瞩目的边疆之墙。"事实上，在曼哈顿第五大道他的高楼大堂里，特朗普也特别提到，现在必须停止美国在《北美自由贸易协定》（North American Free Trade Agreement）中对自由贸易的承诺。

从可见的边疆到心中不可见的围墙

所有国家都有边界，但只有美国有边疆，一个代表着不断开拓和解放的边疆。这个边疆象征了现代生活的希望，成了他国效仿的典范。在第二次世界大战结束后的几年时间里，"边疆"成了一种世界新秩序的隐喻。华盛顿称，与其说是在统治，不如说是美国在帮助建立和巩固一个自由的、普遍的和多边的国际社会。

然而作者指出，边疆的不断扩张也遮蔽了很多值得批评的社会问题。马丁·路德·金认为，扩张的理想滋生并固化了种族主义和暴力的白人男子气概，暴露了扬富惩贫的社会病态问题，同时军事扩张加剧了国内两极分化。马丁·路德·金的观点既简单又深刻：不断地扩张让美国回避了对其社会问题的真正反思，如经济不平等、种族主义、犯罪和惩罚，以及暴力等社会痼疾。联邦参议员林赛·格雷厄姆（Lindsey Graham）认为，美国正在打一场"没有边界、没有时间和地理限制的无休止的战争"。当美国陷入无休止的对外战争时，我们再也无法想象这个国家还能持续地发展壮大。美国的财政被消耗殆尽，人们也不再相信所谓的战争的正当性。

对越战争战败后的几年里，顽固的个人主义和扩张边疆的主张再度复兴。去工业化使越来越多人的生活变得不稳定，当这种不稳定达到了他们的忍受极限时，他们会选择制造一种令人不安的不和谐，这种不和谐削弱了社会团结机制，尤其是削弱了政府福利和工会的力量，而这种团结的力量此时恰恰是人们最需要的。由此可见，神话与现实之间的隔阂现在已扩成一道鸿沟。美国政府以追求个人自由和个人利益为原则，腐败和贪婪由内滋生。贪赃枉法和信念颓丧占据着美国人的思想，许多富人在蔑视穷人之外别无他求。

2016年特朗普当选美国总统。特朗普主义是否意味着打破传统，拒绝宽容和平等，放弃多边主义、民主和开拓海外市场？我们必须意识到，与特朗普不同的是，杰克逊和威尔逊等早期奉行种族主义的总统，是在美国走向世界时担任总统的，因此他们可以通过无休止的增长承诺遏制政治两极分化，国家也可以团结在一起。而特朗普主义是一种极端主义，它转向了内部，吞噬一切，也吞噬自我。任何形式的扩张都再也无法满足利益，无法调和矛盾，无法冲淡派别。作者进一步论述，特朗普接触了美国各种形式的种族主义，譬如认同出生地主义者，接受法律至上的极端主义者，接触三K党和纳粹支持者等等。但随之而来的问题是，他们给墨西哥人贴上强奸犯的标签，将移民称为"蛇和动物"，惹怒非法移民并提议取消与生俱来的公民权利，同时还允许移民与海关执法局（ICE）突袭检查学校和医院，不但使家庭无法团聚，还不断扩散着悲痛——这都向特朗普主义释放了最引人注目的警告：世界不是无限的，不是所有人都能分享它的财富，国家的政策应该照顾到这一现实。因为自然资源不是无限的，因此社会应该以一种尽可能公平分配财富的方式组织起来。

加拿大诗人安妮卡森（Anne Carson）曾说过："活在神话的尽头是一件危险的事情。"因为特朗普，美国意识到自己已处于神话的尽头。谈论边疆，就是在谈论资本主义可能带来的无限希望与力量。特朗普认为，承诺修建一堵墙，不是在挑战资本主义，只是承认资本主义局限性而已。

作者最后总结，这是美国的新神话，预示着边疆的最终确定。它是一个国家的象征，这个国家过去以为自己已逃离历史，或者至少驾驭历史之上，但现在却发现自己被历史困住。它也是一个民族的象征，这个民族过去以为自己是未来的引领者，现在却发现它成了过去的囚徒。

（编译/陈韵仪）

如何拯救自由主义？

[**编者按**] 有关自由主义衰落的辩论早已甚嚣尘上，右翼和左翼的批判者极力抨击自由主义的价值。耶鲁大学法学和历史学教授塞缪尔·莫恩于 2019 年 6 月 23 日在《华盛顿邮报》发表《我们正处于反自由的时刻，自由主义者需要更好的答案》[1] 一文，试图从自由主义的传统出发，提出一种新的抗辩。他提出，自由主义崛起于专制主义的废墟之上，并且战胜 20 世纪各种版本的极权主义。自由主义的独特之处在于，它不寻求有关神性的终极答案，而把定义生命意义的权利交给个人。个人可以追求自己的美好生活愿景，在此过程中实现生命的圆满。在作者看来，这一价值并没有失败，甚至还从未被尝试。自由主义的问题在于，对于经济自由的过度强调削弱了它有关生命自由的承诺。作者呼吁美国的自由主义者重回尊重平民大众的传统，重新给予个人以自由。在某种意义上，这也是重回自由主义本身。

自由主义正在走向灭亡

自由主义的掘墓人相信，属于他们的时刻已经到来。匈牙利总理欧尔班谴责"沉陷"（shipwrecked）的自由主义，他削弱本国法庭，为支持其政党而改变选举制度，打压大学。在后方，美国的特朗普总统公开赞扬强人政治，贬

---

[1] Samuel Moyn, "We're in an Anti-liberal Moment. Liberals Need Better Answers", *The Washington Post*, June 23, 2019, 载 https://www.washingtonpost.com/outlook/were-in-an-anti-liberal-moment-liberals-need-better-answers/2019/06/21/5f276b26-91f7-11e9-b72d-d56510fa753e_story.html，最后访问日期：2020 年 2 月 28 日。

低法官和新闻自由，对北约之类的组织表示轻蔑，而后者被很多人视为联结西方民主国家的战后"自由秩序"支柱。

保守主义知识分子虽不认可所有这些动向，但也表示这些现象源于对当下政治秩序的由衷的挫败感。在紧迫感的驱使下，自由主义者捍卫他们的信条。但是作者认为，随着辩论持续，结论会变得愈加昭然，建立在个人自由和代议制政府基础上的政治制度并不需要赞颂或者批驳，它所需要的是将它从其自身解救出来。自由主义的追随者应该敞开怀抱，为一个新的时代重新想象他们的传统。

对于自由主义的批判

"自由主义"所指的并不是某一美国政党的哲学，而是宗教改革之后发生的世俗政治转向，它允许个人和群体以各自的方式追求其目标，而且相互共存。数个世纪以来，基督教国家在欧洲式微，其换来的是多元主义和宽容，更多市民获得追求最好生活的更多自由。但是，批判者们早就指出，这样的制度孕育的不是自主而是原子主义（atomism），不是公平而是不平等，不是圆满（fulfillment）而是虚无（emptiness），不是文化而是无序。如今许多保守主义者指出，它同样鼓励了享乐主义、非传统的性、堕胎，以及对于自我表达的过分关注。

现今美国关于自由主义之价值的辩论，可追溯至圣母大学政治理论家帕特里克·狄宁（Patrick Deneen）的著作《自由主义为何失败？》（*Why Liberalism Failed*），该书是一部出人意料的畅销书。狄宁所属的罗马天主教右翼长久以来对自由主义持怀疑态度。但是，当狄宁建议忠实信徒从国家政治生活抽身而关注本地社群时，天主教皈依者、哈佛法学教授阿德里安·韦梅莱（Adrian Vermeule）提出了更具进攻性的策略，他希望"非自由主义行为者"可以"战略性地栖身于自由主义机构，并且努力从内部瓦解国家的自由主义"。

自由主义同样承受着来自左翼的猛烈抨击。年轻的进步作家卢克·萨维奇（Luke Savage）最近在《雅各宾派》（*Jacobin*）杂志中写道："在实践中，自由主义已经在很大程度上成为过分乐观者所共有的一系列条件反射（reflexes），他们仍对资本主义市场和试图在动荡的全球秩序中维持它们的机构保有信心。"马克思主义者认识到，自由主义者并不像罗马天主教作家所指控的那样，仅仅是享乐主义者和相对主义者。他们承认自由主义者信仰自由，但是他们认为，自由主义者没有认识到市场并不能为此种自由创造条件。

自由主义者的抗辩

作者论述了自由主义者对于这些批评的抗辩，主要有三：

第一，自由主义是对基督教或世俗的专制的一种回应。自由主义的批判者常怀着思古之幽情，提及中世纪更加稳固的社会秩序。然而，正是由于非自由主义本身的惨败，自由主义才得以从这一社会秩序中成长。自由主义者发现，国家对宗教派别所构想的"至高之善"的追求，所导向的并不是人类的圆满，而是无休止的压迫和战争。

第二，自由主义超越20世纪各种宗教和非宗教的极权主义政治制度而犹存，它们曾使自由主义显得像是乌托邦。今天的反自由主义者仍对他们的过往轻描淡写，在欧洲历史上，自由主义的右翼批判者曾经选择法西斯主义，并且支持西班牙的弗朗西斯科·佛朗哥（Francisco Franco）之类的右翼政体。第二次世界大战可以被视为一场关于自由主义的终极辩论，也使一切尘埃落定。

第三，批判者同样没有认识到，自由主义意识形态太过多样，不能以一种涵盖一切的过错予以指责。早期自由主义者可以使教会与国家之间的界限模糊不清，甚至可以像瑞士新教徒本杰明·康斯坦特（Benjamin Constant）所做的那样，坚称自由主义是基督教的最高形式。

自由主义不是一种教条，而是一系列两难困境，它关注着如何平衡自由和公益、经济自由和社会公平、对意义的寻求以及对独处的渴望。

自由主义的问题与出路

面对当下政治乱象与危机降临，自由主义者应该欣然接受这个机会，以重新考虑他们的地位。我们的论辩应当是，自由主义的理想版本并没有失败，因为它还从来没有被尝试。

作者认为，自由主义主要的问题是，它提供的美好生活愿景已经被败坏，不是因为过多的许可和自我表达，而是因为经济自由至上主义阻塞了自由主义曾许诺的个人自我塑造的自由。毕竟，至今所有形式的自由主义都或早或晚地加重了经济上的自由至上主义（economic libertarianism），在富者与其余人之间创造了更大的鸿沟，远甚于基督教和国王曾强加的备受谴责的封建主义。

同时，在最近几十年，自由主义者将大部分时间都致力于不同观念的相互共存，而忘记培育一种美好生活的理念（a sense of life well lived）。他们增进宗派和平，创造宗教和世俗观点都能发声的公共场域，最重要的是，关注少数群体的特殊认同。自由主义者提升了群体间的宽容，却是以忽略个体的自我塑造为代价的。然而，面对渐趋增长的批评，自由主义者需要回答的是，他们已经捍卫了一种至高的善，那就是创造自由（creative freedom）。这种对于差异和宽容的强调解放了个人，使他们得以独自或共同地锻造自我的意义。

因此作者认为，自由主义者的正确战略是接受失败，承认他们没有使自我创造的理想成为现实。不可否认，他们的传统与宗教价值成功并存，甚至使后者得到提升。但是，他们不能只是宣称这些，而必须重拾脱离神性督导而寻求生命意义的倡议。自由主义之所以能够壮大，是因为它是迄今为止唯一不试图解决是否要把个人导向神性这一终极辩论的世界观，它允许任何一种选择，承认两者都可通往创造性的和有意义的人生。

关于美国前总统奥巴马的失败，萨维奇认为，其问题在于，虽然召唤出"公众善意的浪潮，却继续把同一批旧官僚和金融家邀回白宫，让他们重操旧业"。但这并不意味着自由主义是整体的失败，只是意味着美国人需要敦促他们的政客奉守尊重平民大众的旧传统，进而创立新的传统，以把生命自由的理想从市场价值和精英统治的桎梏中解救出来。面对批判，自由主义者需要更好的抗辩。如果美国的自由主义者，尤其是民主党中的自由主义者，不尽快从他们的志得意满中回转过来，他们或将被引入一场不期而至的丧葬中。

（编译/向若 吴彤）

启蒙的辩证法

[**编者按**]　启蒙运动一直被认为是以理性之光明驱除封建之黑暗的思想文化解放运动，但巴黎大学的哲学教授贾斯汀·E.H. 史密斯（Justin E. H. Smith）在其新书《非理性：理性黑暗面的历史》（*Irrationality: A History of the Dark Side of Reason*）中却提出：过于倡导理性的启蒙运动反而会助长非理性的思潮，典型例子如现代种族主义和极权主义的兴起。我们应该辩证地看待理性的本质，因为理性本身就蕴含着非理性因素。而普林斯顿大学哲学教授夸梅·安东尼·阿皮亚于其 2019 年 5 月 9 日发表于《纽约书评》网站的《启蒙的辩证法》[1] 一文指出，判断理性不应局限于个人层面，而是要站在更为开阔的社会层面去分析。理性，从其被追求价值的意义和难以实现的意义上看，都只是一个理想。虽然理性绝不是一切问题的不二法门，但它却是所有方法中不可或缺的因素。

对启蒙运动的批判声音

不少评论家认为，启蒙运动是愚昧无知的。一些人认为，它是现代种族主义和帝国主义的温床。一位最近的学者提出，启蒙运动中的光，本质上是指"白色"。伏尔泰、康德和大卫·休谟都曾发表过歧视黑人的言论。约翰·格雷（John Gray）这样的评论家认为，启蒙运动自我满足式的理性主义和对进步的信念必然会助长种族和文明的等级观念，启蒙运动也可能与 20 世纪的极

---

〔1〕　Kwame Anthony Appiah, " Dialectics of Enlightenment ", *New York Books*, 载 https: // www. nybooks. com/articles/2019/05/09/irrationality-dialectics-enlightenment/, 最后访问日期：2020 年 2 月 21 日。

权主义有关。启蒙运动的负面影响仍在继续：在格雷看来，自由理性主义是一种内涵贫乏的信条，它扼杀了更丰富多元的生活形式。他说，这就是为什么依赖自由主义启蒙价值观的西方社会"饱受社会失范和虚无主义的困扰"。

然而，在作者看来，这些反对意见并没有解决问题。因为伏尔泰与其他欧洲人的不同之处，不在于他对欧洲血统优越性的假设，而在于他雄辩地反对奴隶制和殖民主义。休谟也不支持奴隶制、重商主义或帝国主义的体制。而康德，他的观点似乎已经发生了演变。荷兰学者鲍林·克莱因菲尔德（Pauline Kleingeld）在 2012 年的研究《康德与世界主义》（*Kant and Cosmopolitanism*）中令人信服地指出：在 18 世纪 90 年代，康德摒弃了人类差异的等级观念，现在他对奴隶制、帝国征服和强权统治提出了明确的谴责。

贾斯汀·E. H. 史密斯在新书《非理性：理性黑暗面的历史》中提出，理性所带来的困难，其本性显然是辩证的：理性渴望的东西中也包含着它的对立面，而就像某种自然规律一样，在用理性建设社会过程中的每一次努力迟早都会越界，导致非理性暴力的爆发。我们越是为理性而奋斗，似乎就越容易陷入非理性的状态。

启蒙辩证法

正如史密斯所言，《非理性：理性黑暗面的历史》这本书中的固定主线是"理性和非理性这两个极端之间的持续运动——理性所采取的激进转变，此后理性转变为其对立面"。

虽然史密斯的书提供了这些开阔的时间视角，但它找到了辩证法的象征。它经常让人联想到一种双盘天平，在这种天平上，启蒙与反启蒙处于平衡状态。同一时期"不仅标志着理性主义现代性的诞生，还标志着它的对立面的出现"。

从这个意义上说，反启蒙运动不是指哲学的世俗对手，也不是指他们众多的教会或保皇派的对手，而是指一小部分知识分子。据说这些知识分子发展了一种相反的思想体系，他们用特殊主义反对普世主义，用生命主义反对理性主义。在伯林看来，启蒙运动的思想家们错误地相信，所有真正的价值观都可以和谐统一。"他们与迷信和无知进行了一场伟大的斗争",伯林曾这样说,"所以我支持他们"。然而,他们的狂妄必须被遏制:伯林倾向于将苏联共产主义视为启蒙运动的一个教条主义版本。他认为,要从反启蒙运动的敌人那里学到很多东西。在詹巴蒂斯塔·维柯(Giambattista Vico)、约翰·格奥尔格·哈曼(Johann Georg Hamann)和赫尔德(Herder)的作品中,伯林看到了危险,但他也真切地看到了价值观的多元性。根据他的说法,这些思想家认识到了一个至关重要的问题:你无法巧妙地调和重大利益——你无法在自由和平等之间建立一种托马斯·库克式的汇率,[1] 你可能必须得在这些重大价值之间做出一个选择。

作者对不完全反映现实的模型没有意见:理想化的模型之所以奏效,是因为它们将一切理想化了。他认为,我们对这些模型的所有要求是,它们能够帮助照亮我们的道路。然而,鉴于"反启蒙运动"主要传播负面消息的深刻印象,人们很难抗拒这样一种想法:"反启蒙运动"这个概念本身就应该消失。

甚至于将启蒙运动与理性主义等量齐观,将启蒙运动与史密斯所称的"理性的提升"画上等号,这种做法在揭示本质的同时也掩盖了很多事实。史密斯告诉我们,反启蒙运动对把理性确立为"社会组织的最高原则"持谨慎态度。但在其他地方,他对启蒙运动的描述也如出一辙。比如,绝大多数权威的启蒙哲学家都非常重视情感和激情对于指导我们的生活所发挥的作用。同时,他们还警告说,让自己服从于理性能力的最高权威会带来许多危险。

确实有人说,18世纪与其说是理性的时代,不如说是情感的时代——因为许多启蒙思想家以认识到情感的重要性而自豪,而他们智慧的前辈们却往往没有认识到这一点。(休谟有句名言:"理性是激情的奴隶,而且只应该是激情的奴隶。")建立一个理性社会,意味着要接受人类并不是理性动物的事实。而这就意味着,反过来,需要有某种方式来决定理性所需。

史密斯相当大胆的做法是,他写了一本关于非理性的书,而这本书甚至

---

〔1〕 托马斯·库克于1892年创办了最早的旅行支票,可在世界各大城市通行,凡持有旅行支票的国际旅游者可在旅游目的地兑换等价的当地货币,更加方便了旅游者进行跨国和洲际旅游。

没有对理性可能包含的内容进行粗略的描述。关于这一主题的许多现代性思考源自马克斯·韦伯所做的区分，即形式理性和实质理性之间的区别。形式理性，又称"工具理性"或"手段目的理性"，旨在确保某种目的而不评判其价值；实质理性则将理性与大量的规范和价值观联系起来。当霍克海默和阿多诺就理性背后的危险向人们发出警告时，他们似乎想到了一个韦伯式的工具理性概念，即在一个幻想破灭的世界里——一个由道德败坏的科学家和技术官僚们随心所欲地安排事物的王国，所有的价值（可能是市场中的价值）都被统一。因此，人们一直努力去充实理性的实质概念，包括对理性的道德判断。

然而，无论好坏，关于理性的现代哲学文献在史密斯的著作中几乎没有出现。一些没有问出来的问题若隐若现、呼之欲出。对亲朋好友的偏袒，是偏离理性［正如功利主义者威廉·戈德温（William Godwin）臭名远扬的提议］，还是构成理性的一部分？我们应该如何与实际的我们相关联，有关的理论应该如何解释？信仰的合理性如何与它们的效用及真理相联系？当我们运用经验法则时，这是一种理性的衰退，还是一种对我们理性能力极限的理性认识？

史密斯在他的一篇文章中将牛顿对亚里士多德权威的拒绝与我们这个时代的反对接种疫苗者联系起来，作者认为，他在文中谈到了一个重要的观点：问题不在于拒绝权威，而在于在错误的时间、以错误的理由拒绝权威。但我们如何确定自己有能力做出这样的区分呢？仅仅这样说是不够的：科学本身是清楚的，科学以自己清楚的声音而不是以它的人类代表的声音，向我们指示什么是真、什么是假。因为我们大多数人根本不懂科学。我们甚至连一小部分相关的科学文献都没有读过，即使我们试着读，我们也读不懂。我们自己做的相关科学实验也少得多。

事实正是如此。要得出的结论是理性，在批判的意义上说，这不是一个个人特征。作者有时发现，区分理性和个体的合理性特征是很方便的。比如，因为世界是"理性的"，个体认知与实际操作的结果，可能存在差异，但不论一个约定俗成的规则是否"合理"，处于这个社会的正常人并不会去质疑规则的"理性"与否，而是选择遵守。

一个重要的事实是，在先进的社会中，劳动认知分化为我们每个人提供的认识论资源，远远超出我们脑中的任何知识。我们可以随意谈论纠缠态的电子、班图人的迁移、革兰氏阴性双球菌和彼得拉克十四行诗。因为有研究人员知道这些。"'意义'根本不在脑子里！"哲学家希拉里·普特南（Hilary Putnam）曾经说过。也就是说，句子的意义既涉及与现实的特殊关系，也涉及与其他语言专家使用者的特殊关系，更不用说，理性，也不存在于大脑中。这是我们与他人、与世界之间的事情。作者做了这样的类比：为了了解一种疾病，作者的阿散蒂人祖先可能咨询过一位崇拜神灵的牧师；但今天，我们可能会把血样送到实验室。就个人层面而言，作者的阿散蒂人祖先是基于可信的权威行事的，这并不比我们更不理性。但对理性的分析必须超越个人层面。基于传统信仰的实践和自然科学的不同之处就像机构之间的差别一样：调查性的社会组织是关键因素。

史密斯写道："结构性的非理性让特朗普成了他本不应该成为的美国总统，而这在一定程度上引导了社会个体成员的非理性。"作者评论道，但他最终成了美国总统，在一定程度上这也是一个设计糟糕的制度导致的，缘于制度的设置方式混乱：不公正地划分选区，从民主的角度看这些选区并不合理；压倒民意的选举团制度；大众传媒使得信息匮乏的选民实际上不可能理解竞选中的相关政治问题。

在这里，危机感近在眼前，史密斯允许自己使用韦伯式合理化的技术官僚语言。他说，促成诸如美国披萨门[1]和QAnon板块等阴谋论传播的原因是"结构性的非理性"。算法并不能为严肃的政治辩论保驾护航。作者认为，这一观察结果似乎非常可信，但需要注意的是，它与多种混合后的非理性有关。史密斯将理性变成非理性的中心辩证法提供了何种指导作用？我们是否应该得出这样的结论，即改进的算法、更好的投票系统这些理性的解决方案，必然会加剧潜在的非理性？史密斯说，非理性是"人类无法根除的，企图根除非理性的努力本身就是极度非理性的"；但他在很大程度上考虑的努力，似乎

---

〔1〕 在美国，现在有成百上千的民众相信，一个地下娈童犯罪网依旧逍遥法外。这个犯罪网里涉及很多人，包括一些民主党高层人物。他们碰头的地点是首都华盛顿的一家披萨店"乒乓彗星"。整件事情对于民主党的信誉损害极大，伤害更大的是披萨店的老板，故此假新闻事件被定名"披萨门"。

是管控人类非理性的努力，而不是根除非理性的努力。这些努力可以用老式的、理性主义的名称来命名，那就是良好的治理、审慎的政策。

史密斯建议，有时候，我们应该"以一种比通常的二元选择更为谨慎的方式来考虑启蒙运动的遗产，而不是简单地接受或拒绝"。相反，人们很容易想到甘地对于西方文明看法的回答："这将是一个好主意。"（此回答真实性存疑）因为启蒙运动是一项尚未完成也不可能完成的工程。同理，理性本身就是一种理想，无论是从它值得被追求的意义上说，还是就它无法实现的意义上而言。然而，没有任何文化物理学原理规定，每一个行为都必须产生一种作用相等、方向相反的反应，理性木质上是一种自戕现象。我们不能仅凭理性来解决所有的人类问题；但是没有理性，我们无法解决任何问题。

（编译/刘昭媛）

最后之人与历史的未来

[编者按] 30 年前，弗朗西斯·福山于《国家利益》上发表文章《历史的终结？》，而后出版《历史的终结与最后的人》一书，正式提出了"历史终结论"。福山认为，我们所见的胜利与其说是自由主义实践，不如说是自由主义理念。他并没有否认历史的余波依然会继续发生，甚至在书中做出了许多关于自由主义实践碰壁的准确预言。东欧的新兴民主国家正经历痛苦的经济转型，而拉美的新兴民主国家则受阻于经济混乱这一可怕的遗产。在面对严重问题的压力之下，它们完全可能重新恢复独裁。30 年后，福山与《美国利益》杂志进行对谈，他将前述文章和书整合为《最后之人与历史的未来》[1] 一文。福山强调，自由与民主作为一种普遍的政治合法性原则，到冷战结束后，已经没有了显著的替代方案，自由主义理念因其成了演化尽头的政治形式而胜利。福山从历史出发，谈论西方世界当今与未来可能面临的挑战。在如今的民主世界中，无论是俄罗斯与乌克兰的紧张关系、欧洲各国面临的民族认同问题，抑或是特朗普统治下的美国社会正在"成为一种根本无法理解的东西"，似乎都昭示着来自自由民主内部的挑战依然激烈。而面对这一切，福山依然相信，自然的政治调整可以部分地解决问题。回到起点，反思 1989 年，福山最后得出相当恳切的结论：我们或许仍无法恰当地总结出我们为何而斗争，但是我们唯一确切可做的是向下一代传授历史。而仅为了这一点，我们仍有许多可以努力之处。

---

〔1〕 Francis Fukuyama, Charles Davidson, & Jeffery Gedmin, "The Last Man and the Future of History", *The American Interest*, May 3, 2019, 载 https://www.the-american-interest.com/2019/05/03/the-last-man-and-the-future-of-history/, 最后访问日期：2020 年 2 月 28 日。

"最后的人"：我们如今面临着什么样的挑战？

作为书名的后半句，"最后的人"并不像"历史的终结"一样有名，但是在30年后的今天回顾之时，它却有了更多的意义。福山解释道，这一部分是关于民主在未来会出什么问题。其中之一是，在一个稳定、繁荣、和平的社会中，人们缺乏追求的目标，找不到出路。因此，被福山视为历史动因的那种"被承认比别人更伟大的愿望"无法得到满足。福山表示，"人们不会满足于没完没了的消费主义和每18个月购买一次新的苹果手机，因为他们实际上想要得到认可"。因此，在以波兰为代表的中东欧，虽然经济在不断发展，但是人们的不满情绪与日俱增，福山认为，这些不满的来源很多都与人的尊严有关。"如果你不能像以往那样为正义而战，那么你将为不正义而战。"

乌克兰与俄罗斯：民主战线的两侧

在福山看来，乌克兰是反对独裁扩张最重要的前线。他认为，"乌克兰必须证明他们可以做到"。对俄罗斯来说，莫斯科政府急于见到乌克兰政府的失败，因为普京想证明所有这些颜色革命都会导致无政府状态，他对于乌克兰的挣扎乐见其成。然而作为一个主要的欧洲国家，如果乌克兰走回俄罗斯的老路，或者无法解决腐败问题，那么这对整个欧洲的民主而言都不是好兆头。

因此，福山本人参与了乌克兰与格鲁吉亚的国家建设与民主促进项目。他对乌克兰的成功怀有信心，主要有三个方面的原因：首先，在贸易上，俄罗斯对乌克兰的制裁使其90%的贸易对象从腐败的俄罗斯寡头转换为现代西方公司；其次，在民族意识上，克里米亚战争实际上有利于民族认同的产生，加强了对于独立自主的渴望；最后，年轻一代的乌克兰改革者正在不断被西方培育出来，福山认为他们终将取代苏维埃一代站上政治舞台。

特朗普治下的美国：政策有其优点，问题来源于社会

福山并不认为特朗普是一个冒险者，同时指出特朗普的治理也存在问题，"他不存在任何信誉"，且"基本价值观的问题也很严重，美国过去一直主张全球民主，但现在不再是了"，这导致外交政策不连贯，丧失了战略意义。

特朗普并非令福山感到担忧的主要原因，在他看来，恢复信誉与重构联盟并非多么困难，因为盟国无法放弃，也无法取代其与华盛顿的关系。"欧洲人不会走向中国和俄罗斯，因为如果这样做，他们无法从华盛顿得到他们想要的东西。"

最大的变化是美国社会本身。福山指出，对于美国的许多盟国来说，美国社会已经演变成一种他们根本不理解的东西，并且令他们觉得非常可怕。"我们已经偏离了正轨"，福山说。共和党与民主党都有可能采取自己版本的保护主义与孤立主义，福山认为这样的极化无疑是危险的，但问题是两个政党都没有真正的控制人。

他认为，整个西方政党都已经衰落了。美国政党已经衰落了很长一段时间，因为在政党里没有一个核心团体能够代表它做出决定。一切都是关于外部捐赠者和那些设法赢得投票的人，但政党机构自身的权力却非常有限。

欧洲：最大的问题是民族认同

政党的衰落也同样出现在欧洲。英国是一个典型的威斯敏斯特体系即两党制，由简单多数票当选的选举体系选出两个纪律严明的政党，还有一个类似于由选举产生的独裁者的首相。但随着英国脱欧，这已经完全消失了，因为两党都有这些内部分歧，所以保守党或工党的领导人不能约束他们自己的成员。同样，在德国，社民党自20世纪90年代以来已经失去了20%的选民，法国社会党也消失了。

福山在写作新书的过程中前往了欧洲，他认为欧洲最大的问题是现代民主国家是否需要民族认同。很多左翼人士认为，这是不必要的。他们认为民

族认同必然导致民族主义、侵略和排外以及所有这些恶性的结果。

相反，在右翼人士中，有人认为民族认同很重要，但他们想开历史的倒车，并加强那种排斥少数族裔的民族认同。福山坦言，他看不到的是一个中间派的立场——考虑民族认同，但同时坚持它必须基于一个民主和开放的立场。

同样的问题美国比欧洲的情况更乐观，福山称，因为经过长期的斗争，美国公民确实已发展出其所说的信条或公民身份。到民权运动结束时，这种身份认同已并非基于种族或族裔，而是基于信仰和美国的基本原则，但这也正在受到威胁。右翼希望恢复"美国人基本上都是白人"的旧观念，而左翼则面临着不同的问题——共同身份概念的破灭，或者是种族主义、父权主义和殖民主义。这两种立场在美国没有像在欧洲那么极端，但也的的确确发生着。

1989：起点与终点

福山在访谈的开头与结尾都回顾了 1989 年。他承认，苏联解体后美国给俄罗斯人经济建议以及北约扩大是两个错误的决定，前者因太过自信而忽略了潜在的制度与历史阻力，没有真正建成一个有效的国家机器，后者则加重了对立与威权的复兴。

自 1989 年至今，"最后的人"面临的挑战不断，但福山依然认为，这些问题仍处于自由民主理念的框架内，通过自然的政治调整，我们能够找到合适的位置。而当他在最后被问到如何评价 1989、我们到底在为什么而斗争时，福山并没有正面回答，相反，他恳切地说，我们唯一能做的就是传授历史，而我们现在做得还不够好。前一代人真正感恩于生活在自由民主的国家，而我们已经有整整一代人没有在成人阶段经历共产主义的经验，因此"唯一能欣赏的方法就是阅读它"，从而可能保持记忆的鲜活。

（编译／孙的妮）

美国国务院成立"不可剥夺权利委员会"，
推动保守派人权议程

[编者按]　2019 年 5 月 30 日，美国国务院发布成立"不可剥夺权利委员会"的意向通知，随后发布了该委员会的章程草案。该草案提出重述"自然法与自然权利的基本原则"，引发了人权人士的担忧。美国华盛顿大学法学院的助理教授丽贝卡·汉密尔顿 2019 年 6 月 5 日发表于美国纽约大学法学院法律与安全中心网站 Just Security 的文章《独家报道：蓬佩奥的"不可剥夺权利委员会"草案，隐藏反人权议程》〔1〕指出，自然法与自然权利理论一直是保守派阵营反对人权，尤其是反对性少数群体人群主张人权的重要阵地。在当前的国际环境下，这一委员会的建立将加剧美国在人权问题上的保守程度；同时，委员会在运行结构方面的不规范，也有可能为美国外交政策的制定创造危险的先例。

2019 年 5 月 30 日，美国国务院发布成立"不可剥夺权利委员会"意向通知。该委员会的目标是提供"对人权的全新思考"，并进行"人权论述改革"。理由是"当下对人权的论述已经背离了我们国家关于自然法和自然权利的基本原则，也就是马丁·路德·金在华盛顿的林肯纪念堂前向人们呼吁的原则"。意向通知将委员会的责任描述为"为国务卿的决策提供参考和建议，引导美国在国际环境下制定关于人权的外交政策"。随后公布的委员会的章程

---

〔1〕　Rebecca Hamilton，"EXCLUSIVE：Draft Charter of Pompeo's 'Commission on Unalienable Rights' Hides Anti-Human Rights Agenda"，*Just Security*，June 5，2019，载 https：//www.justsecurity.org/64430/exclusive-draft-charter-of-pompeos-commission-on-unalienable-rights-hides-anti-human-rights-agenda/，最后访问日期：2020 年 3 月 5 日。

草案则突破了这一设想。委员会的章程草案规定，美国国务院政策规划办公室将负责所有的员工，并支持委员会的日常工作，委员会可以直接向国务卿提供指导性建议。这一政策一经发布，便引发了人权人士的担忧。本文作者从理论背景、政策环境、体制危机三个方面，详细讨论了这一政策引发担忧的原因。

理论背景：捍卫"自然法"

委员会的章程由罗伯特·乔治（Robert George）教授撰写。乔治教授在普林斯顿大学任教期间获得多项学术荣誉，他也是同性婚姻的坚定反对者，是反同性恋权利组织"全国婚姻组织"（National Organization for marriage）的联合创始人。而使用"自然法"一词描述委员会，在1999年乔治教授出版的《捍卫自然法》一书中可见端倪。在书的前言部分，乔治教授指出，他的目标是运用辩证的方法捍卫所谓的"新自然法"或"格里萨斯—菲尼斯"（Grisez-Finnis）理论。

格里萨斯指的是马里兰州圣玛丽山大学基督教伦理学教授格曼·格里萨斯（Germain Grisez）。格里萨斯的网站"主耶稣之路"（The Way of The Lord Jesus）详细介绍了他的多部著作，包括他在一本书中谈论堕胎问题的选文。在选文中，格里萨斯认为，主张堕胎权利的人对未出生婴儿的偏见，与种族主义者的偏见是相似的。菲尼斯指的是澳大利亚法学理论家约翰·菲尼斯（John Finnis），他是牛津大学名誉教授，也是圣母大学法学院的婚姻法教授。他花了数十年时间研究并论证"同性恋行为从来都不是一种有效的、人类可以接受的选择和生活方式"。

乔治教授为格里萨斯—菲尼斯的论证路线辩护，反对堕胎和同性恋。自然法理论以及与之相关的自然权利概念，在保守派圈子里被广泛运用，成为反对人权的堡垒。美国传统基金会（Heritage Foundation）2017年的一份报告指出，"公民权利和政治权利是政府的产物，自然权利则不然"。这份报告的作者是威斯康星大学欧克莱尔分校的政治学教授彼得·C. 迈尔斯（Peter C. Myers）。报告还批评了经济权利和社会权利的概念，将正式权利与有效权利进行对比，认为前者是美国的开国元勋所倡导的理念，而后者则不然。

迈尔斯致力于解决美国独立以来权力扩张的问题。他认为，在一些情况下，新的权利观念表明"拥有权利的资格降低了"，例如基于性别认同和性别倾向的权利。他举了一些例子，这些事情来自于接受个人将自己定义为跨性别者的可能性。"在这样的情形下，我们将无法否认那些不能认清自己实际年龄的人的主张。照此逻辑，一个实际上只有 55 岁的人就有资格通过主观身份的认定获得全部的社会保障福利。"

政策环境：特朗普政府的保守倾向

随着时间的推移，不同政府、不同政治路线对特定权利的支持往往有所不同。即便如此，特朗普政府对生育权、跨性别权、基于性取向的权利尤其怀有敌意，这三种权利也是保守派支持者最为害怕的。

第一，尽管美国国内关于堕胎的讨论仍在持续升温，特朗普政府却继续在全球范围内反对计划生育。2017 年，特朗普政府扩大了里根时代所谓的"墨西哥城市政策"。在里根时代，这一政策的具体要求是，某国的非政府组织不会"执行或积极提倡堕胎的计划生育法"，是该国接受美国"计划生育援助"资金的前提条件（这一条件在 2018 年影响了大约 6 亿美元的资金）。特朗普政府将这一前提条件的适用范围扩展到美国"全球卫生援助"的项目中，在 2018 年影响了大约 74 亿美元的资金。此外，《外交政策》最近评论的内部文件显示，在美国与联合国的交流中，任何涉及"性和生殖健康服务"的议题都被画了一条红线，特朗普政府或许担心这种议题有支持堕胎的倾向。

第二，特朗普政府还取消了奥巴马时代对跨性别者的保护，取消了为教育机构保护跨性别学生提供的指导，并决定跨性别者不得参军——除非他们根据自己的生理性别参军。

第三，特朗普政府不仅未能在性少数群体的权利问题上发挥领导作用，而且还在其外交对话中一再淡化这个问题。今年早些时候，一名伊朗男子因为同性恋身份被处决，使得全球关于同性恋去犯罪化的呼声越来越高。然而，美国副总统迈克·彭斯 2018 年 1 月会见了埃及总统艾尔·塞西（Al Sisi），在会见前不久，埃及政府监禁了 16 名在流行音乐会上升起"为同性恋自豪"旗帜的男子，理由是"煽动放荡"和"不正常的性关系"。当记者问到彭斯是否在会见中提出了性少数群体的权利时，彭斯回答说"我们谈到了尊重社区多样性和社区宗教多样性的重要性"，以回避关键问题。

在这样的背景下，人权维护者对委员会初步报告提出的担忧似乎是有充分依据的——这种担忧也是在性少数群体在全球范围内遭受越来越多攻击的背景下产生的。2017 年在车臣共和国开始的反同性恋清洗仍在继续，酷刑和法外处决已成为家常便饭；在印度尼西亚，针对性少数群体成员的袭击正在升级；在世界各地，试图逃离迫害的性少数群体发现，他们越来越难以从那些曾经欢迎难民的国家获得庇护。这些国家现在正在遭受着民粹主义者对第二次世界大战后庇护制度的强烈反对。如果委员会最终遵循其概念的意识形态渊源，它不仅有可能使这些趋势合法化，而且有可能强化其发展。

体制危机：外交政策制定过程的危险先例

委员会章程所表明的运行结构使委员会很可能产生严重的体制问题。有人认为，委员会的创设旨在绕过法律顾问办公室（Office of Legal advisor）和民主、人权与劳工局（Bureau of Democracy, Human Rights and Labor），直接提出政策建议。法律顾问办公室和民主、人权与劳工事务局的工作人员都是职业公务员，他们了解美国的法律义务并精通人权体系，以便为国务卿服务，而委员会则由"国务卿任命"和"专家与顾问"组成，如果这个委员会是凭借政府雇员的建议来支持和运作的，那么它将为美国外交政策的制定过程树立一个危险的先例。

作者指出，维护人权是一种"美国价值"，尝试将这种价值推向全球，不仅发挥了维护人权的内在价值，还能够看到人权与国家安全之间的一致性。但是，人权的理论与实践方面都有很多值得关注的问题，比如，关于人权的论述是否言过其实？它是否不断复制现有的权力等级，从根本上服务于帝国主义进程？它是否歪曲了自身的历史？而威权政府的崛起正在逆转过去数十年的规范发展，则是另一个值得担忧的要素。

（编译/朵悦）

回应福山，法西斯主义仍可能复苏

[**编者按**]　1989 年春天，福山首次在《国家利益》发表《历史的终结?》一文，对于深陷冷战的政治和意识形态论争中的人而言，这篇文章是大胆而先锋的。"历史终结"的命题很快引发了一场激烈的讨论。芝加哥大学社会思想委员会教授艾伦·布鲁姆于 1989 年夏天在《国家利益》上发表文章《回应福山》[1]，对福山的预言进行了批判性的探讨，追溯了支撑福山历史终结命题的"科耶夫-黑格尔"的思想传统，并暗示了这一思想传统曾经也将会受到的挑战。到今天，"历史终结"的预言似乎已经失败，但我们却不能不重视这一预言及其引发的深刻讨论。

科耶夫：历史的终结源于理性

科耶夫对历史终结的思考影响了福山。对科耶夫来说，历史的终结是理性控制下的现实社会。在历史终结处，每个人都平等地对待其他，由于民族、阶级、性别和宗教产生的异常表现会被压制。西方的人不再想要保留自己独特的文化，属于他们自身的特殊文化在理性的指引下会逐渐消失。

对于科耶夫和黑格尔来说，西方已经走到"历史的终结"，因为理性已经在现实中获得胜利。任何阻碍人们相互承认彼此尊严的因素，不论是宗教、民族、家庭、阶级，还是种族的超理性要求，都已被历史驳斥和埋葬。在人类历史上，这是第一次，理性与义务、忠诚之间没有本质的矛盾。历史的终

---

[1]　Bloom A., Hassner P., Himmelfarb G., et al., "Responses to Fukuyama", *The National Interest*, No. 16 (Summer 1989), pp. 19-35.

结既是一种哲学的必然，也是一种政治的实现，两者相辅相成，相互促进。哲学中智慧的目标达到了，政治上自由和平等的目标也就同时达到了。

对于科耶夫而言，历史终结的好处在于不受拘束地进行哲学思考的可能性，以及将所有人都当作目的本身的道德认知。在这个意义上，反抗历史不是犯罪，而是愚蠢。这样做将是对理性的反叛，这是任何明智的人都做不到的。

他在后期的著作中认为，人类正在庸俗化，人类重新进入纯粹的动物一般的生活秩序中。在《黑格尔导读》中，科耶夫对日本的注释就是一个很好的例子。科耶夫的意思并不是说日本的历史还没有结束，而是说，在几个世纪以前，他们发明了一种有趣的方式结束历史，即通过茶话会、插画、能剧等优雅空洞的活动。而在美国，这些形式主义的替代品是音响、电动游戏等。他认为，这将是一场追求"普遍同质国家"品味的后历史竞赛——美国的日本化与日本的美国化。在这场竞赛中，再也没有什么是危险的了。

福山：历史的终结必然引起反抗

福山延续了科耶夫的分析，但是颠覆了科耶夫的结论。福山认为，如果"最后之人"如此堕落的一个人，他必然会引起恶心和反抗。如果像尼采相信的那样，"最后之人"是理性的最终产物，那么理性就是坏的，我们必须将目光投向可能拯救理性之恶的非理性——上帝已经死了，我们需要新的上帝。这种分析的结果是惊天动地的，而这正是大部分现代性的思想。福山的观点强调了"后历史"世界暗淡的统一性，他认为历史的终结将是一个"非常悲伤的时刻"。他几乎暗示道，为了让历史重新开始，他将反抗历史。他认为科耶夫讲述的历史终结处的满足感是微不足道的。

法西斯主义作为对抗历史终结的理论资源

在历史终结处，所有的斗争、奉献和神话都只是为了满足人类原始的兽性需求。更糟糕的是，冷战以后，随着共产主义阵营的失败，西方表达出无止尽的需求，反映出人类非理性欲望的残余。可以预见，未来将会以不同的方式产生各种各样的运动，宗教和民族主义也将以更高层次的"召唤"（Calling）为由复现。

尽管法西斯主义在战场上被打败了，但人们并未完全了解它的可怕之处。如果除了法西斯主义，再没有其他对抗自由主义的替代性方案，那么法西斯主义也许是有可能复苏的。福山的很多观点都指向了这个方向。由于某种原因，非洲和近东国家在现代化方面并不容易取得成功，它们将面临在各种蒙昧主义中寻找意义和自我主张的诱惑；欧洲国家找不到任何合理的理由将无数潜在的移民排除在他们的祖国之外，因此他们要找回自己的民族神话；而美国左派则热情地接受了法西斯主义反对现代性和欧洲中心主义的论调，并被理解为理性主义。这些现象都是法西斯主义再次兴起的隐患。

（编译/朵悦 黄致韬）

犹太—基督教道德体系在美国面临严峻挑战

[编者按]　在美国，宗教自由不仅是宪法第一修正案下的一项权利，也是其自建国时期以来确立的一项传统。从"五月花号"登陆起，基督教对美国社会意识形态与行为方式的塑造产生了深远影响，基督教道德体系更是被视为美国式自由政府和民主政治的基础。但保守派人士认为，伴随社会的发展，基督教道德体系遭受了世俗主义和道德相对主义的冲击，公共领域的"世俗化"逐渐向"去宗教化"发展。宗教自由原则在今天的背景下有了更新的诉求和讨论价值。本文为美国现任司法部部长威廉·巴尔 2019 年 10 月 11 日在圣母大学法学院及德尼古拉伦理与文化中心的演讲稿。[1] 巴尔指出世俗主义者对宗教的猛烈抨击、人们对政府解决社会问题的依赖、法律及教育领域对宗教的排斥使得犹太—基督教道德体系的生存和恢复面临严峻挑战，呼吁社会重振天主教教育，抵制世俗主义的反宗教运动。该演讲发表后引起了很大争议，人们对于现任司法部长公开发表捍卫基督教价值的言论是否恰当进行了热烈的讨论。但不管怎样，该文反映了美国政治文化的一般走势，并且表明，基督教对于美国政治的影响仍然巨大。

从建国时期开始，美国已就宗教自由的中心地位达成了强烈共识。美国宪法规定了有限政府，第一修正案确立了政教分离和宗教自由原则，人民享

---

〔1〕　William P. Barr, "Attorney General William P. Barr Delivers Remarks to the Law School and the de Nicola Center for Ethics and Culture at the University of Notre Dame", *U. S. Department of Justice*，载 https：// www. justice. gov/opa/speech/attorney-general-william-p-barr-delivers-remarks-law-school-and-de-nicola-center-ethics，最后访问日期：2020 年 2 月 28 日。

有广泛的自由去追求个人和社团的生活。同时，社会秩序维护的希望被寄托到了公民的自我管理能力之上，而宗教道德就是这种能力的来源。美国因此经历了腾飞，通过了一个又一个考验。但在过去的50年里，宗教遭受了越来越多的攻击。一方面，传统犹太—基督教道德体系持续衰败，面临着被逐出公共领域的危险；另一方面，世俗主义和道德相对主义的力量日益增长。

这种道德动荡带来了严峻的后果。1965年，非婚生率是8%，今天已超过40%。在许多大城市地区，这一比例约为70%。抑郁症和精神疾病达到了创纪录水平，年轻人萎靡不振，自杀率飙升，愤怒和与社会脱节的年轻男性数量增加，无端暴力行为增加，致命毒品流行。每年有超过7万人死于吸食毒品过量，这比越南战争中一年牺牲的人数还多。

在巴尔看来，当前基督教道德体系面临三大挑战：

科技、传媒和流行文化的腐蚀

世俗主义者及部分"进步主义者"利用其在大众传播、流行文化、娱乐产业和学术界的力量，对宗教和传统价值观进行了猛烈的攻击。这些力量不仅积极地促进世俗正统观念的传播，而且淹没并消灭了对立的声音，恶意攻击并嘲笑所有的异议者。具有讽刺意味的是，世俗主义正在显现出宗教的外观特征，对违背世俗主义信条的人实施"制裁"——使其在诉讼和野蛮的社交媒体运动中遭受社交、教育和职业上的排斥。此外，高科技和流行文化以另一种方式助长了人们对宗教的摒弃，带来了前所未有的娱乐主义和物欲横流。

政府替代道德解决社会问题

过去，当社会受到道德混乱的威胁时，放荡和不负责任的个人行为使社会总成本变得过高，以至于社会最终屈服并进行道德重塑。但在今天，面对所有不断增加的社会问题，人们选择呼吁政府来解决这些问题。应对非婚生率增长的方案不是倡导性责任，而是堕胎合法化。应对吸毒的方案是设立安全注射点；应对家庭破裂的方案是国家成为单身母亲的替代丈夫，成为孩子的替代父亲。但这实际上反向促进了这些问题的增加。

这种认为应由国家减轻不良社会后果的想法导致了一种新的道德体系与社会的世俗化并驾齐驱，它可以被称为"宏观道德"体系。在某种程度上，它是对基督教道德的颠覆。基督教倡导微观道德，关注个人的道德和转变，并以此来改变世界。新的世俗宗教倡导宏观道德，一个人的道德水平不由他们的个人行为决定，而是取决于他们对政治事业的投入和对有关社会行动的参与。

法律制度对宗教道德的排斥

法律正被作为打破传统道德价值观的武器，并将道德相对主义确立为一种新的正统观念。

首先，世俗主义者通过立法和更频繁的司法判决，努力废除反映传统道德规范的法律，例如堕胎合法化。法律强迫宗教人士和组织接受与其信仰背道而驰的实践和政策。例如，上届政府试图在医疗保险中涵盖避孕和堕胎，强迫宗教雇主和宗教命令违反其宗教价值观。

1993 年，国会通过了《宗教自由恢复法》（Religious Freedom Restoration Act，RFRA）。该法律的目的是在政府通过的宽泛政策可能影响宗教实践时，为宗教提供最大限度的包容和便利。最近，随着世俗化进程的加快，RFRA 受到了攻击，保障宗教自由已不受欢迎。由于本届联邦政府坚决支持宗教信仰自由，战场已转移至各州。现在，一些州政府正试图强迫宗教个人和组织遵循与他们的宗教不相容的习俗或拥护违背其宗教的观点。

这些对宗教的攻击始于教育领域，这是宗教自由面临的最严重挑战。一些州通过立法要求公立学校提供与传统基督教教原则不符的课程，并在政策上排斥宗教学校，甚至强迫宗教学校遵守世俗正统。例如，新泽西州、加利福尼亚州和伊利诺伊州通过法律，要求公立学校教授有关性少数群体的课程，且父母不能阻止其孩子接受此类教育。蒙大拿州实施了一项针对奖学金项目捐赠人的税收优惠政策，但蒙大拿州明确表明，该政策不适用于宗教私立学校。而且，当希望使用奖学金就读无教派基督教学校的学生父母在法庭上对这种排除提出质疑时，蒙大拿州最高法院却要求该州取消该政策，允许该政策适用于宗教学校。在印第安纳州，一位老师起诉印第安纳波利斯的天主教大主教，称其指示其教区内的天主教学校不能雇用有同性婚姻的老师，因为这些同性婚姻的例子会破坏学校关于天主教婚姻和两性互补观点的教育。实际上，这些州是在要求当地社区排斥具有传统宗教价值观的群体，打击宗教教育。

由此，巴尔号召天主教徒促进基督教道德价值观的复兴，在私人生活中践行宗教原则，并给予未成年人道德教育更多的重视。除此之外，法律人还应该积极地参与法律层面的宗教斗争，警惕和抵制世俗化势力将宗教赶出公共领域并侵犯教徒信仰自由的企图。巴尔还表示，作为司法部长，他也将努力为宗教信仰自由而战。

（编译/岳虹）

不断下降的美国生育率

[编者按] 莱曼·斯通是美国企业研究所的兼职研究员，专门研究人口变化和地区发展。他曾在美国农业部担任农业经济学家。本文《美国的生育率正在下降》[1] 是美国企业研究所的一篇报告。斯通在文中指出，美国正在不断下降的生育率可能会对经济产生十分深远的负面影响，而政策反应很可能十分乏力，因为生育率的下降反映的其实是难以改变的社会深层问题，其后果只能是越来越紧张的社会关系和越来越激烈的社会斗争。斯通对美国生育率下降影响的分析与判断对于每一个正在面临人口增长率下降的国家都具有重要的借鉴性意义。

人口增长率下降的负面影响

无论是以出生率、总生育率，还是以完成生育率作为衡量标准，美国都正在面临人口下降的困境。如果按照目前的趋势持续下去，美国近十年的人口增长率将达到 19 世纪 30 年代以来的历史新低。低出生率可能意味着经济增长缓慢、公共债务无力偿还以及两代人之间日益增长的文化代沟。因此，找出出生率衰退的原因并阻止这种现象进一步蔓延，对于政策制定者和整个国家来说，都是一个至关重要的问题。人口增长率下降是一个严重的社会问题。

学术上关于人口冲击对经济的影响尚未形成共识。但我们仍可以想象到许多潜在的问题。如果人口增长缓慢，甚至为负，那么人们的住房需求就会

---

[1] Lyman Stone, "Declining fertility in America", *American Enterprise Institute*, December 17, 2018.

随之下降，房价也会持续下降，这将使众多家庭资不抵债。这种情况会进一步影响社会保障和医疗保险的偿付能力，以及股市的表现。这意味着美国工人的退休前景将十分暗淡。换句话说，在低生育率的世界里，美国人在退休前可能要更努力地工作更长时间。另一方面，经济规模增长缓慢，将使得新公司很难进入市场，进而给大公司带来更多的垄断权力。这些大雇主能够"攫取"地方政府，要求减税和减少其他福利，或者保持低工资。

还有一些研究表明，人口减少可以有好的影响，比如鼓励自动化和提高资本密集度。然而，尽管这些战略在总体上能够维持经济的运转，但却增加了有产阶级的经济回报，使得工人们的机会变得更少。过去，这些流离失所的工人可以在新的经济部门找到工作，因为随着人口的迅速增长，对商品和服务的需求一直在扩大。但是在未来，这种对需求的持续的正向冲击，使得这种可能不会出现，所以被机器人解雇的工人只会有更少的选择。换句话说，低生育率可能会加剧不平等。

阻碍人们生育的因素

生育率的下降或许意味着美国女性生育意愿的下降。但大量研究表明，事实上，美国女性比过去更想要孩子。有一些事情正在阻碍人们生育。因此，要使生育率恢复到历史水平，并不需要在价值观上做出重大改变，只要消除阻碍人们生育的障碍即可。但这并不容易。

一些社会保守人士普遍将低生育率归咎于避孕和堕胎，但这方面的证据相当薄弱。研究和事实表明，限制避孕或堕胎只会对生育率产生极其有限的影响。此外，限制堕胎或避孕的策略在政治上存在分歧，可能会产生意想不到的巨大副作用。

其他国家已经尝试了不同的方法，如生殖技术的改进。但生殖技术的作用仍然是有限的。即便是体外受精技术，也不能使每个妇女都能在40多岁时生育，而且试管婴儿的成功率随着女性年龄的增长迅速下降。此外，许多美国人还担心某些形式的生殖技术的伦理后果。这些担心伦理问题的人更可能是宗教信徒，而宗教信徒是最渴望孩子的人群。这意味着最想有更多孩子的人群是最不可能使用生殖技术的人。

事实上，宗教可能是生育的关键因素。信教的人通常比不信教的人有更多的孩子。然而，信教的美国人却越来越少，美国的宗教虔诚度确实正在下降。宗教的衰落可能在某种程度上抑制了生育。但总的来说，宗教虔诚程度下降对生育率的直接影响可能相当小。生育会导致宗教虔诚，但反过来，宗教虔诚可能不会导致生育。因此，虽然宗教可能在生育率下降方面发挥了一些作用，但它不可能是唯一的甚至是主要的影响。

总而言之，尽管今天的美国女性仍然想要孩子，事实上，她们比自己的母亲想要更多的孩子，但她们发现很难实现这些愿望。即使生殖技术有了进步，如今有孩子的女性也不太可能享受她们想象中的家庭生活。事实证明，这个问题不是纯技术解决方案所能解决的。应当到更深层面去寻找阻碍美国女性生育的因素。

文化对生育的影响

许多国家为了提高生育率尝试了不同的政策，但这些举措的效果都极其有限，相反文化的影响十分显著，所有文化风俗都被证明对塑造生育行为具有重要作用，且文化对生育的持续影响是显著的。不同的文化规范和娱乐形式似乎对生育行为有真正的影响。因此，如果文化影响生育率，那么调整文化规范和改变社会政策可能会改变生育率。但是在美国，这些规范很难通过任何联邦政府的努力加以影响，因为我们通常不赞成太多直接的政府社会工程。然而，一些文化规范可以被影响。

增加女性上学的年限往往会降低生育率。学校环境对学生的时间有很大的需求，但通常不提供收入或只提供很少的收入，因此大学的环境可能会积累大量的债务。这些因素的结合往往会降低生育率。如果大学不再对那些年纪轻轻就有家庭的学生抱有敌意，而是提供灵活、打折的现场托儿服务，那么它可能会改变在读期间一般不会生育的社会规范。大学提供的托儿服务将产生双重效果，不仅会使在校生更容易在学校生孩子，而且会使已经有孩子的女性更容易报读课程。

　　教育系统目前的结构也阻碍了年轻人组成家庭。花在入学上的时间越长，年轻人就越不愿意生他们想要的孩子。中产阶级工作所需的教育年限已经大大提高，为了实现他们的生育目标，年轻人需要在离开学校后尽快生孩子。但是与过去相比，这种迅速开始生儿育女的做法更难实现，因为学生的债务使他们更难独立、获得合适的住房、结婚和抚养孩子。换句话说，对于美国家庭来说，市场对学历证书的需求已经扩大到最佳生育年龄，以至于他们无法既拥有合适的职业，又能过上满意的家庭生活。

　　住房拥有率的下降也是影响生育率的重要生活成本因素。如果年轻的美国人与他人共处狭小的空间，他们就不太可能结婚生子。上一代人可能并不认同这一看法。但养育方式已经发生了变化。过去父母们养育孩子的做法，如今已经不被接受。不过住房成本并非完全由市场决定，当地的规则可以从根本上改变住房的价格。事实上，一个地区提高出生率最简单的方法之一就是建造更多的房屋，从而让希望扎根的年轻家庭负担得起新房的价格。

　　社会对父母养育孩子的要求也越来越高，父母在养育子女上要付出更高的成本。我们的社会要让孩子们活得更好，帮助他们取得更大的成就。然而一些研究显示，将投入在孩子身上的时间或金钱加倍，并不会减少他们的早逝概率，或提升他们的未来收入，因此更大的投资、更少的孩子是一个糟糕的策略。父母完全可以生两个孩子，而不是尝试着对一个孩子做两倍多的事情。

　　育儿成本还体现在与儿童和父母有关的服务上。这类服务是护理密集型产业，对人力的需求、对个人情感能量的投资，造成了成本的快速增长。但效率却没有提高，正式的法律要求和非正式的社会规范还在降低生产率。然而对整个社会来说，真正的危险在于其所造成的"成本循环"：这类服务的高成本降低了潜在的儿童总数，将导致下一代劳动力的萎缩，并进一步提高这类服务的成本。没有明确的方法可以摆脱这种成本循环。尽管出生率在下降，但美国消费者用于儿童保育的支出比例正在逐渐攀升。除非美国人找到一种战略方法，在激烈的育儿竞争中解除武装，提高护理密集型行业的生产率，或降低社会规范育儿产品和服务的成本，否则生育成本只会越来越高，出生率会持续下降。

结 论

抑制生育的趋势在美国社会根深蒂固。严格的住房分区制不会消失。结婚的时间一年比一年推迟。教育需求不会消失，学生贷款余额也在不断增加。社会不会抛弃高成本的育儿策略，因为这些策略对出生的孩子有效。对抗这些趋势的政策杠杆很弱。因此，几乎可以肯定的是，无论政策制定者采取什么行动，都为时过晚、力度过小。因此，在下个世纪，生育率很可能保持在低水平。美国的生育率可能会降至与南欧、东欧或东亚许多国家一样低的水平。没有一种强大的、持续的社会趋势会让预测者对生育率持乐观态度。政策制定者必须面对这样一个现实：我们所有的长期义务都必须由比大多数精算预测所假定的要少得多的人来承担。几乎所有的经济机构都没有预见到这类问题。不幸的是，解决这个问题可能很快就会为时过晚，因此在21世纪，生育率下降的后果很可能是出现越来越激烈的斗争。

（编译/姚无铭）

保守派与"沃伦法院"开战在即

[**编者按**] 以自由派为主的"沃伦法院"曾在 20 世纪五六十年代作出了一系列具有开创性意义的判决先例,在权力分配方面实现了对美国社会的重新形塑。然而这些判决也同时激起了政治上右翼势力的反对。在这样的背景下,2019 年 4 月,来自《新共和》杂志的特约撰稿人马特·福特在文章《保守派与"沃伦法院"开战在即》[1] 中表示,在最高法院内部反对"沃伦法院"的声音目前已经呈现出扩大趋势,原教旨主义者对沃伦时代案例的质疑主要集中在认为这些判决已经超越了宪法的原初含义,在此前提下推行此类先例已经超越了宪法赋予的职责。文章最后指出,如果特朗普实现连任,原教旨主义者对"沃伦法院"先例进行审查的时间将更为充足。

《纽约时报》曾报道称最高法院大法官克拉伦斯·托马斯(Clarence Thomas)表示他计划工作到 2034 年,这将使他创下在美国最高法院工作 43 年的纪录。但是,他的目标并不在于打破纪录,而在于对抗自由主义者。

自加入最高法院以来,托马斯经常呼吁他的同事们重新审视他认为与宪法意义相左的重大判例。这些判决大多在 1954 年到 1969 年之间作出,当时由首席大法官厄尔·沃伦(Earl Warren)领导的最高法院的自由派重塑了美国社会。由于桑德拉·戴·奥康(Sandra Day O'Connor)和安东尼·肯尼迪(Anthony Kennedy)等保守派大法官的温和态度,托马斯常常是在孤军奋战。但是最近托马斯和他最保守的同事们的一系列反对意见表明,他仍有获胜的可能。

---

[1] Matt Ford, "Conservatives' Coming War on the Warren Court", *New Republic*, 载 https://newrepublic.com/article/153208/conservatives-coming-war-warren-court, 最后访问日期:2020 年 2 月 29 日。

"沃伦法院"挥别田园诗时代

"沃伦法院"作出的变革举措可被称为美国的第三次革命。它作出的关于美国政治生活中权力分配的判决帮助美国转变成为一个自由民主国家。最高法院的大法官们推翻了种族隔离的法律架构，其中最著名的案例是20世纪90年代的布朗诉教育委员会案（Brown v. Board of Education），这一案例判决宣布学校的种族隔离性质违法。而洛文诉弗吉尼亚州案（Loving v. Virginia）推翻了反对异族通婚的法律，并支持联邦民权立法。它通过授权立法区实行一人一票的原则，打破了农村对州立法机构的束缚。被指控犯罪的美国人也获得了一系列新的权利：即使负担不起费用也能聘请律师；排除非法获得的证据；获得警方掌握的任何开罪证据。宪法第一修正案对报纸业和抗议者的保护变得更为有力，生育权也在格里斯沃尔德诉康涅狄格州案（Griswold v. Connecticut）中首次获得了宪法承认。

对于美国的自由主义者来说，这是一个田园诗时代，但"沃伦法院"的判决激起了政治右翼分子的强烈反对。社会保守派谴责法院禁止在公立学校祈祷和合法获得避孕药具的规定。南方的白人反对取消种族隔离的命令，他们有时还会敦促联邦政府强制执行最高法院的决定。自由放任主义者谴责联邦权力的大肆扩张，认为其以个人自由为代价。这些反对声音集合起来，使得现代共和党的智识基础不断壮大。

在某种程度上，反对"沃伦法院"的法律之争已经进行了几十年。最高法院在20世纪70年代和80年代右转之后，已经频繁收缩来自沃伦时代的重大判决先例的范围。保守派法律学者团结在原教旨主义周围，后者是一种宣称忠于国家建国宪章的原始含义的宪法解释理论。原教旨主义者最主要的代表是2016年去世的大法官安东宁·斯卡利亚，他对"沃伦法院"的裁决多持强烈批评态度，认为这些裁决超出了他们理解的宪法所允许的范围。随着原教旨主义在最高法院的影响力不断增强，这场战争或可达到新的高度。

对"沃伦法院"判决先例的质疑声音

以诽谤案为例。最高法院在判决中驳回了麦基诉考斯比案（McKee v. Cosby）中的请求。凯瑟琳·麦基（Katherine McKee）曾在 2014 年公开指控考斯比犯有强奸罪。在考斯比和他的法律团队涉嫌泄露了一封诋毁她的诚实品格的信件后，她以诽谤罪起诉了考斯比，而下级法院驳回了她的诉讼。根据最高法院目前的判例，下级法院的判决使麦基很难赢得对考斯比的诽谤诉讼。诽谤法通常将唐纳德·特朗普等公众人物与普通私人公民区别对待，但也承认私人公民有时在参与公共范围内的争论时可能会成为准公共人物。1964 年，"沃伦法院"裁定认为第一修正案禁止公众人物提出诽谤索赔，除非他们能够证明诽谤者的行为具有"实质恶意"，即被法官们定义为"不计后果地漠视"真相。而在民权运动时期，南方的官员经常试图用恶名昭彰的诽谤指控来压制不利的报道，《纽约时报》诉沙利文案就是代表案例。

托马斯肯定了法院对此案的拒绝介入，并建议推翻具有里程碑意义的诽谤判例。托马斯认为，沙利文一案及延续这一精神的判决都有政策驱动的嫌疑，在此情况下应仔细研究第一修正案和第十四修正案的原意。如果宪法没有要求公众人物在国家诽谤诉讼中达到真实恶意标准，则法官在判决时也不应有此要求。但对美国记者来说，一个没有沙利文的世界将是一个令人感到恐惧的世界。实质恶意标准给予了将权贵的不当行为公之于众的美国人广泛的法律保护。如果没有沙利文，各州将能够为诽谤指控设定自己的法律标准，特朗普总统可能会喜欢这样的前景。

2019 年 2 月，托马斯还将矛头指向了美国人根据第六修正案获得法律顾问的权利。在加尔扎诉爱达荷州（Garza v. Idaho）一案中，由于加尔扎的律师拒绝代表作为被告的他提起上诉，加尔扎请求爱达荷州法院介入。律师的拒绝源于吉尔伯托·加尔扎在辩诉交易期间对上诉权利的放弃。在结果为 6 比 3 的法院裁决后，大法官们表示律师应该在他的当事人要求时为当事人提出上诉，即便这一请求很可能注定失败。而托马斯、阿利托和戈萨奇三位法官却在反对意见中写道，在辩诉交易期间，加尔扎放弃了上诉程序本身的权利，所以他的律师未提交上诉文件的行为是正确的。此外，托马斯对1963年的吉迪恩诉温赖特案（Gideon v. Wainwright）的判决结论也提出了质疑。这一判决保证即使负担不起，刑事诉讼的被告也要拥有一名律师，实际上迫使各州和联邦政府建立公设辩护人制度。托马斯表示，宪法的起草者们并没有在第六修正案中赋予在所有刑事案件中保障法律顾问的权利，他们不过是想阻止政府禁止被告雇佣律师。托马斯评论道，"我们作出的这些政策上的选择已经超出了宪法规定的职责"，"即使我们拥护这一先例，我们在这一领域上尚为可疑的权威也应该让我们在进一步推行这些先例之前先停下来"。

上周，大法官们听取了美国退伍军人诉美国人权协会一案（American Legion v. American Humanist Association）的口头辩论，这是一桩颇为棘手的宗教自由案件，其核心点是一个建在马里兰州的高速公路路口的四层楼高的混凝土制拉丁十字架。该十字架建于1925年，作为对第一次世界大战的纪念，由州政府所有并进行维护。来自当地的原告表示，这种安排违反了宪法第一修正案的确立条款，即禁止国会和各州将一种信仰置于另一种信仰之上。在1971年的莱蒙诉库兹曼案一案（Lemon v. Kurtzman）中，最高法院制定了一项严格的检验标准，以确定政府参与宗教事务是否违反了宪法。保守派法律学者经常批评这种检验方法，最高法院在宣布这种检验方法以来的几十年中也逐渐放弃了这种方法。原告提议废除莱蒙检验并采用一种可以给政府在与宗教纠缠时更大的回旋余地的测试方法。大法官们似乎不愿意在上周的口头辩论中讨论太深入。但是，"确立条款"的现状似乎也不容乐观。"现在是时候让法庭感谢莱蒙测试的贡献并废除它了吗？"戈萨奇在口头辩论中问道。托马斯依照惯例既没有说话，也没有提问。

保守派的时间优势

值得注意的是，托马斯和戈萨奇不会真正马上领导一场反革命。大法官塞缪尔·阿利托（Samuel Alito）只加入了托马斯对"加尔扎案"的一项反对意见，并明确表示拒绝加入到否认20世纪60年代作出的判例的行列，但他已明确表达了对沃伦时代的看法。阿利托曾写道，他在大学时期对宪法产生兴趣,"很大程度上是因为他不同意'沃伦法院'的判决,尤其是在刑事诉讼、确立条款和新分配等领域",他可能成为在任何削弱沃伦时代先例的多数意见中的第三票。

首席大法官约翰·罗伯茨在这个任期内比以往更频繁地站在最高法院的四名自由派一边,也许意在继去年秋天布雷特·卡瓦纳夫(Brett Kavanaugh)党派确认战的破坏性影响之后支持最高法院的公共合法性。2017 年,卡瓦纳夫对罗伯茨的前任首席大法官威廉·伦奎斯特对推翻 20 世纪 60 年代的"沃伦法院"模式方面发挥的作用进行了充分肯定,认为当时的法院在一些案例中看上去只是简单地将政策观点写入宪法,但卡瓦纳夫是否会把自己算作那些批评者之一仍有待观察。

卡瓦纳夫的确认也是对保守派在最高法院是如何享有精算优势的强调。托马斯,最高法院保守派的院长,去年夏天已满 70 岁。他的自由主义对手鲁斯·巴德·金斯伯格法官已经 85 岁,斯蒂芬·布雷耶法官已经 80 岁。如果民主党明年同时赢得白宫和参议院,他们或许能够维持最高法院目前的意识形态平衡。然而,如果特朗普赢得连任,这个国家的最高法院可能会进一步偏向右翼。其中一些具有里程碑意义的判例可能会在短期内经受住"罗伯茨法院"的审查,但时间却在原教旨主义者那边。

(编译/李宛衡)

托马斯大法官保守司法哲学的成因与评价

[编者按] 随着美国总统特朗普将两名保守派大法官送入最高法院，保守派在法院内逐渐确立起了自己的优势。即便如此，在芝加哥律师迈克尔·奥唐奈看来，保守派法官之间也并非总是立场一致，美国历史上的第二位黑人最高法院大法官克拉伦斯·托马斯（Clarence Thomas）就是其中最为特立独行的一个，他就常常因为自己的反动法律哲学（reactionary legal philosophy）立场和绝不妥协的强硬态度而成为孤独的异议者。奥唐奈于 2019 年 9 月发表在《大西洋月刊》上的书评《解构托马斯》[1] 认为，托马斯大法官在审判过程中常常不置一词，让人难以理解，是同事和法院外人士眼中的一个谜。通过对传记中大法官公私形象的解构，他认为，一方面，产生于 20 世纪六七十年代、对于黑人民族主义的沉浸感深刻塑造了托马斯的保守主义立场；另一方面，法官本人独特的成长经历促成了一种反实用主义的浪漫主义司法哲学，使其在种族和性别歧视问题上与同事们分歧巨大。

托马斯大法官在公私生活中的分裂形象

作为美国最高法院历史上的第二位非裔大法官，很多人将托马斯视为瑟古德·马歇尔大法官的当然接班人，然而这位大法官偏偏不走寻常路，采取极保守的司法立场，成为最高法院保守派阵营中的"异类"。在作者看来，这

---

〔1〕 Michael O'Donnell, "Deconstructing Clarence Thomas", *The Atlantic*, September, 2019, pp. 39-41.

位大法官在公共和私人生活中的形象存在着巨大的偏差，这使得托马斯本人成了"一个难以理解的人"。

在作者看来，托马斯大法官不为公众所知的私人面向着实出人意料，与法庭中不置一词的沉默形象大相径庭，在与同事的日常交往中，他是"人人都爱的托马斯"，有着"溢于言表的好脾气"。托马斯大法官格外擅长人际交往之道，一方面，他能够记住最高法院内每个人的名字，关心他们的生活；另一方面，他总能通过工作或社交渠道交朋友，乐于邀请人们与他畅谈。工作之余，他的笑声经常充盈着法院的走廊，而在庭审过程中，他也会递出一些看上去"傻乎乎"的便条，令同事和辩护律师忍俊不禁。

然而作者指出，"这份活泼表明，读懂这个将法官作为职业的人就像是在研究野兽派艺术"，这位大法官在审判和书写司法意见时的强硬态度与前一种形象形成了鲜明的反差。首先，托马斯想把所有美国人带回 20 世纪 30 年代的极端保守立场无法让人接受；其次，在书写司法意见时，托马斯不愿做出妥协，常常无法吸引任何一位同事站在自己一边，只能自己撰写异议或协同意见；最后，因其特殊的族裔背景和社交经历，托马斯在法官任职听证会上经历了阿妮塔·希尔（Anita Hill）的性骚扰指控调查，这严重影响了他的法官名誉，也给他的职业生涯留下了些许阴霾。

托马斯反动法律哲学的成因

作者心中有一个关于托马斯法律哲学成因的"谜"，而政治学家科瑞·罗宾（Corey Robin）的新书《谜：克拉伦斯·托马斯》（The Enigma of Clarence Thomas）则成了他解析问题的索引。

作者认为，托马斯在 20 世纪六七十年代产生的对于黑人民族主义的沉浸感深刻地塑造了他的保守主义立场。从这一源头出发，罗宾揭示了托马斯的"日程表"——坚信自我成就的力量，秉持分离主义态度，希望广大黑人能够不依靠白人而获得成就，进而实现布克·华盛顿（Booker T. Washington）传统之下的自决。正因如此，他拒绝承认那些旨在帮助黑人的法律和项目，将白人家长主义和随之而来的羞辱视为黑人进步路上的最大阻碍，主张"最好的前路乃是从头再来，而不是笨拙弥补"。正因为认识到了托马斯的这种行为逻辑，作者认为，罗宾在传记中对于托马斯大法官的认识可能有些夸张，略失偏颇——罗宾认为托马斯甚至能从臭名昭著的吉姆·克劳法中读出些许价值，进而将托马斯本人描述为一位可能支持奴隶制的法官，而在作者看来，至少从 2003 年"弗吉尼亚诉布莱克案"（Virginia v. Black）的独立异议意见中可以看出，托马斯只是在为黑人谋求一条比自由派正统观念更好的出路，除此无他。

此外，通过揭示大法官的成长经历，特别是与外祖父之间的微妙关系，作者指出，罗宾的传记提供了一个理解其看似矛盾的司法哲学的心理视角，这有助于我们理解其极端原旨主义立场中必然要面对的奴隶制与宪法的协调问题。托马斯有一位严格而固执的外祖父迈尔斯·安德森（Myers Anderson），外祖父的严苛几乎体现在托马斯生活的方方面面，两人的关系在数年之中僵持不下，然而大法官在无形中全盘接受了外祖父的严酷世界观。在作者看来，托马斯在这样的家庭环境中成长，其拒绝对无业游民做宽大处理、不对犯罪者宽容对待、反对种族融合政策便不足为奇了。

托马斯对种族及性别歧视等宪法问题的理解

作者指出，托马斯并没有像他的同事们那样，认为美国宪法是一部"色盲宪法"，但也凭借自己独到的司法哲学另辟出一条认识种族问题的思路，最终与同事们在推动族裔平等问题上实现了殊途同归。在此意义上，托马斯不啻为一位伟大的大法官。

然而，作者也认为，托马斯对于美国非裔共同体抱有一种严肃而不切实际的看法，认为在一个不受政府控制的自由市场中，优秀的黑人凭借自身努力同样能够取得成功。正是因为秉持这一观点，托马斯在涉及种族问题的案件中往往拒绝接受对于非裔的优待政策，与其他保守派大法官的思路差异巨大，成为最高法院里最为孤独的"宪法清道夫"。作者指出，托马斯"从头再来"的观念再次发挥了作用，他情愿彻底放弃陈旧的判例法的条条框框，"从头再来"，而这使其常常因为不尊重先例而被同事们孤立。对此，作者批评道，托马斯大法官的司法哲学中体现了一种近乎自我毁灭程度的反实用主义——然而遵循先例才是构建美国法律制度的奠基性原则，为国家提供了稳定性和秩序，也构成了法官身穿法袍维护正义的生存之道。

同样，在性别歧视问题上，托马斯再一次与自己的同事们站在了对立面——在作者看来，大法官既立志重塑建国一代对于宪法的创见，同时也继承了那一代人的"宪法原罪"。在 2019 年春季审判季里，托马斯因为在"博克斯诉计划生育联合会案"（Box v. Planned Parenthood）中将寻求堕胎的妇女称为"母亲"（mother）而激怒了金斯伯格大法官，又一次成了为自己写作的孤独者。作者不无批评地认为，托马斯对于妇女的蔑视态度是所有作家在为他著书立说时无法回避的问题。在罗宾和其他的调查记者看来，有大量证据可以证明，托马斯在面对司法委员会调查时说了谎。综合来看，作者尖锐地指出，回顾托马斯的职业生涯及其与外祖父共同生活的经历，这位大法官有着长期歧视妇女的记录。用罗宾的话来说，在大法官的世界观里，"与被男人养大相比，由女人养大的孩子简直就是灾难"，而族裔进步事业的关键有赖于"挽救黑人男性的力量"。对此，作者评论道，大法官蔑视妇女的态度已然成了其职业生涯中不可磨灭的污点。

（编译/孙竞超）

新美国主义：为什么一个国家需要自己的民族叙事

[编者按] 民族国家是研究历史的重要视角和基本论述单位。正视民族国家的现实问题和厘清民族国家的历史脉络对于书写一个民族的历史具有重大意义。哈佛大学历史学教授吉尔·莱波雷于 2019 年 2 月 26 日发表于《外交事务》网站上的《新美国主义：为什么一个国家需要自己的一个民族叙事》[1] 一文，正是通过追溯美国历史的起源和自由民族主义式微的过程，呼吁美国人不要忘记共同的历史。原因在于，是民族故事而非同一祖先，使一个国家具有凝聚力和向心力。同时，她还提出：自由民族主义是广阔自由的历史研究视野的保障，也对培养统一的民族性格、促进长久的国家进步影响深远。为此，美国人需要建构一种新的美国主义，创造一部新的美国历史。

历史研究中民族国家视角的重要性

一个多世纪以来，民族国家一直是历史研究的核心对象。19 世纪 30 年代，对乔治·班克罗夫特（George Bancroft）、小亚瑟·施莱辛格（Arthur Schlesinger）和理查德·霍夫施塔特（Richard Hofstadter）而言，研究美国历史就意味着研究美国民族。但是在 20 世纪 70 年代，美国历史学界研究国家的热度在降低。1986 年，斯坦福大学历史学家卡尔·德格勒（Carl Degler）公开指责其同事对于民族国家的忽视，"我们可以在历史中含蓄地否认或忽视民族国家的存

---

[1] Jill Lepore, "A New Americanism: Why a Nation Needs a National Story", *Foreign Affairs*, 载 https://www.foreignaffairs.com/articles/united-states/2019-02-05/new-americanism-nationalism-jill-lepore，最后访问日期：2020 年 2 月 21 日。

在，但这将是一段与人们的需求背道而驰的历史，而这些人生活在民族国家中"。政治学家弗朗西斯·福山于其 1989 年的文章《历史的终结?》中写道："世界上绝大多数的民族主义运动，除了从一些其他的群体或人民中独立出来的消极愿望之外，没有任何政治纲领，也没有为社会经济组织提供任何类似于整体议程的东西。"但在他最近的新书中，福山谈到了俄罗斯的弗拉基米尔·普京、菲律宾的罗德里戈·杜特尔特和美国的唐纳德·特朗普等人"出人意料"的民粹性民族主义。

本文作者吉尔·莱波雷则认为，研究美国民族这项任务是重要的，历史学家需要为生活在美国的人民提供一幅关于这个国家的清晰过去与可信未来的图景。正如历史学家托马斯·本德（Thomas Bender）所说："一段共同的历史对于维系构成国家这一主体的向心力至关重要。"作者指出：当今世界中，民族主义的不绝如缕，证明了世界上从来不缺少无赖，这些无赖愿意用神话和预言、偏见和仇恨来煽动起人们的自我意识和命运意识；世界也不缺少热切呼唤暴力的恶棍，他们希望让旧垃圾袋中正在溃烂的仇恨情绪倾泻而出。当历史学家们放弃对一个国家的研究，当学者们不再试图为一个民族书写一部共同的历史，民族主义就不会自然消亡，相反，它会通过吃掉自由主义的方式继续生存。现在唯一的选择就是努力创造一部新的美国历史——一部可以培育一种新的美国主义的历史。

美国民族主义的起源

1776 年，美利坚合众国宣布独立时就成了一个独立的州。在独立后很长一段时间内，大多数美国人并不把美国看成一个国家，而是名副其实的国家联盟。称自己为"联邦主义者"的宪法的拥护者实际上就是民族主义者。作者讽刺道，约翰·杰伊之所以在《联邦党人文集》的第二篇中坚称美国人拥有共同的祖先，那是因为他要给自己增加自信，因为美国人实际上来自全球各地。敦促美国人采用独特的拼写方式（如使用"favor"而不是"favour"）也是为了塑造一种民族性格。然而，这也并没有使美国成为一个国家。直到 19 世纪 40 年代，欧洲国家被所谓的"民族时代"浪潮席卷，美国人才开始认为自己属于一个国家，彼此有共同的命运。

把一个州变成一个国家的方法之一就是书写它的历史。1834 年至 1874 年，班克罗夫特（Bancroft）出版了多达十卷的《美国历史：从美洲大陆的发现说起》（*History of the United States, From the Discovery of the American Continent*），这是美国第一部重要的历史著作。作者认为，班克罗夫特是天命论的缔造者，他写历史的目的是使美国的建立看起来似乎是必然结果，美国的发展势不可当，美国的历史悠久古老。他没有强调美国的英国渊源，而是颂扬美国是一个多元化和世界性的国家，其祖先遍布世界各地。

19 世纪的民族主义作为启蒙运动的产物实际是自由主义。作者认为，自由民族主义作为一种理念，从本质上讲是具有历史意义的。19 世纪的美国人是在一套关于人权的新思想的背景下来理解民族国家的：国家的权力保证每个有资格成为公民的人享有同样的一套不可撤销的政治权利。

在南北战争前夕的美国，北方人，尤其是北方的废奴主义者，将（北方的）民族主义和（南方的）地方主义进行了对比：南方人的民族主义被称为"非自由主义"或"种族主义"，北方人的则被称为自由的或公民的民族主义。作者提出，南北方的民族主义实际上是不同的，而美国历史上的大部分战争都是这两种民族主义之间的战争。北方虽然赢得了南北战争的胜利，但自由主义和狭隘的民族主义（非自由民族主义）之间的斗争却进入了白热化阶段，尤其是针对美国宪法的第十四修正案和第十五修正案的争论。

1869 年，弗雷德里克·道格拉斯（Frederick Douglass）提出了一种新美国主义，但并没有被广泛接受。他极力主张应该本着"建立一个复合性国家"的精神来批准通过第十四修正案和第十五修正案。对道格拉斯来说，进步只能以复合型国家的新形式出现。"我们将用科学和文明的网络覆盖一切寻求避风港的人，无论他们是来自亚洲、非洲抑或是海洋的群岛上。""他们到这里要服从于同一法律，说同样的语言，支持相同的政府，享受同样的自由，满怀着相同的国家热情，并寻求相同的国家结果。"

1935 年，历史学家和民权运动家 W. E. B. 杜波依斯（W. E. B. Du Bois）写道，黑奴解放与国家重建是"这个世界所见的为实现民主而做出的最杰出的努力"。但这种努力遭到了那些将美国重新团结起来的北方白人和南方白人的背叛，他们编造了一个故事，说这场战争根本不是一场关于奴隶制的战争，而仅仅是国家和各州之间的斗争。杜波依斯不无痛苦地写道："我们正处在这样的人的领导下，他们为了维持现在的和平，愿意付出扭曲既往事实的代价。"但和道格拉斯的新美国主义一样，杜波依斯对美国历史的看法也被遗忘了。

美国民族主义的变化

19 世纪 80 年代，民族主义开始从自由主义转向非自由主义。当时美国颁布了吉姆·克劳法，限制移民制度也随之兴起，第一部限制移民的联邦法律《排华法案》（Chinese Exclusion Act）于 1882 年通过。这两部法律都违背了宪法第十四修正案和第十五修正案的所做承诺和宪法保障。但是，那些年在美国历史协会（American Historical Association）年会上发表演讲的白人对讨论种族隔离、黑人被剥夺公民权或移民限制等问题毫无兴趣。这段时期历史学家对民族主义的忽视致使美国历史缺失了有关种族不平等起源的部分。

而从 1910 年代开始，尤其是到 1930 年代，民族主义变得越丑陋狭隘，自由主义者就越相信自由民族主义是不可能存在的。在美国，民族主义主要表现为经济上的保护主义和外交上的孤立主义。1917 年，反对美国卷入第一次世界大战的出版业巨头威廉·伦道夫·赫斯特（William Randolph Hearst）开始呼吁"美国优先"。在美国参加第二次世界大战的前几年里，甚至有边缘群体支持希特勒。1939 年，大约 2 万名美国人聚集在装饰着纳粹党徽和美国国旗的麦迪逊广场花园（Madison Square Garden），其中一些人穿着纳粹制服，张贴于广场的海报上写着"真正美国主义的大规模示威"，并谴责罗斯福新政是"犹太人的协议"。作为扩大美国内部分歧、削弱美国决心的运动的一部分，纳粹在种族歧视的美国南方地区进行宣传，呼吁废除宪法第十四修正案和第十五修正案。

第二次世界大战之后，美国历史学家把美国的历史写成了一个共识性的故事，按照政治学家路易斯·哈茨（Louis Hartz）的说法，这是一种不变的"美国自由主义的传统"，且这一传统似乎将一直延续到一个不变的自由主义的未来。德格勒于 1959 年所写的《返古溯今：塑造现代美国的力量》（*Out of Our Past: The Forces That Shaped Modern America*），是 20 世纪最新的也是最好的单册通俗美国历史书。这本书把种族、奴隶制、种族隔离和公民权利置于故事的核心地位，与自由、权利、革命、自由和平等处于同样的位置上。令人惊讶的是，这是德格勒的第一本也是最后一本书。

美国历史的衰退

如果说对国家的热爱是美国历史学家在 19 世纪研究过去的动力，那么对民族主义的仇恨则是美国历史学家在 20 世纪下半叶远离民族主义的原因。

民族主义是一种计谋、诡计和虚构，这是早就显而易见的。第二次世界大战后，国际主义者就开始预言民族国家的终结。20 世纪 60 年代，随着越南战争的爆发，美国历史学家停下了对民族国家研究的脚步，部分原因是害怕与美国外交政策和国内政治压迫政权的暴行沆瀣一气。2002 年，本德（Bender）在《重新思考全球化时代的美国历史》（*Rethinking American History in a Global Age*）一书中指出："直到最近，由于民族国家地位的不确定，人们才认识到，历史作为一门专业学科是其本身实质性叙述的一部分，同时人们根本没有充分意识到这种循环的意义。"作者提醒道，民族主义从未离开过。它们只会让历史学家更难发现，因为历史学家们不再真正地去寻找。

一个新的美国历史

作者认为，书写民族历史固然产生了许多问题，但不书写民族历史会带来更多的问题，而后者带来的问题更糟。

一个新的美国主义和一部新的美国历史可能是这样的：一个建立在正义的基础上的政府承认所有人的平等权利；除了自身存在必需的和法律制裁需要的权力，除了自然、理性和人民定期确定的意愿之外，不要求更高的公共权力；坚决拒绝损害任何宗教信仰、家庭的利益或者从对其服务中获取利益——对世界上大多数政府及我们自己中的一些心胸狭隘和固执己见的人来说，这是长期令人反感的事物。

在冷战结束时，一些评论家得出了这样的结论：美国的实验以胜利告终，美国即全世界。但本文作者对此表示反对，认为美国的实验实际上并没有结束：一个建立在革命和普遍权利基础上的国家将永远与混乱和特殊主义势力作斗争，一个在矛盾中诞生的民族将永远为其历史的意义而斗争。但这并不意味着历史毫无意义，也不意味着任何人都可以对此袖手旁观。

大约三十年前，德格勒警告说，如果美国历史学家不开始询问和回答重大问题，那么其他人会这么做的。本文作者进一步警告：他们将呼应卡尔霍恩（Calhoun）、道格拉斯（Douglas）和考夫林神父（Father Coughlin）；他们将哀叹"美国的大屠杀"；他们将称移民为"动物"，并把其他国家称为"狗屁国家"；他们将采用"美国第一"的口号；他们将说他们能"让美国再次伟大"；他们将称自己为"民族主义者"；他们的历史将是虚无的；他们将说只有他们爱这个国家。历史将证明，他们错了。

（编译/刘昭媛）

竞选总统的"经济爱国主义"方案

[编者按]　美国马萨诸塞州联邦参议员、民主党总统竞选人伊丽莎白·沃伦于 2019 年 6 月 4 日在"媒介"网站上发表《"经济爱国主义"方案》一文，[1] 主张支持美国工业产品的出口，吸引此前开设了大量海外工厂的美国跨国公司回流，并成立一个新的政府部门，致力于整合各类资源，为美国人民创造新的就业机会。该方案不再将过去美国就业的衰落归责于全球化或者机器自动化的应用，而是指出将积极运用联邦政府的力量干预市场，以调和发达的全球工厂与落后的国内就业之间的矛盾。

沃伦在这份方案的开头就表达了对美国公司的不满，认为他们大多数情况下只忠诚于对股东（三分之一是外国投资者）的短期利益而放弃了本土工人和城市，与此同时，政客们对美国就业问题的关心大多停留在口头宣扬上，"几十年来，这些政客一方面一直引用'自由市场原则'，拒绝代表美国工人去干预市场。另一方面，他们却又经常无视这些规则，为保护跨国公司和国际资本的利益而定期插手"，最终大量工作机会流向海外，国内工资增长停滞，不平等加剧，经济发展缓慢。作为总统竞选人，沃伦宣布，"我会发扬经济爱国主义，运用现有的和新的工具来捍卫和创造高质量的美国就业，促进美国工业的发展"，"我的政府将在政府调控经济的方法上寻求根本性、结构型的变革，最终将美国工人和中产阶级的繁荣置于跨国公司的利润和华尔街的奖金之前"。在这份方案中，沃伦详细解释了未来在她领导下经济爱国主义

---

〔1〕　Elizabeth Warren, "A Plan For Economic Patriotism", *Medium*, June 4, 2019, 载 https：//medium. com/@ teamwarren/a-plan-for-economic-patriotism-13b879f4cfc7，最后访问日期：2020 年 2 月 28 日。

将如何运作。

一直以来，不断有声音将美国的就业问题归咎于全球化、制造业的自动化，甚至是美国工人的"技能差距"，但在沃伦看来，不是市场，恰恰是政府的政策问题才是关键，"从我们的贸易协定到税法，都在鼓励公司向海外投资、为海外创造工作岗位以及保持低工资，太多的服务给了那些对美国并不忠诚的跨国公司和全球资本"。沃伦的政府将停止寻找借口，采取新的积极政策以支持美国工人。具体来说主要有两个改变：一是积极运用所有方式捍卫和创造美国的就业机会，积极干预市场，促进可持续的就业增长和工业发展。二是整合现有的政府就业计划，建立一个新机构——经济发展部，致力于创造和捍卫优质的美国就业机会。

代表美国工人，积极干预市场

第一，加强货币管理，从而增加出口、发展国内产业。造成贸易逆差和出口疲软的最重要因素就包括美元的货币价值变化。沃伦政府将运用各种工具，并同其他受害于货币错位的国家合作，创造出有益于美国工人和工业而不是外国投资者的货币价值。第二，重视联邦研究与发展计划，加大对国内产业研发投入的支持，从而创造出未来国内的就业机会和可持续投资。沃伦提到了一个数字，如今美国在联邦研究与发展计划上的花费仅是 20 世纪 80 年代的一半，与之相比，苹果等公司研究经费惊人但其大量运用于海外制造产品上。沃伦政府将借鉴其他国家对公共研发基金投入的方法，加大美国对研发上的投入，但包含三个关键条件：（1）政府资助的研究应在美国进行生产，且将写进资助标准；（2）资助研究所取得的成果应通过各种形式回馈纳税人；（3）研发投资必须在全国各地区都有分配，以促进解决地区问题。第三，增加出口促销，追赶竞争对手。对比 2017 年的数字，美国的主要出口促销机构——进出口银行提供了 2 亿美元的中长期投资，德国的同类机构提供了超过 30 倍的支持，中国则超过 100 倍，而且美国进出口银行对出口促销的支持大部分转移到了少数几家大公司。因此，沃伦政府未来不仅要追加出口促销，而且将更多关注中小企业。第四，通过政府采购计划支持美国制造。

美国政府本身具有强大的购买力，每年花费数千亿美元购买商品和服务，未来这种花费将为美国产品创造市场，用以提高对美国新产品的需求和发展其国内特定产业。第五，增加对美国工人的投资，包括重组职业教育，扩张学徒计划，制定新的职业培训模式。德国近一半劳动力毕业于中学后的学徒训练计划，无需四年制大学教育就可培养技术能力、参与实际工作。美国将采取积极措施改变其职业教育尤其是工人培训计划，包括增加 10 倍的资金用于学徒训练，未来 10 年将总计达到 200 亿美元；同时可以利用社区大学系统，提高劳动力技能水平。

建立新机构——经济发展部

沃伦提到了"中国制造 2025 计划"，指出包括中国、德国、日本在内的诸多竞争对手通过各种激励措施和资金补贴，确定经济发展和产业扩张的长期目标，而美国在国防之外则缺乏这种系统性的工作。目前政府关于就业的各种政策计划都分散于各部门，各部门不仅缺乏协调，还容易使政策计划淹没在这些职能不同的大型机构中。例如，美国 11 个联邦机构里共有 58 个项目为美国制造业提供支持，5 个不同机构中至少有 9 个办事处主要负责贸易政策和出口促销，而在这 9 个不同的机构中又共有 47 种不同的就业和培训计划。更糟的是，有些政府机构反而破坏着美国就业机会的可持续发展，例如，美国贸易代表办公室（USTR）——其使命是代表美国政府谈判贸易协议——被公司高管和政治说客的利益所俘虏，其在各政府部门的行动表明了，它反对任何可能使美国工人的利益高于跨国公司或华尔街利益的意识形态。沃伦表示，应明确联邦政府的统一使命是促进美国中产阶级的可持续发展，且沃伦政府将整合上述这些机构和计划，进行改革，去芜存菁。

首先是成立一个新机构——经济发展部。其唯一目标是捍卫并创造美国的就业机会，这个新部门将取代商务部，吸收其他机构比如小型商业管理机构和商标专利管理局，所有贸易有关的计划都将归于该部门。其次是该部门负责每四年制定一项国家就业战略（NJS）。这会像德国和中国所做的那样成为一项长期计划，旨在观察全球经济环境并确定新的风险和机遇。该战略不仅关注整体美国经济，还关注区域经济。它将研究对农村社区和小城市产生差异影响的趋势，并将为美国就业和美国工业制定明确的目标。

沃伦最后指出，将资本和工作从一个国家转移到另一个国家变得越来越容易。这就是为什么美国政府必须比以往任何时候都更关心捍卫和创造美国就业机会，而不是将更多注意力放在削弱竞争对手。如果新一届政府能拥抱经济爱国主义，并使美国工人成为第一优先事项，而不是继续迎合不忠于美国和人民利益的公司，美国就能够应对未来的变化。

（编译/张湦萱 江涵）

谁是美国白人？白人的身份政治

[**编者按**]　在当代，复杂的美国政治社会诞生出"白人民族主义"，颠倒了一直以来对右翼保守主义的认识。"谁是美国白人？"这个关乎白人身份政治的问题以新的面目重回我们的视野。考夫曼（Kaufmann）认为，极端右翼之所以被搅起，是因为穆斯林移民和激进左翼的鼓动。因此，要保持白人至上，就必须加速吸纳浅肤色的新"白人"。但是，这是否能永久解决极端主义？针对这一疑问，普林斯顿大学美国史名誉教授内尔·欧文·佩特在《外交事务》2019年11-12月刊发表《谁是美国白人？白人的身份政治》[1]一文，认为这种"新白人"实际上已经削弱了白人至上主义，并且"是对极端主义的妥协"。此外，"白人民族主义"还毒害美国中下层白人，使他们"投票给那些不利于自己利益的政策"，没有人再去关心美国中下层白人。但幸运的是，总统大选三年后的今天，反对特朗普的选民比支持他的多出约300万，美国人能日益清晰认识到，即使想坚持种族等级，也不值得以牺牲民主为代价。该文原为2019年新出版的三本书的书评：埃里克·考夫曼《白人的转变：民粹主义、移民和白人占多数的未来》（*Eric Kaufmann*, *White Shift*: *Populism*, *Immigration*, *and the Future of White Majorities*），阿什利·贾迪纳《白人身份政治》（*Ashley Jardina*, *White Identity Politics*），乔纳森·M. 梅茨尔《白人之死：种族仇恨的政治是如何杀死美国的心脏地带的》（*Jonathan M. Metzl*, *Dying of Whiteness*: *How the Politics of Racial Resentment Is Killing America's Heartland*）。

---

〔1〕　Nell Irvin Painter, "What Is White America? The Identity Politics of the Majority", *Foreign Affairs*, November/December, 2019, 载 https://www.foreignaffairs.com/reviews/review-essay/2019-10-15/what-white-america, 最后访问日期：2019年10月15日。

2016 年美国总统大选改变了美国盛行的种族认识（ideology of race）。唐纳德·特朗普的白人民族主义（white nationalism）正在使处于白人边缘的人变成"白人"，这些在边缘的白人恰恰暴露出白人选民的政治分歧。很多人纷纷将特朗普的胜利归因于美国中心的经济混乱，归咎于部分选民对失去工作和失去生活稳定的不满。专家学者后来找到一个更合理的解释：总体而言，大多数特朗普的白人支持者的投票并不是出于经济利益，而是出于对威胁到自己社会阶层地位的社会变革的不满。因此，这三本新书试图回答其中的关键问题：这些白人想要什么？三本书的作者认为，他们想要特朗普、英国脱欧、枪支、减税、共和党、社会保障和医疗保险。最重要的是，他们想保护自己的社会地位。这些白人不想要什么？他们不想要移民、奥巴马医改和公立学校经费支出。最重要的是，他们不想被多元文化主义者称为偏执狂（bigots）。然而，正是这种言论的威胁鼓动了这些白人拥抱了"白人民族主义"（white nationalism）。

这些白人是谁？这三本书的作者使用数据、测量和图表来回答这一问题。埃里克·考夫曼和阿什利·贾迪纳通过民意调查对白人仇恨的根源进行了考察。乔纳森·梅茨尔通过医学数据和个别访谈，研究这些白人为何支持不利于他们健康和福祉的保守派政治议程。这三位作者都意识到，只要白人身份与政治家个人利益无关，政治家便仍然可以自由地采取有利于上层白人，但却无济于中下层白人（ordinary white）的政策。但是，这三本书没有讨论诸如投票权平等的政治问题，也没有提出一条避免美国被白人身份逼入绝境的出路。

白人即为合理

考夫曼是伦敦大学伯克贝克学院（Birkbeck College, University Of London）的政治学教授，也是研究北爱尔兰政治的专家。他将历史引入白人身份问题并称之为"白人种族传统主义"（white ethno-traditionalism）。他认为，种族是一个遗传事实，是一种可识别的文化表现。考夫曼认为，尽管这些人反移民、反难民、赞成英国脱欧并支持特朗普，但这里面多数人并不渴望权力或反感黑人。

他们只是感觉受到威胁并进行自卫的普通人。考夫曼提出一个特殊的因果关系：穆斯林引发了对安全的担忧，进而鼓动了右翼民粹主义。考夫曼的主要论点是，白人的政治认同中之所以出现右翼民粹主义，源于两种威胁：一种是移民缩减了白人的规模；另一种是受"左翼现代主义"（left-modernism）的鼓动，"激进左翼现代主义者"（radical left-modernists）将"反白人叙事"（anti-white narrative）推向了极端的"白人种族灭绝"论（white genocide）。为了帮助白人从极端中摆脱出来，考夫曼提出了短期的和长期的补救措施。

作者指出，从本质上说，考夫曼想拯救白人。但他的提议不是对极端主义的解决，而是对极端主义的妥协。举个例子，他处理难民问题的建议是，让他们远离白人占大多数的地方，把他们"长期"安置在"难民营"，这并没有永久解决问题。考夫曼阻止极端白人身份政治的长期办法是，加速"白人转变"（white shift），将浅肤色的"新白人"吸纳进白人群体里，同时保留白色的"核心神话和边界符号"（core myths and boundary symbols）。在考夫曼看来，这种转变将有助于保持白人至上（white supremacy）。然而作者认为，这种扩张实际上已经削弱了白人至上主义，因为它使那些不认为自己是白人的富有且受过教育的人受益。而且考夫曼并没有解释非白人是如何进入这个新政体（polity）的，更重要的是，他也没有考虑这个政体要如何捍卫自由民主的基本价值观。

恐惧的因素

作者认为，与考夫曼的书相比，贾迪纳将多元回归应用于民意调查研究中。贾迪纳是杜克大学政治学助理教授，她控制一系列变量，包括对黑人的怨恨、党派偏见、性别、地区和政治意识形态后，衡量白人对自己身份的认同程度，包括从"白人对我的身份一点都不重要"到"白人对我的身份极其重要"五个类别的变量。但是，贾迪纳也认为，仅仅衡量白人身份认同并不能预测他们对政策的态度，反对态度与强烈的种族仇恨有关，很多时候白人身份认同者"表达自己的身份"时，可能就会被视为种族主义，但这是不公平的。

白人怎么了？

白人身份公民的投票结果究竟在多大程度上对白人自身有利呢？梅茨尔指出，至少在堪萨斯州、密苏里州和田纳西州，白人身份政治对一些白人造成了生理和心理上的伤害。梅茨尔是一名医学博士，也是范德比尔特大学（Vanderbilt University）社会学和精神病学教授。梅茨尔通过调查采访，想知道为什么"美国中下层白人会投票给那些不利于自己生理健康和经济利益的政策"。梅茨尔从田纳西州的一个白人特雷弗（Trevor）开始讲起，特雷弗很穷，没有医疗保险，还患有肝病、丙型肝炎和黄疸。但是，特雷弗拒绝通过扩大医疗补助覆盖范围来接受奥巴马医疗改革。"特雷弗是怎么死的？"梅茨尔问道，答案是"教条的毒害"和"美国白人观念"（American notions of whiteness）。根据梅茨尔的说法，这种教条把奥巴马医疗改革等同于侵入性政府造成的威胁。对此，梅茨尔的主要建议是，白人不应该如此害怕社会变革，他们应该明白，这不是一场零和游戏。

无路可走？

作者强调，三位作者都意识到，种族身份是一种很难被撼动的内心信仰。美国历史表明，很难让大量白人与非白人联合起来促进共同利益，这或许可以解释，为什么这三个人都不愿意主张根本的政治变革。这三本书都把白人身份政治描绘成保守和共和。尽管考夫曼和贾迪纳认为白人身份政治认同提高是受威胁后的反应，但他们也认为白人有必要做出妥协。考夫曼说，白人需要"放心"，帮助"回到更轻松、和谐和充满信任的社会"。贾迪纳更加担心的是，白人的身份认同会被潜在的政客利用，同时她认为扩大"白"的范围是不明智的，因此她希望白人不再害怕社会变革。白人对他们失去特权感到不满，但这些特权本就源于扭曲的西方民主价值观，源于一种世袭的白人贵族历史。

作者总结，现在摆在美国人面前的问题是，只要共和党仍继续作为一个白人政党运作，"民主"就会受到打击。但幸运的是，在 2016 年总统选举三年后的今天，反对特朗普的选民比支持他的多出约 300 万。越来越多的美国人已经清晰地认识到，即使想坚持种族等级，也不值得以牺牲民主为代价。

（编译/陈韵仪）

濒死的左翼

[**编者按**]　在 2019 年的欧洲议会选举中，绿党和自由党的成绩令人瞩目，许多评论家据此认为，极右翼崛起的浪潮已盛极而衰。雅沙·蒙克在《民主》2019 年第 54 期发表《濒死的左翼》[1] 一文，提出了更为审慎的见解。他认为，绿党和自由党的选票多来自曾支持中左翼政党的选民，质言之，这是左翼内部的重新洗牌，而非左翼整体对极右翼攻势的有力反击。之所以发生这种变化，是因为文化议题已经取代经济议题成为西方世界新的政治分界线。左翼以往团结工人阶级和知识分子的策略难以为继，难民、同性婚姻等议题在两者间划出巨大的鸿沟，极右翼趁机吸纳了部分工人阶级选民，而绿党和自由党则为城市的受教育选民提供了新的选项。这两股新兴势力都在传统社会民主主义政党垮台的背景下分得了一杯羹。因此，作者指出，要重新建立左翼的多数优势，中左翼政党需要更加关注工人阶级的利益诉求，使其传统的选民群体重拾信念，而不是与绿党做无谓的阋墙之斗。

在世界范围内，政治光谱呈现出右翼崛起和左翼衰落的趋势。评论家们讨论右翼的文字连篇累牍，但左翼发生的变化却未受到同等程度的关注。这使得单纯分析右翼之崛起或式微的文章未能揭示问题的全貌。左翼发生的变化主要包括三个方面：社会民主主义政党持续没落，极左翼崛起并迅速退败，以及绿党和自由党新近兴起。

---

〔1〕 Yascha Mounk, "Left For Dead", *Democracy*, Fall 2019, No. 54, 载 https://democracyjournal. org/magazine/54/left-for-dead/，最后访问时间：2020 年 3 月 1 日。

事实上，这些变化都只是同一潜在趋势的不同表征。过去几十年中，在多数发达民主国家，社会和文化议题已经取代经济议题成为主要的政治分界线。这使绿党得以捕获越来越多受教育的城市选民，从而成为左翼的一股主要力量。但同一趋势也使左翼更难吸引传统的工人阶级选民，社会民主主义政党与极左翼政党都被削弱。除非中左翼政党找到一条道路，扩展其日益缩减的选民群体，否则它们将继续在右翼面前节节败退。

从经济首位到文化首位

在 20 世纪很长一段时间里，左翼选票的绝大部分为英国工党与德国社会民主党等社会民主主义政党所独占。经济议题的重要性为社会民主主义政党在西方工业化国家中划出一块巨大的心脏地带。主要民主国家的几乎每一个工业城镇都是政治左翼的天然领地，大多数工人都会没有悬念地投票给那些争取工会权利、更高薪金和丰厚社会福利的政党。与此同时，社会民主主义政党也在学生、艺术家、教师、公务人员和公益工作者间获得了广泛同情。这种选民结构可以称为波希米亚—无产阶级联盟（bohemian-proletarian coalition）。

如今，上述条件正在消失，社会民主主义政党在欧洲议会选举中的得票率已由 1994 年的三分之一以上下降至如今的五分之一。这部分是因为经济的结构性转变，世界制造业的很大部分迁至中国和东南亚的工厂，建立在工业基础上的发达经济体转向白领行业和服务导向型行业，传统经济议题导致的阶层对立不再那么突出。而更重要的原因是，文化议题已经取代经济议题成为大多数西方国家主要的政治分界线。移民和难民等社会事务成为划分选民政治立场的决定性因素。选民如果欢迎更多移民，相信民主国家对于接纳难民有无条件的责任，就很可能会投票给左翼；如果认为移民带来的风险多于利益，主张对进入本国难民的数量设以严格限制，则会支持右翼。

社会和文化议题的重要性使得社会民主主义政党不可能再将其传统联盟的两极聚拢在一起。文化分歧不存在妥协的余地，尽管在理论上可以为一个国家应当接纳的难民数量安排一个折中方案，但在实践中，此类辩论的象征意义使得中间立场无法维系。对于很多城市知识阶层的选民来说，对可进入本国的难民和寻求庇护者的任何数量限制，都有种族主义之嫌。然而，许多工人阶级选民却拒绝此种多愁善感，并将此视为曾经代表他们的政党已将其出卖的标志。

最终，工人阶级和城市知识阶层都与社会民主主义政党渐行渐远。大量工人阶级选民从左翼迁至极右翼，奥地利的自由党（the Freedom Party of Austria）、德国选择党（the Alternative for Germany）和英国的脱欧派（The Brexit Party）等脱颖而出。尤其是在实行比例选举制的国家，许多城市知识阶层的选民抛弃社会民主主义政党而选择绿党或自由党。波希米亚—无产阶级联盟已经死了，社会民主主义政党加速滑向选举失利的深渊。

替代选项：极左翼、绿党和自由党

在短暂的几年中，社会民主主义政党衰落为极左翼政党提供了意料之外的窗口期。一众左翼政客宣称，社会民主主义政党的症结是接受了一系列更温和的政策，它们真正需要的是回归左翼政治的出发点，亦即不加掩饰地强调工人阶级的经济利益，声嘶力竭地呼吁社会革命。依靠这一战略，极左翼在许多国家呈现勃兴之势。2015 年，英国议会后座议员杰里米·科尔宾（Jeremy Corbyn）当选为工党领袖，他年逾七旬，与左派群体保有长期的联系。在希腊、西班牙、法国甚至美国，极左翼势力纷纷取得突破。但是，极左翼的退败与其兴起一样，让人猝不及防。科尔宾将欧盟视为无可挽救的资本主义方案，他一而再、再而三地证明其无法与年轻的亲欧派支持者立场一致。结果，工党在最近的欧洲议会选举中排名第三，取得 14% 的选票，这是一个世纪以来的最差战果。

极左翼的短暂复兴很大程度上应归功于社会民主主义政党衰落产生的政治真空。选民们需要某种或者任何左翼的替代选项，极左翼带来的新奇感使其获得了巨大的影响力和支持度。但选民对他们了解愈深，信服愈少。

当极左翼证明其没有能力取代社会民主主义政党的地位时，绿党和自由党冲进来填补了真空。正是它们的崛起重塑了左翼的面貌。在本次欧洲议会选举中，德国绿党（German Green Party）实现票数翻倍，占据第 2 位，这是它历史上首次在一场全国范围的选举中击败社会民主党。与此同时，它的姐妹政党在法国、葡萄牙和英国战果丰硕。自由党则在西班牙、英国、荷兰和斯堪的那维亚部分国家表现强势，它们追求亲市场的政策，但在很多社会和文化议题上与绿党观点相似。很多评论家将绿党和自由党的兴起解读为民粹主义盛极而衰的标志。然而这种叙事忽略了一个重要的事实：绿党之兴盛与传统左翼之衰落其实都出于同一机制的运作，即经济议题的重要性降低及社会民主主义联盟瓦解。

文化议题的首要地位使社会民主主义政党陷入窘境，相反，长期以来绿党迎合了更具进步性的城市知识阶层选民。正因为绿党和自由党的大部分支持者来自曾支持社会民主主义政党的选民，所以不能把这种转变解释为进步人士的纯粹胜利。德国的例子足以为鉴，当绿党日益强大时，左翼的总体得票份额并没有扩大，绿党的兴盛仅仅颠覆了左翼内部传统的等级秩序。无论是在德国还是整个西方世界，左翼的"绿化"均未能提高其整体支持率。

重建获胜联盟

在左翼阵营瓦解的背景下，其传统选民联盟的两极越来越难以统合。绿党和自由党能获得更多年轻的、来自城市的和受过高等教育选民的支持，但是其本身所具有的世界观对其发展潜力施加了明确的限制。以后几十年中左翼领袖面临的最紧迫的战略问题十分明晰，那就是如何停止左翼对工人阶级选民吸引力下滑的趋势并赋予它新的生机。社会民主主义政党应该像评论家所提倡的，为吸引崛起的城市中产阶级而与绿党竞争吗？还是像丹麦和新西兰的一些社会民主主义政党最近所做的，致力于重新获得工人阶级的大量选票？

迄今为止，社会民主主义政党实际上选择了第一条道路。除了更倾向于捍卫福利国家、更重视经济增长之外，他们现在的政治路线与绿党和自由党有很大程度的重合。这在文化议题上尤为明显，2015年的难民危机中，德国社会民主党对移民的口头支持比绿党要少，但很难对两者实质性的政治立场做出区分。此种战略的一大问题是，社会民主主义政党不太可能在绿党的地盘上击败他们。即便他们如愿以偿、赢回绿党的部分支持者，也只能扳回左翼联盟内各派系的相对权重，而无法建立左翼的集体多数，更不可能阻止工人阶级选民向极右翼的流失。

社会民主主义政党的第二条道路是重新赢得工人阶级的选票。这要求他们在两个维度上同其他中左翼政党区分开来。经济上，他们需要服务选民的物质利益，不遗余力地呼吁更高的薪金、捍卫已有的社会津贴。但更重要的改变应是处理现今最具争议的文化议题的方式。为忠于历史使命，社会民主主义政党必须高声反对极右翼对法治的攻击，并且毅然拒绝歧视少数群体的政策。他们同样需要比现在更严肃地对待工人阶级本能的文化保守主义，包括对大规模移民和现有政党未能确保国家边界安全的担忧。

对于社会民主主义政党来说，重新赢得工人阶级选民的道路并不平坦。但唯有如此，左翼才有可能在极右翼民粹主义崛起的势头下掌控局面，找回建立执政多数的机会。左翼政党需要同时向城市的世界主义选民及其传统选民群体发出号召。他们需要通过承诺维护劳动人民的利益来修复资本主义，需要寻求一种包容的爱国主义以团结所有公民。在这种努力下，左翼仍有可能依据原则建立一个广泛的联盟。

（编译/向若 王恒）

"第三条道路" 还有未来吗？

[**编者按**] 二十多年来，欧洲的社会民主党一直在节节败退。《卫报》美国专栏作家、佐治亚大学公共与国际事务学院教授卡斯·穆德在《为什么模仿民粹主义右派不能拯救社会民主左派?》[1] 一文中指出，民粹主义极右翼政党最近的增长并非依靠更多工人阶级的支持，其真实原因在于"9·11"和"难民危机"等事件的反应使更多民粹主义激进右翼的观点进入了主流讨论，而右翼的"解决方案"也因此被更广泛的公众群体接受。事实上，全民党（Volksparteien）已经成为最成功的民粹主义极右翼政党。中左翼政党迎合右翼对移民问题的担忧不仅不是其挽回颓势的解决之道，反而加剧了更多选民选择民粹主义极端右翼的趋势。社会民主党的意识形态霸权已经被发展30年之久的新自由主义全球化侵蚀；如今，社会民主党的最大任务不是加强国家认同，而应是找到一种方法将"不稳定者"纳入更广泛的经济和社会正义进程，并重塑社会民主的核心价值观。

中左翼衰落与右翼崛起不存在因果关系

人们普遍认为欧洲中左翼政党（法国的社会党、意大利的民主党以及德国的社会民主党）势力的下降是由于右翼民粹主义激进新政党的崛起。右翼或中间派提出建议：社会民主党将会灭亡，除非他们通过限制移民来照顾

---

〔1〕 Cas Mudde, "Why Copying the Populist Right isn't Going to Save the Left", *The Guardian*, May 14, 2019, 载 https://www.theguardian.com/news/2019/may/14/why-copying-the-populist-right-isnt-going-to-save-the-left, 最后访问日期：2019 年 6 月 20 日。

"落后"选民。以上共同反映出人们对中左翼政党的历史作用产生了更大的误解。

第一个误解是，认为右翼民粹主义的崛起与传统中左翼政党的衰落互为因果——两者都是由工人阶级选民抛弃旧的社会民主党，转而支持新民粹主义激进右翼的本土主义造成的。第二个误解是，认为如今支持民粹主义激进右翼的选民主要是过去投票支持社会民主党的可靠的白人工人阶级。

争论主要是在两派之间展开的，一派认为右翼民粹主义是"经济焦虑"的副产品，另一派则认为右翼民粹主义是一种"文化反弹"。但双方的药方都错了。

事实背景的转变：经济转型与"反恐战争"的政治框架

西欧社会民主党的平均投票份额在20世纪50年代上升到30%以上，并在80年代末前一直保持稳定。在90年代末，平均投票份额回落到略低于30%，并在21世纪头十年急剧下降。如今，这一比例略高于20%。

另一方面，直到20世纪80年代初，民粹主义激进右翼政党在西欧基本上都是无足轻重的，其民意调查为1%左右。至90年代，这一比例略微上升到5%左右。但是，随着社会民主党在这十年的选票份额下降，民粹主义政党并没有增长。在21世纪头十年，它们开始再次增长，尽管幅度不大，但目前的平均增幅约为10%。

瑞士人民党、荷兰富图恩名单党及自由党和新民主论坛、西班牙声音党的崛起均提供了明证。首先，社会民主党的衰落主要是由工业经济向服务经济的转型造成的。这导致了传统工人阶级工作条件的急剧下降，以及工人阶级在更广泛人群中地位的相对下降。面对日益衰落的工人阶级和日益壮大的中产阶级，社会民主党开始以牺牲工人阶级为代价来瞄准中产阶级。其次，"反恐战争"的政治框架使移民、伊斯兰教和安全等文化热点成为新世纪的主要问题。由于是以文化而非经济术语来定义，在许多西欧国家，这种新的政治结盟导致绿党成为主要的左翼政党，民粹主义激进右翼成为主要的右翼政党。

进入主流话语的民粹右翼已成为全民党

自20世纪80年代初民粹主义激进右翼出现以来，其选民基础一直在不断变化——白人工人是一个重要但远非主导的组成部分。20世纪90年代，当一些民粹主义极右翼政党开始公布更好的选举结果时（得票率在5%至15%之间），其支持者的结构也发生了明显的变化。这些政党保住了以中产阶级为主的支持者，但工人阶级的选票却开始大幅增加，即出现民粹主义极右翼无产化（proletarisation）。

20世纪90年代末，极右翼政党的宣传方式发生变化，这进一步强化了工人阶级对民粹主义激进右派的忠诚。以前这些政党中有许多支持典型新自由主义的政策，如降低税收和私有化，但现在他们开始强烈支持沙文主义的福利国家——这种福利将是强大的，但只针对"我们自己的人民"。

在世纪之交的大众和学术著作中，这些成功的民粹主义极右翼政党开始被称为"工人党"，因为它们是（白人）工人阶级中比较受欢迎的政党之一。但这是一种误导：与成功的民粹主义极右翼政党在整个社会中的比例相比，年轻选民和工人阶级选民在成功的民粹主义极右翼政党的选民中所占的比例确实过高——但在这些政党的选民中，他们充其量只占简单多数，而不是绝对多数。

大多数支持民粹主义极右翼政党的选民都不是工人阶级，而且大多数工人阶级选民也没有把票投给民粹主义极右翼。最近的一项研究发现，2000年至2015年间，"只有"31%的"产业工人"和23%的"服务类工人"投票给了西欧民粹主义激进右翼政党。事实是，主流评论人士和政界人士对"9·11"和"难民危机"等事件的反应使民粹主义激进右翼的观点更多地进入了主流讨论，而他们的"解决方案"也因此被更广泛的公众群体接受。因此，最成功的民粹主义极右翼政党现在是全民党。

社会民主为何失败？自由派的错误方案与社会派的错误归因

因为战略重点是如何"赢回""被抛弃的"（白人）工人阶级的选票，导致许多社会民主党对民粹主义极右翼采取了失败的策略。

其中，自由派倾向于主要从文化反弹的角度考虑白人工人阶级对民粹主义激进右翼的支持，尽管他们不否认经济在其中发挥了作用。民粹主义的反弹不是因为新自由主义全球化，抑或是其导致的在之前相当平等的西欧社会中的巨大的经济不平等，而是"人们感觉欧洲移民正在造成损害"。但整个西欧的社会民主党在实际政策上往往不那么支持。他们明示或默示地支持对经济移民的限制（如在 1970 年代石油危机的震荡中）和政治庇护的限制（如在 1990 年代早期南斯拉夫内战后）。同样，他们对"多元文化主义"的支持主要是象征性的——因为没有一个政党制定出连贯的政策。

替代方案来自"民主社会主义者"。这个阵营公开接受了"左翼民粹主义"的观点，深受比利时政治理论家尚塔尔·墨菲（Chantal Mouffe）及其已故丈夫阿根廷人埃内斯托·拉克劳（Ernesto Laclau）的影响。他们最著名的观点是对第三条道路的批判，即从政治上消除冲突和党派之争。与正统的马克思主义者不同，他们认为这种冲突不应该沿着传统的阶级断层线展开，相反左派必须围绕一项故意含糊的反建制计划团结起来。然而，学术研究一贯表明，当主流政党转向右翼，试图拉拢激进右翼的问题时，它不会伤害民粹主义右翼政党，因为它确保了其他政党实施自己的政策，所以投票给民粹主义激进右翼是最有效的选择。

解决方案：回归社会民主的传统理想

社会民主必须超越民粹主义的诉求。社会民主需要以包容所有工人的方式重申其理想。它应该回归欧洲社会民主主义的理论，回归一种不论阶级、种族或性别，基于团结所有社会弱势群体和个人的平等主义意识形态。自 20 世纪 80 年代以来，社会民主主义的意识形态霸权已被新自由主义取代。而在一个新自由主义全球化的世界里，找到一种方法将所谓的"不稳定者"纳入更广泛的经济和社会正义进程，是社会民主的巨大挑战。

我们目前面临的是社会民主的党派危机，而不是社会民主的理想危机。然而，社会民主党继续失去选举支持，福利国家中许多政策的制度性表达不断瓦解。社会民主党在选举中复兴之前，需要挑战新自由主义社会的假设，并将自己的平等主义和团结的观念重新作为新的常识确立。政治成功只能在文化霸权确立之后才能实现。这就需要动员现有政党以外的人，需要一个新的文化和政治基础设施，以包括工会、进步的少数族裔组织以及植根于当地社区的新的基层组织。

（编译/史庆）

美国如何隐藏自己的帝国

[编者按] 诞生于一场对帝国主义的反抗，并且一直在与帝国作战的美国，喜欢视自己为一个共和国，但事实上，它却在全世界都拥有领土，是一个"隐性"的帝国。我们回想起脑海中的美国，勾勒出来的只是一个与大西洋、太平洋、墨西哥和加拿大为界的联邦，而实际上它还包含了一部分并非完全在美洲本土的领土，诸如关岛、美属萨摩亚、北马里亚纳群岛、波多黎各、美属维尔京群岛和一些小的边远岛屿，与此同时，美国在世界各地拥有大约 800 个海外军事基地。研究美国及全球历史的学者丹尼尔·伊默瓦尔于 2019 年 2 月 15 日在《卫报》网站上发表题为《美国如何隐藏自己的帝国》[1] 的文章，其指出，美国帝国真正与众不同的特点是，它被人忽视了太久了。而这种忽视的存在可归于三点原因：政府含糊的说辞、"图标地图"和出版地图的双重误导性，以及美国对于自身"共和国"的定位。

毋庸置疑，美国是一个帝国。在其建国伊始，它便剥夺了美洲土著人民的权利，并将许多人置于保留区。后来，在 19 世纪 40 年代，美国与墨西哥开战，占领了其三分之一的领土。50 年后，它与西班牙开战，并宣称拥有西班牙大部分海外领土。如今，在经济上，美国的商业在海外蔓延，数以亿计的生意都是以美元计价；军事上，美国自第二次世界大战结束后参与海外冲突或潜在冲突 211 次，其所属的武装力量已被部署到 67 个海外国家。但在所

---

〔1〕 Daniel Immerwahr, "How the US Has Hidden Its Empire", *The Guardian*, February 15, 2019, 载 https：//www. theguardian. com/news/2019/feb/15/the-us-hidden-empire-overseas-territories-united-states-guam-puerto-rico-american-samoa，最后访问日期：2020 年 2 月 19 日。

有关于帝国的讨论中，有一件事经常被人忽视，那就是实际的领土。而美国正是以如下三个角度，将自身的帝国角色很好地隐藏了起来。

角度一：政府含糊的说辞

作者认为，自从许多国家被美国吞并后（波多黎各、菲律宾、关岛、美属萨摩亚、夏威夷、威克），美国政府对于海外领地的说辞一直存有偏颇。

早在20世纪初，这些海外领地的地位明确。西奥多·罗斯福和伍德罗·威尔逊毫不掩饰地称这些地方为殖民地，但这种直截了当的帝国主义情怀并未持续太久，1914年之后，美国官员开始对这些海外领地用更为温柔的词"领土"来代替。

与传统认知相反，众所周知的"珍珠港事件"实际上是对美英在整个太平洋地区的军事控制的一次全面打击。一天之内，日本人袭击了美国的夏威夷、菲律宾、关岛、中途岛和威克岛。但在"珍珠港事件"爆发后所举行的总统演讲中，如何称呼这些海外领地被作为难题摆上了台面。罗斯福总统试图讲述一个思路清晰的故事：日本袭击了美国。而他面临一个问题：日本所袭击的目标是否会被民众认为是"美国"？于是，针对大多数美国民众并不关心，但法律意义上属于美国领土的菲律宾和关岛，罗斯福在演讲中删除了大量提到两者的篇幅，使得这场战争"看起来与华盛顿很近，与马尼拉相距甚远"。

角度二："图标地图"和出版地图的双重误导性

作者认为，海外领土不被讨论的很大原因便是"图标地图"和真实地图的双重误导性，因为其将大型的殖民地和小型的岛屿排除在外，并将它们标注成外国。讽刺的是，这些殖民地加上岛屿幅员十分辽阔，若是将夏威夷岛链叠加在美国本土上，几乎会从佛罗里达延伸到加利福尼亚。

政治学家本尼迪克特·安德森（Benedict Anderson）将今天大多数人所定义的美国称之为"图标地图"，其轮廓大致以大西洋、太平洋、墨西哥和加拿大为界。然而图标地图的问题在于它并不正确，它的形状不符合美国的法律边界。最明显的是，图标地图不包括在 1959 年成为美国两个州的夏威夷和阿拉斯加。同时图标地图中也未包含波多黎各，它虽然不是一个州，但自 1899 年以来一直是美国的一部分。

除此之外，图标地图还表明，美国是一个政治上统一的空间：是一个由各州自愿加入并平等相处而组成的联盟。但这不是真的，也从来都不是真的。正如其名所示，从建国到现在，美国包含了一个由美国各州组成的联邦，但它也包含了另一部分：不是一个联邦，也不是各州，（在其历史的大部分时间里）也并非完全在美洲——即它的领土。更重要的是，有很多人住在非美国本土上。根据"珍珠港事件"的前一年（即 1940 年）的人口普查，有近 1900 万人居住在殖民地，其中大部分在菲律宾。这便意味着，在美国，每 8 个人中就有 1 个人住在美国以外的地方。从另一个角度看，12 个人中只有 1 个是非裔美国人。

而出版地图则是加深了美国民众对于本国领土的误解，向他们传递了将本国部分地区排除在外的删减版历史。美国的国家地图很少显示完整领土，甚至世界地图集也令人困惑。在第二次世界大战期间，兰德·麦克纳利公司（Rand McNally）的《世界参考地图集》（Ready Reference Atlas of the World）就像当时的许多其他地图集一样，把夏威夷、阿拉斯加、波多黎各和菲律宾标为"外国"，使得美国的大多数人，包括受过教育的人，对本国所拥有的海外财产知之甚少或一无所知。

角度三：美国对于自身"共和国"的定位

在作者眼中，英国人对是否存在大英帝国并不感到困惑，法国也没有忘记阿尔及利亚曾是法国的，而只有美国长期对自己的边界感到困惑。

帝国可能很难从本土被辨认出来，但从曾经被殖民统治的地方本身来看，帝国是的确存在的。几十年来，许多学者在帝国曾经的海外领地工作，并对这一课题进行了不懈的研究。但他们的作品被搁置一旁——可以说是被放在了错误的书架上。同样，作者前往马尼拉做研究时发现，人们日常出行所使用到的"吉普尼"（jeepney），是一种以美军吉普车为基础，然后进行改良的交通工具；市内的街道以美国大学（耶鲁大学、哥伦比亚大学、斯坦福大学、圣母大学）、州和城市（芝加哥、底特律、纽约、布鲁克林、丹佛）以及总统（杰斐逊、范布伦、罗斯福、艾森豪威尔）的名字命名；甚至在马尼拉大学，会听到学生们说着几乎没有口音的英语。

但美国为何会对自己的边界感到困惑？究其原因在于，美国视自己是一个"共和国"，而不是一个帝国。美国本身就诞生于一场对帝国主义的反抗，并且一直在与帝国作战，从希特勒的"千年帝国"和日本帝国到苏联的"邪恶帝国"。并且，它甚至幻想与帝国作战。《星球大战》是一部以反抗银河帝国为开端的传奇故事，是有史以来票房最高的系列电影之一。因此，该认知进一步隐藏了其所属的"帝国"身份。

（编译/李泓翰）

所有的历史都是帝国史

[**编者按**] 在无休止的政治战争中，历史本身就是一个赌注。这场关乎权力的战争往往决定着谁将被铭记，他们是如何被铭记以及属于他们的记忆在何处，并以何种方式得以保存？在这场战争中，恪守中立是不存在的：每一段历史以及反历史都必须在这个世界上斗争、挣扎、撕扯、传播以及嵌入，避免被遗忘抑或强行抹去。从这个意义上说，所有的历史都是帝国的历史，是为了控制这片名为"过去"的辽阔领土。密歇根大学历史与比较文学的双博士候选人马克西米利安·阿尔瓦雷斯在 2019 年 3 月 25 日发表于《波士顿评论》的《历史终结论的终结》[1] 一文中指出，我们的时代并不是第一个宣称自己是历史最终继承者的帝国时代，我们所继承的历史充满了之前帝国的遗骨，这些遗骨不可避免地会崩溃、衰落，并被某个挑战者篡夺。作者对于当下的历史有着如下几点考量：其拥有全球市场资本主义和自由民主的全球化的特点，为之骄傲的新自由主义秩序观正在遭受冲击，必须为现存的历史而奋斗。

共产主义在 20 世纪 90 年代陨落，象征着带有自由民主的全球新自由主义时代的到来，这是"人类意识形态进化"的必然结局，也是人类历史的鲁布·戈德堡机械一直努力的最终结果。然而，这是不是一种暂时的现象？或者说，这种"胜利"是不是历史周期性循环中的昙花一现？作者对于当下的"历史终结"，有如下三点看法。

---

〔1〕 Maximillian Alvarez, "The End of End of History", *Boston Review*, March 25, 2019, 载 http://bostonreview. net/print-issues-politics/maximillian-alvarez-end-end-history, 最后访问日期：2020 年 2 月 19 日。

观点一：当下历史拥有全球市场资本主义和
自由民主的全球化的特点

作者认为，我们这个时代与其他时代的不同之处在于，市场资本主义的暴力蔓延已经将全球的国家和民族"领土化"，将它们纳入集体的怀抱，也就是说不再存在"外部"的威胁。

美国政治学家弗朗西斯·福山在其 1992 年出版的《历史的终结和最后的人》一书中预言，共产主义的陨落意味着历史的终结，由于在世界舞台上没有强有力的竞争者，所有的事情都趋向于市场资本主义和自由民主占主导地位的新自由主义秩序，并且该秩序将通过不断刺激、奖励和保障那些确信它就是人类发展顶点的人的主导地位，来"稳定"自己的主导地位。因此，那些人对"历史的终结"的信念得到了新自由主义这一持久事实的证实——世界本身就是他们历史愿景的纪念碑。

而对于人们来说，新自由主义已经如此彻底地融入了全球人类生活的组织之中，以至于任何挑战其主导地位的不切实际的尝试都将被压倒、中和、消灭或者吸收。换句话说，因为人们每天屈服于自由主义占主导地位的世界秩序，并在物质上和精神上都受到激励，所以没必要在"历史的尽头"重生，或被世界秩序重塑，以此确信事情本该就是这样的或者历史本该就是这样结束的。正如那句老话所说的，"别无选择"。

观点二：为之骄傲的新自由主义秩序观正在遭受冲击

作者认为，由于"历史的终结"的欧洲中心主义以及对世界历史稳定不可动摇的信念，新自由主义秩序观饱受质疑。而最近 10 年发生的事，更是对福山幻想的"历史的终结"构成了极大的挑战：从 2008 年的全球金融危机到威权主义、极右主义、特朗普式的"民粹主义"崛起，新自由主义秩序凸显其不稳定性。

不仅如此，被认为是主宰这段历史的终结的帝国，似乎再也不能让故事保持原来的模样。尽管特朗普自诩为史上最优秀的总统，他的总统生涯仍然立志让美国再次变得伟大，但是其所领导的右翼利用抵制历史的政治风格，对美国民众所知的历史发起了全面攻击。

而在作者眼里，这并非巧合。从特朗普对媒体的无休止的谎言和攻击到共和党对学术界的激烈辩论，从白人至上主义者为南方邦联纪念碑所举行的集会，到保守派权威人士对奴隶制在南北战争中的作用不屑一顾，一场战争正在记忆领域和历史的运行机制上展开。而考虑到最畅销的历史修正主义作家迪内希·德索萨、福克斯新闻播放的武器化谎言、大科技巨头所持有的抹杀和审查权力以及高三历史书上对意识形态的扭曲叙述，这些及其他有害力量的痕迹在最高政策层面被吸收和再现，这一切都表明关乎历史的战争一直在进行，而代价则是为之骄傲的新自由主义秩序观遭受到猛烈的冲击。

观点三：必须为现存的历史奋斗

身为一名美国公民，作者认为，现如今历史的终结已经走得太远了，必须试着回到里根主义，回到最伟大世代的摇篮，回到南方联盟，回到杰克逊主义，等等。

同时，对于不断遭受冲击的新自由主义的现状，他则抱有信心。因为在他眼中，马克思主义辩证法、托洛茨基式的永久革命、斯宾格勒式的生命周期、阿诺尔德·约瑟夫·汤因比（Arnold J. Toynbee）绘制的文明兴衰图的时代已经一去不复返，历史的终将在西方自由民主模式的基础上稳定下来；此后的一切，包括特朗普接管政府，都是内容问题，而不是形式问题。

但是，历史的战争则一直在进行，作者希望历史成为坚定的见证人，向后代证明自己站在"正确的一边"，同时他还告诫民众，在无休止的政治现实之下，历史的意义不是由那些无数提醒我们过去的纪念碑所决定的，而是由那些使用生硬的力量来占据我们现在的注意力的人所决定的，所以应当以骑士的姿态面对每一天都在被不断侵蚀和消散的历史意义，并为现存的历史而奋斗。

（编译/李泓翰）

资本主义将如何终结？

[编者按] 德国著名经济学家沃夫冈·施特雷克教授在《新左派评论》杂志 2014 年 5-6 月号中，发表文章《资本主义将如何终结》,[1] 提出了资本主义可能会如何终结的假设，讨论了可能导致这种情况发生的若干因素。施特雷克认为，由于当代资本主义世界正面临着增长放缓、寡头的再分配、公共领域的掠夺、腐败和全球无政府状态五大系统性失调，而目前又没有任何政治机制能够应对这些阻碍，因此资本主义将继续倒退和萎缩，直到有一天自我终结。

危机暴露了资本主义和民主的矛盾

2008 年金融危机，是资本主义的最新危机，它表现为经济增长、社会平等和金融稳定的同时下降，具体表现在：（1）经济合作与发展组织成员国经济增长率持续下降，（2）主要资本主义国家的总体债务在持续上升，（3）经济合作与发展组织成员国收入和财富的经济不平等在上升。这三大趋势正在同时发生：它们互为因果，形成了"马太效应"。

这场危机暴露出资本主义和民主的潜在矛盾：资本主义强调市场化，但容易加深不平等；民主政治则强调公共利益，并纠正市场的缺陷。第二次世界大战之后，在凯恩斯主义的引导下，人们相信各国有能力干预市场，并为了公民利益纠正市场的不良后果，从而形成资本主义和民主相兼容的状况。但在冷战之后哈耶克主义的引导下，公平被视为效率的累赘，从而导致不平

---

〔1〕 Wolfgang Streeck, "How Will Capitalism End?", *New Left Review*, May/June, 2014, 载 https://newleftreview.org/issues/II87/articles/wolfgang-streeck-how-will-capitalism-end, 最后访问日期：2020 年 2 月 28 日。

等程度持续加大。

与不平等相伴随的是政府的无能，这表现为不断增长的公共债务和经济决策的非民主化。债务赤字来源于机会主义政客的竞选承诺，他们用根本不存在的钱收买短视选民的支持。通过用债务取代税收，各国政府进一步加剧了不平等。一方面，购买政府债券的人继续拥有他们支付给国家的东西，实际上还收取利息，这些利息通常来自于越来越少的累进税；另一方面，不断增加的公共债务可以而且正在成为政治上主张削减国家开支和公共服务私有化的理由。工会在世界各地都在衰落。

与此同时，经济决策机制变得越来越精英化。在美国，经济政策已被广泛移交给依赖非民主的央行。在欧洲，包括工资制定和预算制定在内的国家经济政策越来越多地由欧盟委员会和欧洲央行等超国家机构管理，而这些超国家机构位于大众民主无法触及的地方。

资本主义危机源于劳动力、土地和货币的过度商品化

作者认为，资本主义的成功秘密在于：（1）强调个体理性，认为集体再生产只是个体计划的副产品；（2）在追求资本积累中形成竞争性利润的最大化；（3）通过"劳动过程"，将私有资本与商品化劳动力相结合；（4）个人追求私利并实现公共利益的完善。

但是，正是这些特征使得当代资本主义无法继续其作为一种自生的、可持续的、可预测的和合法的社会秩序的历史存在。正如卡尔·波兰尼（Karl Polanyi）所指出的，劳动力、土地和货币的商品化是资本主义危机的根源。因为一旦商品化，它们或将被摧毁或根本无法使用。

2008 年金融危机的原因就反映在货币的过度商品化上：无限廉价的信贷供应变身为越来越复杂的金融"产品"，催生了难以想象的房地产泡沫。而"金融化"似乎是能让过度扩张的全球资本主义霸主的经济恢复增长和盈利能力的最后一种方式。在环境方面，发达资本主义社会的能源消费模式不可能在不破坏人类生活基本先决条件的情况下扩展到世界其他地区。而在劳动力商品化方面，在国际竞争下放松对劳动力市场的管制，破坏了过去普遍限制

的工作时间，甚至摧毁了工会，但劳动力市场的7%至8%的剩余失业率已成为新常态。

在"全球化"赋予市场关系和生产链条前所未有的跨越国家政治和法律管辖范围的能力之后，劳动力、土地和货币同时成为危机地带。其结果是，为了整个社会和资本主义本身的利益，在现代社会中或多或少成功地驯化了资本主义"动物精神"的机制发生了系统性失调。

资本主义世界的五大系统性失调

当今，资本主义世界面临五大系统性失调：停滞、寡头的再分配、对公共领域的掠夺、腐败和全球无政府状态。

第一是放缓。依靠科技创新来推动资本主义生产率提高，越来越不现实，未来全球资本主义将面临总体增长率较低或为零的局面。这并不排除金融业的高利润，它主要来自央行提供的廉价资金进行的投机性交易。

第二是寡头的再分配。中央银行目前提供的用于恢复经济增长的低息贷款进一步加剧了劳资不平等，因为这些贷款膨胀了金融业，吸引了投机而非生产性投资。因此，对顶层的再分配变成了寡头政治：将富人的利润与穷人的工资挂钩的凯恩斯主义再分配被切断了，经济精英的命运从此脱离了大众的命运。

第三是通过不足的资金和私有化掠夺公共领域。自20世纪70年代以来，它经历了两次转型，先是从税收国家向债务国家过渡，最后过渡到紧缩国家。消除公共赤字的努力几乎完全依赖于削减政府支出——包括削减社会保障支出、削减对实体基础设施和人力资本的投资。随着收入增长越来越多地流向最富有的1%人群，资本主义经济体的公共领域开始萎缩，转而青睐国际流行的寡头财富。甚至在2008年以前，人们也普遍认为，战后国家的财政危机必须通过降低支出、而不是增税来解决，尤其对富人增税。

第四是腐败。20世纪末期资本主义国家推行新自由主义，为权钱交易和暴富提供了前所未有的机会。2008年之后曝光的事实显示：有毒证券的生产商向评级机构支付报酬，让它们给予最高评级；境外影子银行、洗钱和协助大规模逃税成为大银行的正常业务；向不知情的客户出售构造好的证券，以便其他客户可以做空这些证券；全球主要银行都在操纵利率和黄金价格。

第五是全球无政府状态。全球资本主义需要一个中心来保护其外围国家，并为其提供可信的货币制度，但在 20 世纪 70 年代后，这一中心消失了，因为美国已无力履行战后的职责，而多极化的世界秩序也遥遥无期。金融方面，鉴于美国的经济不断下滑、公共和私人债务水平不断上升，在最近发生的几次破坏性极强的金融危机中，美元不可能发挥其他作用。军事方面，自 20 世纪 70 年代以来，美国已在三场主要的陆地战争中被击败或陷入僵局，未来可能更不愿意以"地面部队"的形式介入当地冲突。而在"大数据"技术的帮助下，虽然美国能够全面监控全球潜在的反对派，但这是否足以恢复全球秩序仍值得怀疑，尤其考虑到到中国已崛起成为一个经济大国，而且在一定程度上已成为美国的军事对手。

未来累积性衰变的可能

自 20 世纪 70 年代以来，资本主义世界经历了三次连续的危机：通货膨胀、公共财政和私人债务。自 1945 年以来，资本主义与民主的奉子成婚关系正逐步破裂。在商品市场的三个前沿领域——劳动力、自然资源和货币——为了资本主义自身的利益而限制资本主义发展的机制已经崩溃。目前，资本主义制度至少受到五种系统性失调的打击：增长放缓、寡头的再分配、公共领域的掠夺、腐败和全球无政府状态。可以预期的是一段漫长而痛苦的累积性衰变——虽不一定，但很可能达到 20 世纪 30 年代全球经济崩溃的规模。

（编译/史庆）

监视资本主义的崛起

[**编者按**]　以谷歌和脸书为代表的硅谷公司开发高新技术监控用户数据，用以预测甚至调整用户行为。哈佛大学商学院教授肖沙娜·朱伯夫（Shoshana Zuboff）在其 2019 年 1 月出版的新书《监视资本主义时代》（*The Age of Surveillance Capitalism*）中，分析得出目前人类处于监视资本主义时代，揭示了大型科技公司如何主导资本主义社会而重新构筑权力体系，认为监视资本主义背后体现了工具主义这一意识形态。时任《洛杉矶书评》编辑、英属哥伦比亚大学讲师凯蒂·菲茨帕特里克于 2019 年 4 月 30 日在《国家》杂志上撰写《与你无关——监视资本主义的崛起》[1] 一文，对朱伯夫《监视资本主义时代》一书作书评，并结合去年发生的 Go365 工作场所健康项目及美国西弗吉尼亚州罢工进行思考，基本认可监视资本主义时代这一说法。但是，他认为该书也存在以下缺陷：如主要解释其否认过去的剥削模式与最新的监视资本主义恐怖之间的连续性，将读者带离了最有希望的反抗之路，没有提出行之有效的解决途径，以及忽略工作场所的监控等。此外，本文对于了解互联网时代隐私保护、算法偏见等具有重要意义。

监视资本主义的缘起

《监视资本主义时代》一书提出，监视资本主义缘起于 2003 年谷歌申请

---

〔1〕　Katie Fitzpatrick, "None of Your Business: The Rise of Surveillance Capitalism", *The Nation*, April 30, 2019, 载 https://www.thenation.com/article/archive/shoshana-zuboff-age-of-surveillance-capitalism-book-review/，最后访问日期：2020 年 2 月 28 日。

名为"生成用户信息以用于定向广告"的专利——通过从大量数据提取发展到预测人们的需求，最终对人们进行行为矫正。

1. 提取需求

谷歌将"数据废气"（即将数据用完后就舍弃，暂时不考虑其再利用价值）转化为"行为盈余"（behavioral surplus），提高定向广告的精确度，形成一项利润更为可观的风险投资。

2. 预测需求

数据提取蓬勃发展，新技术不断涌现，其主要目的并非影响消费者行为，而是对其做出精准预测。

3. 行为矫正

监测获得大量数据后，在了解消费者的基础上，反向促使企业试图影响消费者行为，为广告商服务。

监视资本主义背后体现了"工具主义"的意识形态

书中认为，硅谷正被一种激进的工具主义意识形态束缚，这种意识形态旨在用大规模社交工程取代自由个人主义。自由意志是一种幻觉，任何行动看上去似乎都为自由选择或者自发的产物，仅仅只是尚未受到行为心理学的预测、解释和调整，应当用大规模社交工程取代个体自由的混乱。硅谷追求从行为调整中获利，与工具主义的社交控制最终殊途同归。这种"工具主义"的意识形态将主导 21 世纪。

在边缘人群中建立抵抗场所，抵制监视资本主义

作者认为，该书对早期市场资本主义形式的缅怀限制了批判性，较少关注到资本主义一直受到监视的社会角落：监狱、医院、边疆、工作场所。如果那些处于社会边缘的人最有可能直接受到监视的影响，那么在边缘人群中建立组织，为他们提供抵抗场所，将有效抵制监视资本主义的严重滥用行为。

（编译/周孟瑶）

科技巨头将把我们拖入下一场金融危机

[编者按] 当下，信息成为新的时代标签，科技已与人类生活密不可分。科技公司俨然成了当代经济的领跑者。但在此大好情势下，也潜伏着隐忧：创业减少、就业困难、市场需求下降以及经济分化。时任《金融时报》（*Financial Times*）副总编、全球商业专栏作家拉娜·弗鲁哈尔于 2019 年 11 月 8 日在《卫报》上发表《科技巨头如何把我们拖入下一场经济危机》[1]，参照 2008 年经济危机中的金融行业，对比分析科技与金融行业的共同之处：公司至上论、封密性、复杂性以及规模化。作者指出，科技公司已成为新的"大而不倒"的机构，其金融化趋势凸显并由此引发债务危机；在数字经济下，特朗普减税政策未能真正拉动经济增长，缓解贫富差距；科技巨头对公民个人信息进行商业利用。基于此，作者强调进行政府规制系规避风险的不二之选。

科技公司，大而不倒

历史上的经济低迷总是每十年出现一次，而自 2008 年金融危机后其出现次数更加频繁。当代管理学教父彼得·德鲁克（Peter Drucker）曾说过："在美国历史上任何一次重大经济危机里，'罪魁祸首'往往也是之前经济盛世中的'英雄'。"过去十余年来，科技公司领跑经济；但时移世异，如今科技公司将成为破坏者。

---

[1] Rana Foroohar, "How Big Tech is Dragging Us towards the Next Financial Crash", *The Guardian*, November 8, 2019, 载 https://www.theguardian.com/business/2019/nov/08/how-big-tech-is-dragging-us-towards-the-next-financial-crash, 最后访问日期：2019 年 11 月 8 日。

作者将科技巨头与金融业进行比较，发现其相似之处。首先，二者在应对危机的态度上别无二致。正如华尔街极力混淆其在 2008 年金融危机前后的所作所为，科技巨头也竭力清除任何关于 2016 年选举干预的蛛丝马迹。其次，作者将二者实体上的相似之处归纳为四点：公司至上论、封密性、复杂性以及规模化。二者均奉行芝加哥经济学派信条，即公司应以利润最大化为目标，但作者认为，其已与亚当·斯密所提倡的"应当为实体经济提供渠道支持"的观念背道而驰，甚至早已本末倒置了。二者均具有专业要求，公司运行具有复杂性与封密性，科技巨头与华尔街的金融巨鳄一样，竭力避免被规制，并试图使人们相信：他们应当适用不同的规则。两个行业专家们也可利用信息不对等的优势来隐瞒风险，从中获利。但同时该复杂性也会适得其反。正如 2008 年金融家们对该危机一无所知一样，科技巨头也对于用户信息保护及数字经济盲目客观。此外，根据 2018 年佐尔坦·鲍兹（Zoltan Pozsar）撰写的瑞士信贷报告，离岸账户中存储的 1 万亿美元公司资本，大部分来自科技公司。而其中 80% 集中在 10% 的公司手中，苹果、微软、思科、甲骨文以及谷歌母公司（Alphabet）就在其中。显而易见的是，科技公司已成为新的"大而不倒"的机构。

举债扩张，岌岌可危

科技公司在拥有大量现金储备的同时，也背负着巨额债务。这是由于其在过去十年间将大量闲置资金投放于离岸债券投资组合中。作者指出，这是一场卡夫卡式的金融骗局，并且早在 2008 年金融危机中就上演过一次。公司借机获取低息资金，用以回购股份，支付红利。该举措刺激股价回升，但并未真正促进经济发展。特朗普的减税政策则进一步推波助澜。在 2017 年 12 月特朗普的税法——美国历史上减税力度最大的公司税法通过后约 6 个月内，宣布回购的股份已达 4070 亿美元，其中苹果公司约占 1/4。监管全球金融体系的机构——国际清算银行（The Bank for International Settlements）发出警告称：长期的低利率催生了比原来更多的"僵尸"公司，如果利率升高，这些公司将没有足够的盈利抵债。国际清算银行进一步强调：当利率上升时，破坏力与连锁效应或许比以往更甚。

在数字经济下，科技公司不可避免地走上金融化的道路。根据乔纳森·哈斯克尔（Jonathan Haskel）和斯蒂安·韦斯特莱克（Stian Westlake）的观点，由于无形资产缺乏实体支撑，银行往往不愿借贷，也受到"赢家通吃"的规则影响，经济投资减少。当下，创业减少、就业困难、市场需求下降以及经济分化下其他种种态势令人担忧，而导致这一经济现象的重要原因或许正是数字经济。许多公司大肆举债以扩大规模，增强竞争力，其中以电信和媒体行业为甚。

在低利率的环境下，这些上游公司发行廉价债券并买入其他公司的高收益债券，每年有数十亿美元的收入。为了获取高回报与利益，他们仿效银行，很大程度上支撑新公司债券发行，并且在实质上像摩根大通银行（JP Morgan）和高盛（Goldman Sachs）那样为公司投资保驾护航。但作者认为，科技公司始终不同于金融机构，这一举措意义不大。国际清算银行总经理奥古斯丁·卡斯滕斯（Agustín Carstens）认为："大型科技公司借贷并不会影响与客户的长期关系。严格意义上来说，这些贷款是交易性质的，通常为短期信用额度。而一旦公司状况恶化，则会自行导致削减额度。这意味着，在经济危机中，对中小型企业的贷款会大幅下降，而社会成本则将大大增加。"这无疑与2008年的那场金融危机如出一辙。

科技公司压低产品价格，而与科技相关的通货紧缩则是长期低利率的重要原因；其压低的不仅仅是价格，还有工资。同时，这也意味着在应对将来的危机中中央银行会更加捉襟见肘。

盲目逐利，亟待规制

公司奉行利润至上，且总是优先考虑可被量化的事项，而往往忽视那些难以测算的风险。

基于节约成本的考量，公司往往选择向海外转移业务。而相比其他类型的公司，科技公司更有能力将业务转移到海外。这是因为其大部分财富并非"固定资产"，而是数据、人才资本、专利和软件。在美国减税政策下，科技公司纳税额更少。这也意味着美国公民并未获得与其投资相称的收益。作者还进一步指出，如今美国工人或工人团体在董事会中更难有一席之地了。

作者对科技巨头引发的监控资本主义、信息滥用以及价格垄断表示忧虑，指出人们自身也会成为利益最大化的对象。大量研究表明：随着社交媒体的兴起，公众对自由民主、政府、媒体以及非政府组织的信任度在下降。在缅甸，脸书被用来支持种族灭绝。而在美国，个人数据正在以各种方式被收集、交易以及用于攻击，而我们意识到的仅仅是冰山一角。此外，科技公司利用信息优势获取不对等的市场地位。例如，谷歌、脸书以及最近的亚马逊均用于数字广告市场，可随意投放任何广告。同时，这也会导致垄断价格或者（以及）用户隐私危机。优步采用"峰时价格"（动态价格），以用户支付意愿设定价格；脸书制作用户"影子档案"（shadow profiles）；在用户不知情的情况下，谷歌与万事达信用卡联手追踪网上广告是否促进实体销售。

随着经济全球化和技术进步，金融市场为这种扩散式、短期、利己的资本主义大开方便之门。人们陷入了循环之中：在更短的时间内，不断与更多对手竞争，以获取更多的商品。由于离岸外包与科技所导致的经济下滑，这些商品的价格或许会更加便宜，但这并不能弥补人们停滞不前的收入和不堪重负的生活。

毫无疑问，若将科技行业与其他行业同等对待，即进行政府规制，则要求科技行业经营模式发生巨大转变，而这将会对利润与股价产生潜在影响。科技巨头的巨大估值一定程度上是源于对其宽松监管、较低税收的垄断权力的市场预期。但凡事无绝对，作者认为国家将会对垄断与反垄断问题采取措施。

（编译/张雨凡）

美国国防部与科技大鳄之间的联合与分歧

[编者按]　近年来，美国政府十分警惕中国和俄罗斯通过技术手段威胁美国国家安全，但科技界却持相反态度。2017 年，谷歌与美国国防部开展代号为 "Maven" 的军事合作项目，引发了来自谷歌公司内部员工的抗议。亚历克斯·普雷斯于 2019 年 2 月 7 日在《新共和》刊文《科技大鳄与美国国防部的邪恶联盟》[1]，文章指出，谷歌不是唯一与政府开展军事合作的科技大鳄，科技公司与军方部门的合作可追溯至 20 世纪，但是当下的科技公司内部已经形成了强大的反对力量，他们的抗议活动可能会对国家的军事及国防政策产生较大影响。《大西洋月刊》特约编辑艾米·泽加特和美国空军中校凯文·查尔兹于 2018 年 12 月 13 日在《大西洋月刊》上发表《硅谷和华盛顿之间的鸿沟是对国家安全的威胁》[2] 一文，聚焦华盛顿决策层和硅谷科技界之间理念分歧背后的深层次原因。作者认为，民众的认知和想法与武器部署同样重要，为培养新一代具有国防意识的技术人才，必须在政府内部开展革新，例如创设 "技术学者" 项目等。

美国国防部与科技大鳄形成的强大联盟

以谷歌为代表的美国科技巨头正利用其世界领先的技术为美国国防部服

---

〔1〕　Alex Press, "Big Tech's Unholy Alliance with the Pentagon", *The New Republic*, 载 https://newrepublic. com/article/153044/big-techs-unholy-alliance-pentagon，最后访问日期：2020 年 3 月 1 日。

〔2〕　Amy Zegart, Kevin Childs, "The Divide Between Silicon Valley and Washington Is a National-Security Threat", *The Atlantic*, https://www. theatlantic. com/ideas/archive/2018/12/growing-gulf-between-silicon-valley-and-washington/577963/，最后访问日期：2020 年 3 月 1 日。

务。2017 年 9 月，谷歌开始了代号为 "Maven" 的项目（Project Maven），为美国国防部提供用于无人机战争的人工智能程序。苹果、亚马逊、戴尔等公司也与美国政府有着不同程度的军事合作，为美国建立了强大的国防力量。美国军方与科技公司之间的合作关系由来已久。早在第二次世界大战期间，美国就利用 IBM 的穿孔卡技术处理日本拘留营中的被扣押者。冷战时期，美国曾将仙童半导体公司的芯片用于弹道导弹。到了 1960 年代，美国国防部的高级研究机构则资助了互联网早期的发展。有时候，科技公司和美国国防部之间的关系在相当程度上是私下的。

与政府的合作却时常引发来自科技公司内部的质疑。在谷歌启动 "Maven" 项目后不到一年内，就有将近 4000 名员工签署了请愿书，要求公司取消项目合同。各国的科技公司内部正在形成强大的抗议团体，例如科技工作者联盟与科技人员团结工会，他们开展抗议活动、举行集会、推动领袖对话。如果继续保持这一势头，他们甚至可能组织罢工。

科技界的大规模抗议可能对行业发展和国家军事及国防政策产生较大影响。科技行业作为一个整体的力量是强大的，一场浩大的内部反抗不仅会影响相关行业的正常运转，甚至可能导致战争以及监视层面的政策转变。更为棘手的是，很难预测这些新兴反对者的心理预期。一些反对者认为，如果特朗普下台、由民主党总统执政，罢工、抗议、请愿可能会随之停止。但其他抗议者反对的是广义上的暴力，他们反对任何国家政府利用科技向其他国家发动战争，或者利用科技监管自己的国家。

美国政府与新一代科技精英之间的理念鸿沟

美国决策层与科技界的分歧正在削弱美国的国家安全。当前，民主党人和共和党人对大国冲突忧心忡忡，他们认为中国和俄罗斯正利用领土侵略、全球贸易中的高压手段、网络盗窃和信息战等方式挑战美国的利益、联盟和价值观。科技界却显然没有这么警惕。对他们来说，中国是供应商、投资者、潜在市场，谷歌甚至一直欢迎中国政府，并帮助中国政府开发更为有效的搜索引擎。美国前国防部长阿什·卡特、谷歌前执行董事长埃里克·施密特、亚马逊创始人杰夫·贝佐斯等人一直尝试为科技行业带来国家服务意识，但他们的努力还远远不够。

政府和科技行业之间的裂痕由三大分歧汇聚而成。当人们在不同的时空维度生活和工作时，往往会形成不同的观点。一是军民关系鸿沟。科技公司中的不少人对战争抱有深切的道德担忧，而国防从业人员则对科技行业缺乏爱国主义怀有同样深切的道德担忧。二是职业关系鸿沟。华盛顿的律师领导人难以理解技术进步，而硅谷的工程师领导人也难以理解国际权力政治动态。对如今最聪明的年轻工程师来说，"9·11"事件以及冷战只是模糊的历史，他们最主要的挑战是在工作上取得突破，而不是想象坏人会如何以邪恶的方式使用他们的技术。三是代际差异。脸书和谷歌的创始人都是在20岁出头时创办的公司。在政策领域，30年的经验通常会让你变得强大；但在技术领域，30年的经验通常会让你过时。

如何培养具有国防意识的新一代技术人才

首先，招聘年轻工程师和毕业生时应当传达出一种新的信息。大学生之所以选择进入科技公司，是因为他们渴望影响社会，坚信科技公司比国防部更能促成大规模的变革。严格区分为企业工作与帮助国家之间的关系只会将持观望态度的人越推越远。国防部真正需要做的是传达这样一种信息：不需要一辈子艰难地向上爬，科技人才们也可能大规模地影响社会。

其次，为了培养更多具有国家安全意识的工程师，作者提出了"技术学者"项目。在科技界赢得人心最好从大学应届毕业生开始，因为他们更愿意接受新体验。具体来说，作者提出开展与"白宫学者"类似的"技术学者"项目，挑选出50名最具天赋的美国工科学生，让他们大学毕业后在政府部门从事为期一年、具有很高影响力的工作，比如直接为美国空军参谋长、国防部长或驻中东美军司令等高级领导人工作。这一项目的目标不是让这些人才留在政府，而是让政府的经验与他们同在。作者强调，"技术学者"项目必须以高声望和低官僚作风为基础，同时大幅减少后勤方面的阻碍。学生们也表示，他们希望能够灵活选择符合其价值观的项目，并且被允许对道德标准进行透明的讨论。此外，既然科技公司将公司建于顶尖人才希望居住的城市，为人才提供免费住房交通，技术学者项目也理应如此。

最后，从长远来看，五角大楼需要一种全新的文职人才模式。美国空军的实验室和国防数字服务项目已经在引进技术和人才方面取得了新突破，但是这些新项目仍被繁文缛节所影响。美国政府需要那些愿意从原有行业出来帮助他们的人才，让他们重返行业，之后再回来帮助他们，如此反复，他们才能够不断地创新想法、产生创造性思维。

总结而言，作者承认上述革新挑战巨大，但随着时间的推移，小小的几步可能会产生巨大的影响。国会可以从召开听证会开始，争取将最佳提案写入《国防授权法案》中；或者让国防部成立一个"快速反应能力办公室"，专门开发新的民用人才项目。冷战时期，美国曾通过《国防教育法》，增加教育经费，十年内美国在太空竞赛中就取得了突破性进展。作者认为，这一经验同样适用现在：民众的认知和想法与部署武器系统对国防安全同样重要。

（编译/张润）

波音的管理危机：
比起乘客安全，波音更看重股票价格

[编者按]　2018 年至今，波音 737 MAX 客机与 737NG 客机陆续被责令停飞，737 MAX 更是发生两起坠机事件，346 人不幸遇难。在广泛调查波音坠机事故后，曾为《华尔街日报》(*The Wall Street Journal*) 记者的莫里特卡·奇克于 2019 年 9 月 18 日在《新共和》周刊 (*The New Republic*) 发表文章《波音的管理危机如何导致 737MAX 空难》[1]，他在文中指出，事故发生的本质是美国资本与实体经济的背离，企业紧盯市值而非产品安全。波音公司与庞大的产业结构相互渗透，通过层层外包，完成去工业化改造，通过金融操作等方式，抬高公司在资本市场的价格，满足赢利需求和高管分红，飞行员和普通乘客安全成了金融伎俩的牺牲品。作者深深担忧，波音的危机正是美国危机的蚁穴。

波音公司被金融伎俩所侵蚀

据波音前高管斯坦·索舍尔 (Stan Sorscher) 及专业工程师称，后工业时代的美国企业主要担心公司市场份额萎缩，所以经营重心开始向金融手段转移。金融资本当时追逐科技概念，于是波音公司开发飞机配置软件 MCAS 以迎合金融资本的喜好。为了压缩软件开发成本，软件主体代码交由印度软件编程学院的学生们完成。同时，公司高管强调净资产回报率，推动资本化进度。

---

[1]　Maureen Tkacik, "How Boeing's Managerial Revolution Created the 737 MAX Disaster ", *New republic*, September 18, 2019, 载 https://newrepublic.com/article/154944/boeing-737-max-investigation-indonesia-lion-air-ethiopian-airlines-managerial-revolution, 最后访问日期：2020 年 2 月 28 日。

波音公司的做法是不加选择地抛售公司的实体资产，外包业务给"供应链"中其他战略伙伴执行。

这一系列作为导致波音质量管理不当的问题，《商业周刊》长期调研就曾发现，波音公司的管理存在严重疏漏。通过缩减人力及材料成本、蓄意逃避监管环节，波音财务报表表现优异。在赢家通吃的时代，众多航空公司不惜与波音非法交易也要与之深度合作，而复杂多样的合作关系及衍生的业务模式更易为华尔街所接受，这导致即便发生严重的事故，波音公司也只是关心自己的股价，斥巨资派发红利和回购股票。

机型设计缺陷最终害了遇难者

为加强动力和载客力，波音 737 MAX 采用大型发动机，增大了飞机翼幅的尺寸，以至于工程师无法将新发动机插入机翼下原定的位置，重新设计后的起落架无法获得美国联邦航空局的认证。为了保证飞机如期获取认证，工程师只能将发动机向前挪，安装在机翼前面。这一变化引起了机体重心位移，该模型在测试环境中一直表现不佳。因此，工程师又增加了软件中的传感器识别程序，增强飞机自动操作功能。看似解决了问题，但实质上业内质疑数据传感器、飞机自动操作系统稳定性及准确性，担心一旦二者出现问题，飞机会立即面临灾难。

波音公司陷入金融化是完全可预测的结果，即资本从生产和监管中抽离出来，导致了生产和监管环节出现问题：设计修正系统反而导致飞机坠毁。在专业工程师与飞行员模拟狮航 JT610 的坠机过程后，他们发现，一旦飞机的数据传感器及自动操作系统报错，即使飞行员按照安全手册操作，也无法重新控制飞机。因为飞机在高空出现极端故障，飞行员无法撼动波音公司设计的新型手动曲柄而控制飞行。

首次飞机失事后，波音公司对事故的主要应对措施是传播错误信息和闪烁其词、避而不谈，这使事故看起来比实际情况复杂。当需要向飞行员解释有关情况时，公司高管曾表示，系统故障永远不会发生在美国飞行员身上。作者痛斥波音在说谎。这样的谎言使人们一直认为，在一个文明的国度内，不可能发生坠毁事件。

刻意隐瞒与贪婪

毋庸置疑，波音公司的确存在隐瞒事实的情况，而刻意掩盖它的存在，又恰恰说明了这不光是关乎诚实的问题。大多数飞行员是从工会那里第一次听说 MCAS，而工会又是从波音公司发给航空公司的适航指令的补充公告中得知了该软件。但波音公司在联邦航空管理局发布狮航坠机事件两周后，删除了所有官方文件和视频里关于这个"秘密"的痕迹，只留下"提醒"飞行员应对失控稳定器的警示，这令飞行员很愤怒。为转移视线，时任联邦航空管理局代理局长丹尼尔·埃尔威尔（Daniel Elwell）和众议院交通和基础设施委员会的资深共和党人萨姆·格雷夫斯（Sam Graves）发起了一场协调会，指责飞行员是飞机失事的罪魁祸首。他们争论的关键在于：事故发生时飞行员没有正确执行失控稳定器列表的操作步骤，才导致了坠机事故。他们将焦点放在飞行员行为上，甚至设法将飞行员无法扳动波音公司设计有缺陷的手动曲柄这一问题转变为联邦航空管理局的新担忧，即女性飞行员可能因缺乏身体机能而无法操作该飞机。

坠机后，波音股价只有瞬时暴跌，之后保持着良好的上升势头，根据最新消息显示，该公司的股价仍与一年前的水平相当。作者讽刺道，虽然投资者已经知道，波音为了追求稳定的利润放弃了严格的安全保障，波音飞机质量比以往任何时期都差，但他们对波音公司的股票趋之若鹜，并充满期待。

善良和贪婪的界限已逐渐变得模糊，资本背离实体经济是非常危险的。波音公司只有回归过去解决问题的文化和与之相应的管理结构才是创造股东价值的唯一明智途径。看得出，作者不只调查波音，还大众真相，也在担心广大乘客的安全，更在担心美国的社会安危。

（编译/孙晋）

自由市场是个神话，垄断寡头主宰美国经济

[**编者按**]　美国是自由市场的先行试验者，至今为止取得了巨大成功，在第二次世界大战结束后一跃成为全世界最发达的国家。然而，发展到今天，美国的自由市场出现了前所未有的危机。纽约大学商学院经济学教授托马斯·菲利蓬于 2019 年 10 月在《大西洋月刊》发表《美国只是声称存在自由市场》，[1] 指出美国的自由市场危机不在于资本主义的原生缺陷，也不在于全球化带来的挑战，而在于市场权力集中化，大企业通过各种方法将竞争者排除在外，从而攫取更多利润，抑制了许多投资、创新和增长的可能性。

美国从自由市场发展为垄断寡头经济

受芝加哥学派自由主义思想的影响，美国监管机构对并购采取不干涉态度，滋长了寡头企业。该学派认为，垄断只是暂时的，高利润将吸引更多竞争者进入市场；若某一行业利润增长而另一行业下滑，那么可预知前者会比后者吸引更多的新进入者。后来人们发现事实似乎并非如此。大约从 2000 年开始，美国市场的利润虚高现象便一直存在，却没有新的竞争者进入。这说明美国市场已经发生了转变：从前依靠高利润吸引新进入者进行彻底再平衡，而现在高利润却昭示着高企的进入壁垒，从而将新进入者拒绝在外。

从这一角度看，芝加哥学派低估了两点：一是自由进入市场的难度；二是大企业通过各种方法将新竞争对手排除在外的意志。受此影响，各行业的

---

〔1〕　Philippon Thomas, "The U.S. Only Pretends to Have Free Markets", *The Atlantic*, October, 2019, 载 https://www.theatlantic.com/ideas/archive/2019/10/europe-not-america-home-free-market/600859/, 最后访问日期：2020 年 2 月 28 日。

寡头企业不断通过并购新生企业、游说监管机构、重金支持竞选来扩大自身市场影响力。许多美国私营企业已然成长为巨型怪物，利用行业绝对支配地位明目张胆地索取高价，提供的服务却差强人意；不但不尽责保护消费者隐私，还收集、利用客户信息。

垄断的力量正慢慢地使中产阶级窒息。从 2000 年到 2018 年，全职员工周薪中值从 575 美元涨至 886 美元，增长 54%，但同时消费者物价指数也增长了 46%。导致中产阶级收入上升停滞的主要原因是垄断寡头对消费者的压榨。通信公司和航空公司就是最臭名昭著的例子，而医院、医药公司的反竞争行为则是导致美国医疗费用高得离谱的主要原因。

欧盟通过反垄断立法，确保了自由市场

欧洲经济融合的深入已成为各国经济内部竞争的驱动力。许多拒绝在国内引入自由市场的政客却赞成在欧洲层面进行推动，因为欧洲单一市场能确保欧洲监管机构的独立性，也能确保各国承诺不会对参与该市场的国内领先企业进行竞争性政府补贴。

在欧洲，但凡要建立超国家组织，该组织必趋向独立运作。在法国（或德国）政客们眼里，一部独立的国内反垄断法也许不受欢迎，但若是欧洲的反垄断监管机构缺乏独立性，能被德国（或法国）施以政治影响，那就更糟了。欧盟委员会于 2019 年 2 月否决了工业巨头阿尔斯通和西门子的合并提案。欧盟反垄断专员玛格丽特·维斯塔格（Margrethe Vestager）及其团队认为，合并会使得信号设备和高铁列车领域"竞争程度大大降低"和"剥夺消费者、列车运营商及铁路设备管理者对供应商与产品的选择权"。

保护竞争才能走出困境

竞争能促进生产、增加就业、提高工资。当企业感受到来自市场竞争的威胁，就会增加投资，从而提高生产力、增加工资。若回到 2000 年前后的竞争水平，美国 GDP 可增长近 1 万亿美元，劳动总收入可增加近 1.25 万亿美

元，而总利润将减少约 2500 亿美元。关键是，这些数字将为全体公民带来巨大效益，并意味着向工薪阶层进行再分配，中位家庭的劳动收入将大大增加，而分红只是轻微减少。

只有真正自由、高度竞争的市场，才能抑制虚高利润，推动企业进行投资和创新。若要真正促进经济繁荣，重新进入人们视野的反垄断机制，要面对的不仅是新兴寡头，如谷歌、脸书，还有以医药、通信为代表的传统寡头行业。即便存在这些可预见的挑战，更新美国长期恪守的自由市场观念也是值得的。

（编译/吴淑华）

编后记

近些年来，随着中国市场经济的逐步深化和法治体系的逐步健全，以部门法为主体、以实践为导向的法律职业教育也取得长足进步。而伴随着中国与世界经济和政治体系的不断融合，中国也日益成长出一个能够展开跨国法律合作和对话的新精英群体。法学院教育主张法律体系的神圣性和自足性，因而鼓励发展"法律人思维"，它要求学生能够根据一定的技术规则，娴熟地理解和诠释既定法律体系内部的理性构造，从而最终实现司法审判过程的合理化。

在我们看来，这种高度"法条中心主义"的思维方式并不足以培养适格的法律人才，它一方面没有考虑到作为一个变革社会，中国的法律形成过程，是在民俗、习惯法和现代理性化的互动中，在国家战略、公共政策和司法判决的多重构造中实现的，因此法律不仅仅是落实为国家意志的成文规定，而恰恰是形成这种国家意志的讨论过程和落实这种国家意志的多元机制。如果不对这种具体的法律情势有所了解，就可能陷入僵化的法律囚笼之中：因为失去法的社会性和常识性就会蜕变为教条主义者，或者因为无法应对法律适用过程中的各种空隙和断裂，就会蜕变为法律无用论的虚无主义者。由于对西方法律的机械移植，中国的法条主义还带有一个高度"西方中心论"的理论预设。放在中国深度参与并主动塑造全球化进程的历史背景下，如果继续秉持这种态度，那么中国的法律人将在批判性和创造性阙如的窘境之下无路可走。

本着这种意识，北京大学法治研究中心从 2009 年开设"法律与公共政策"的硕士方向，致力于在一个更为开放和广阔的知识视野中塑造一种新的法律人格。"法意看世界"就是这种探索的成果之一：它致力于构建一个关于法和世界的新想象模式；它将法理解为一个历史的、动态的生成过程；它依托于特定社会的具体情势，并不断在这种情势中否定和创造自己的新形式；它将世界理解为一个需要认识、超越和改变的客体，而不是一个只供模仿和崇拜的主体；它反对那种将自我"他者化"的殖民意识，从而在这种批判性中完成新一轮的心灵去魅；它主张通过重新激发主体性、情感生活和意义世界，培养能够适应变革时代的、具备战略和政治意识的新法律人。

这种他者化的意识决定了我们理解和观察的"世界"仍然是高度西方中心性的：它虽然生成于特定的西方历史经验，却主张自己对于人类发展的普遍性意义，当它和实证法思维相结合，便形成了紧密禁锢中国法律人的思维枷锁，心灵解放的缺乏也就封闭了法律人的创造性。在此背景下，如何实现对于西方世界的再认识，而不是满足于人云亦云的个体感受和经验，构成法律人"思想解放"的新起点，它必须在对西方更深刻的审视之中，实现自我超越。

本书的编译和出版便致力于通过对于西方世界的真实报道和历史还原，来解构附加在这个"世界"之上的神圣性意识。由于法学院的教育背景，我们将编译题材放在围绕国际战略、政治和法律体制的公共讨论上，在材料来源上兼顾学术期刊和公共媒体，并致力于发掘那些长时段的、有较强理论价值的、有较强代表性的观念性讨论，从而有助于国人发现和理解一个真实、鲜活生动的意义世界。

除了法律人的问题意识和知识背景，我们认为《法意看世界》拥有一种更具历史感的文明自觉，因而理应被视为晚清以来中国知识分子"开眼看世界"的历史行程的一部分。凭借着这种自我否定、吐故纳新的精神和勇气，几代人通过开拓和创新构建了一个日新月异的新中国。而今，在新时代的政治和历史意识的感召下，那个一度使中国感到陌生的世界和文明，早已内化于国人的时空观念和自我意识之中。它的内在性，让这种探索更为迫切，因为它旨在回答国人对于世界的新想象，从而构造一个具有普遍意义的新生活方式；它的主体性，让这种探索更为从容，因为它真正将西方变成了一个被观察者，从而在一种更具批判性的审视中，意识到自己存在的历史价值。

本书由北京大学法治研究中心法律与公共政策方向的硕士和北京大学法学院的学生编辑整理完成，我们希望在这种点滴的细碎积累之上，构造出这部具有"思想年鉴"性质的文集，并愿意将这种追踪发展为长期连续的系列工作。虽然本书主要由受过法学教育的学生们整理，但它关注的议题却覆盖经济、政治和社会文化等多个方面，具有很强的公共性，因而尤其适合作为了解西方当代思想和文化辩论的通识读物。在编辑、整理和出版过程中，我们收获了无数的粉丝点赞和深刻评论，也得到了专家学者和出版社编辑们的支持帮助，这构成我们努力探索的不竭动力。由于水平和学识所限，本书也注定存在多方缺陷，在这个意义上，本书的编辑和出版是对话性和开放性的，它期待着苛刻读者的质疑和批评，如同它期待着热情读者的鲜花和掌声一样。

《法意看世界》编委会

2020 年 4 月 18 日

图书在版编目（ＣＩＰ）数据

自由霸权的衰落：法意看世界：2019 / 孔元主编. —北京：当代世界出版社，2020.10
ISBN 978-7-5090-1556-8

Ⅰ.①自…　Ⅱ.①孔…　Ⅲ.①国际关系－文集②国际政治－文集　Ⅳ.①D81-53②D5-53

中国版本图书馆 CIP 数据核字(2020)第 154354 号

书　　名：	自由霸权的衰落：法意看世界（2019）
出版发行：	当代世界出版社
地　　址：	北京市东城区地安门东大街 70-9 号
网　　址：	http://www.worldpress.org.cn
编务电话：	（010）83907528
发行电话：	（010）83908410
经　　销：	新华书店
印　　刷：	北京中科印刷有限公司
开　　本：	720 毫米×960 毫米　　　1/16
印　　张：	17.5
字　　数：	270 千字
版　　次：	2020 年 10 月第 1 版
印　　次：	2020 年 10 月第 1 次
书　　号：	978-7-5090-1556-8
定　　价：	69.00 元
